Subjekt und Wahrnehmung

Subjekt und Wahrnehmung

Beiträge zu einer Anthropologie der Sinneserfahrung

Herausgegeben von
Martin Basfeld und Thomas Kracht

Schwabe & Co. AG · Verlag · Basel
2002

© 2002 by Schwabe & Co. AG · Verlag · Basel
Printed in Switzerland by Schwabe & Co. AG · Druckerei · Muttenz
ISBN 3-7965-1861-3
www.schwabe.ch

Inhalt

Vorwort der Herausgeber 7

Martin Basfeld
Einleitung. 11

Gernot Böhme
Wahrnehmung von Atmosphären 19
I. Was heißt wahrnehmen?. 19
II. Das Spüren von Anwesenheit 25
III. Der Begriff der Atmosphäre 30

Bernhard Rang
**Die Konstitution von Körperfarben im Wechselspiel von Licht
und Schatten.** Zur Entwicklung einer Fragestellung
in Sinnesphysiologie, Wahrnehmungspsychologie und
phänomenologischer Philosophie 39
1. Einführung in den Phänomenbereich 39
2. Helmholtz: Die Rolle der Erfahrung beim Sehen
   von Körperfarben. 47
3. Hering: Die angenäherte Farbenbeständigkeit der Sehdinge
   und ihr physiologisches Substrat 49
4. Husserl I: Die Phänomenologie als Wissenschaft von den
   Erscheinungsweisen des gegenständlichen Sinns und
   die Körperfarbe als Einheit einer Abschattungsmannigfaltigkeit . . . 54
5. Katz: Die primären und sekundären Erscheinungsweisen
   der Farbe 57
6. Husserl II: Die Dingfarbe als Regeleinheit einer Umstands-
   Zustands-Mannigfaltigkeit 61

Bernhard Rang
Die Wahrnehmung des fremden Ich nach der Theorie Max Schelers . . 71

Ernst-Michael Kranich
Die personale Wahrnehmung des anderen Menschen 85

Gernot Böhme

Kommunikative Atmosphären 103
Das Allerbekannteste. 103
Kommunikation 104
Ausstrahlung 108
Aktualisierung und Störung zwischenmenschlicher Atmosphären 109
Schluß: Beiträge 113

Thomas Kracht

Vorstellung und Verständnis – Betrachtungen über das Lesen 117
I. Text und Leser – eine Fragestellung. 117
II. Das «Gegebene» beim Lesen. 119
III. Ausblick: Textverstehen und Menschenerkenntnis. 137

Ernst-Michael Kranich

**Verstehen – auch der Natur-Dinge. Vom Wahrnehmen über
das Erleben zum Verstehen**. 143
Das Problem 143
Bedingung für eine Hermeneutik der Natur 145
Imaginatives Verstehen von Qualitäten 146
Das Erleben der Dinge 148
Das Verstehen eines Minerals. 149
Vorstufe zum Verstehen von Pflanzen: die Urpflanze. 154
Geistiges Verstehen von Pflanzen 156
Was bedeutet Verstehen der Natur-Dinge? 160

Die Autoren. 163

Vorwort

Den Sinnen hast du dann zu trauen,
Kein Falsches lassen sie dich schauen,
Wenn dein Verstand dich wach erhält.

(J. W. v. Goethe)

«Now what I want, is – facts!» Als Ludwig Büchner im Jahr 1855 diesen Satz von Charles Dickens («Boz») seinem Buch *Kraft und Stoff* als Motto voranstellte, war der Kampf schon entschieden, in dem es Partei sein sollte. Die Naturwissenschaft hatte die Philosophie der Natur überwunden, aus dem Traum der Gedankengebäude sah man sich zur Realität der Sinneswahrnehmung erwacht. Hier waren die «facts» zu suchen, nicht in der Spekulation.

Das Zeitalter der aufblühenden und sich differenzierenden Naturwissenschaft verband ein tiefes Mißtrauen gegen die autonome Vernunft mit einem populären Vertrauen in die Sinneserfahrung. Doch hatte sich diese unter der Hand verwandelt. Das Erwachen für diese Veränderung kam Jahrzehnte später. Das cartesianische Mißtrauen in die Sinneserfahrung hatte sich in veränderter Gestalt weitervererbt. Es wurde philosophisch im «kritischen Idealismus» beziehungsweise «transzendentalen Realismus» der neuen Disziplin der «Erkenntnistheorie» formuliert, war aber in populärer Form allgemeine Grundüberzeugung geworden. Noch schien diese «Nachtansicht» (G. Th. Fechner) der Welt ohne Konsequenzen für die Entwicklung der empirischen Wissenschaften selbst zu sein.

Schon die phänomenologische Philosophie hat aber diese Unbekümmertheit in Zweifel gezogen. Die aus dem neunzehnten Jahrhundert überkommene Kritik der Sinneserfahrung geriet im zwanzigsten Jahrhundert selber in eine kritische Perspektive, die vieles scheinbar Selbstverständliche im Grundverständnis der Wissenschaften angesichts ihrer Folgen hinterfragte. Der Sinneserfahrung als Grundlage der Naturwissenschaft kam dabei eine Schlüsselrolle zu. Es mußte der phänomenologische Blick auf die Leistung der Sinne gegen Verstellungen durch Gewohnheiten des Denkens erst wieder freigelegt werden. Diese Bemühung spricht sich aus in den Worten von Erwin Straus, wenn er fordert, man müsse wieder darauf achten lernen, «[...] daß Sehen und Hören sich nicht allein durch die Verschiedenheit der physikalischen Erregung, der funktionierenden Organe und der Objekte unterscheiden, sondern vielmehr noch durch die Weise der spezifischen Verbundenheit von Ich und Welt. [...] Wir bewegen uns *vermittels* unserer Muskulatur, wir empfinden *vermittels* unserer Sinnesorgane.»[1]

Wer so auf die Sinneserfahrungen achten lernt, kann in ihnen etwas (wieder) entdecken, was das im neunzehnten Jahrhundert naiv in sie gesetzte Vertrauen zwar intendiert, aber nicht erkannt hat: die besondere Art der wissenschaftlichen Übung im Umgang mit der Sinneserfahrung, die Goethe meint, wenn er ein unbedingtes Vertrauen in die «Sinne» fordert! Nur wer den «Sinnen» wirklich vertrauen kann, wird in systematischer Weise an ihren Erfahrungen eine Wissenschaft ausbilden können, die, obwohl sie gesteigertes, umfassenderes Bewußtsein gegenüber dem ersten Augenschein bedeutet, sich eben nicht so von ihrer Grundlage entfernt, daß sie sich zuletzt zerstörerisch gegen diese richtet. Sie läßt den Erkennenden ein Bewußtsein der Welt und seiner selbst entwickeln, das die Sinneserfahrungen nicht verleugnet, auch wenn es sich als ein eigenes in sich selbst begreifen kann.

Immer deutlicher zeigte sich im zwanzigsten Jahrhundert die grundlegende Bedeutung eines Verständnisses der Sinneserfahrungen; die Untersuchung der Sinne wurde eine der wichtigsten Forschungsaufgaben der Anthropologie. Zum Schlüsselwerk wurde dabei das Buch *Vom Sinn der Sinne* von Erwin Straus, das im Jahr 1956 in zweiter Auflage erschien. Seitdem entstand eine Fülle anthropologischer Literatur, die die Sinneserfahrung innerhalb der Philosophie, Psychologie, Pädagogik, Sozialwissenschaft und der medizinischen Anthropologie zum zentralen Thema machte. Auch die Ökologiebewegung hat die Bedeutung der sinnlichen Wahrnehmung der Umwelt im Gegensatz zur naturwissenschaftlich messenden Registrierung wiederentdeckt.

Gibt es überhaupt eine deutliche Grenze zum «Gegebenen» der Sinneserfahrung, an der sich ein erkennendes Subjekt zur (wie auch immer epistemologisch interpretierten) Objektivität seiner Urteile orientieren kann? Ist sie phänomenal aufweisbar? Oder ist schon die Gegenüberstellung in dieser Fragestellung Teil einer überkommenen «Abstraktionsbasis» (H. Schmitz), die hinterfragt werden muß? – Als was zeigt sich das «Gegebene» der Sinneserfahrung, wie ist der Erkennende mit dieser verbunden?

Um diese Fragen kreisten die Gespräche in zwei Kolloquien, die 1996 und 1998 im Friedrich von Hardenberg Institut in Heidelberg stattfanden. Angeregt wurden sie durch längere Beiträge, von denen die meisten in diesem Band wiedergegeben werden. Die Beiträge enthalten keinen Überblick über den gegenwärtigen Forschungsstand; sie entstanden vielmehr vor allem aus

---

[1] Erwin Straus, *Vom Sinn der Sinne,* 2. verm. Aufl. Berlin, Göttingen, Heidelberg 1956, repr. 1978.

persönlichen Arbeitsbeziehungen, die sich zwischen den Herausgebern und den Referenten ergeben hatten. Somit ist der vorliegende Band das Resultat eines in vielen Richtungen offenen Arbeitsgesprächs, das weitergeführt wird.

In der Einleitung werden die einzelnen Beiträge kurz vorgestellt, um zu zeigen, wie sie trotz ihrer großen Verschiedenheit Aspekte eines einzigen Themas sind: der *grundlegenden Bedeutung der Sinneswahrnehmung für das Erkennen und den Erkennenden.* Die Anordnung der Beiträge entspricht nicht der zeitlichen Reihenfolge ihres Vortrags, sondern spiegelt inhaltliche Bezüge wider, die sich aus den Diskussionen ergaben. Im Gespräch trat deutlich hervor, wie die Bedeutung der Sinneswahrnehmung nicht auf den Bereich der Naturwahrnehmung und Naturwissenschaft beschränkt ist. Wer im Sinne der Straus'schen Forderung Sinneswahrnehmung nicht allein vom Organ (oder gar: vom Objekt) her versteht, sondern auf die «Weise der spezifischen Verbundenheit von Ich und Welt» achtet, wird die Bedeutung dieser Wahrnehmung in der menschlichen Begegnung anders gewichten lernen.

Neben den Referenten danken wir herzlich Rose-Margret von Skerst für die Erstellung des Manuskripts sowie Christa von Grumbkow und Almut Seebass für die Hilfe beim Korrekturlesen.

Heidelberg, März 2001   Martin Basfeld, Thomas Kracht

Einleitung

Ein erster Blick auf die Beiträge zeigt, daß sich alle auf ihre Art mit der Frage befassen, worin das Gemeinsame beziehungsweise Verbindende von Subjekt und Objekt in der Wahrnehmung zu finden sei. Ist Wahrnehmen ein Überwinden der Subjekt-Objekt-Spaltung oder erfüllt es eine bloße Orientierungsfunktion in einer undurchschaubaren, subjektfreien Welt? Gibt es eine Wirklichkeit, die vor der Trennung von Subjekt und Objekt liegt, auf die sich alles Wahrnehmen stützt? Es scheint, als würden alle Beiträge auf eine solche Wirklichkeit hinweisen. Vielleicht muß die Frage nach diesem Gegensatz auf der Grundlage der Wahrnehmungslehre heute ganz neu gestellt werden.

In dem Beitrag «Wahrnehmung von Atmosphären» greift Gernot Böhme eine philosophische Grundfrage auf: Wie verhalten sich Subjekt und Objekt im Wahrnehmungsprozeß zueinander? Böhme stellt sich kritisch der bekannten Einstellung gegenüber, eine spezifische Wahrnehmungserfahrung (zum Beispiel das Sehen eines Baumes) zum Paradigma der Ästhetik zu erheben. Er möchte an den Ursprung des Wahrnehmens zurückführen. Im Sehen sind das Gesehene und der Sehende schon so stark ausdifferenziert, daß man das eigentlich Wahrgenommene von der impliziten Begrifflichkeit nicht mehr zu trennen vermag. Böhme findet im *atmosphärischen Spüren von Anwesenheit* das grundlegendere Phänomen der Ästhetik. Findet man sich in einer Gesellschaft, in der eine bestimmte Stimmung herrscht, wird man von ihr ergriffen, ohne sich am Anfang Rechenschaft darüber ablegen zu können, was dabei im einzelnen wahrgenommen wird. Bei der Wahrnehmung einer Atmosphäre kann ich zunächst nicht unterscheiden, ob *ich in* der Stimmung lebe oder diese *in mir*. Die Stimmung ist zuerst anwesend als gespürte und erst später differenziert sich ein «Ich» heraus, das sich selbst als gleich (Ingressionserfahrung) oder ungleich (Diskrepanzerfahrung) gestimmt erlebt. Für Böhme sind «Atmosphären» etwas *zwischen* Subjekt und Objekt Befindliches. Sie sind nicht etwas Relationales, sondern die Relation selbst. Wahrnehmung ist also nicht etwas, was zwischen Substanzen (dem Subjekt-Ding und dem Objekt-Ding) *vermittelt*, sondern ist Spüren einer Wirklichkeit, aus der Subjekt und Objekt erst im weiteren Verlauf herauswachsen. Wahrnehmung ist also *Voraussetzung* von Subjektivität und Objektivität und kein Vorgang, der diesen Gegensatz überwinden würde.

Trotz atmosphärischer Wahrnehmungen sind die spezifischen Unterschiede unserer Sinneserfahrungen nicht zu leugnen. Was wir sehen, können wir nicht hören, riechen oder schmecken. Natürlich können Farben einen «Geschmack» oder einen «Klang» haben. Synästhesien lassen sich in vielfäl-

11

tigen Formen *erleben.* Dennoch zweifelt niemand daran, daß wir Farben mit den Augen sehen und nicht mit der Zunge schmecken usw. Die Sache wird aber kompliziert, wenn wir genauer danach fragen, was wir eigentlich meinen, wenn wir sagen: wir sehen eine Farbe. Sehen wir die Eigenschaft von Dingen? Sehen wir eine Eigenschaft des Lichtes, das die Dinge sichtbar macht? Ist Farbe selbst ein Ding? Diesen Fragestellungen geht Bernhard Rang in seinem Artikel «Die Konstitution der Körperfarben im Wechselspiel von Licht und Schatten» nach. Er führt den Begriff der *Erscheinungsweisen von Farben* ein, die von den Eigenschaften Ton, Sättigung und Helligkeit zu unterscheiden sind. Beispielsweise erscheint eine Farbe dem Auge im Gegenlicht wie durch eine «vorgelagerte Dunkelheit» hindurch, was als erlebbares Phänomen niemals durch eine Kamera wiederzugeben ist, die die Farbe im Gegenlicht nur als mehr oder weniger getöntes Grau einfängt. Ein anderes Beispiel sind die von Goethe zum ersten Mal ausführlich beschriebenen farbigen Schatten. Wird ein von einer farbigen Lichtquelle geworfener Schatten durch eine farblose Lichtquelle aufgehellt, erscheint der so entstandene Halbschatten in der Komplementärfarbe des farbigen Lichts. Voraussetzung ist jedoch, daß die farbige Umgebung mitgesehen wird. Blickt man isoliert, zum Beispiel durch eine schwarze Röhre, auf den Halbschatten, sieht man nur ein mehr oder weniger helles Grau. Die Erscheinungsweise von Farben hängt von der Stellung des Beobachters zum Beobachtungsobjekt ab. Sie entziehen sich, so Rang, «der herkömmlichen Alternative zwischen Subjektivem und Objektivem. Sie stellen gleichsam ein Zwischenreich dar, das zwischen beiden Extremen vermittelt. Die Erscheinungen der Farben der Dinge sind einerseits objektiver als die Erscheinungen ihrer Formen. Während nämlich die perspektivische Erscheinung der Gestalt eines Dinges insofern subjektiv ist, als sie nicht durch kausale Einwirkung anderer Dinge auf die Form des wahrgenommenen Gegenstandes zustande kommt, ist das bei den Erscheinungsweisen der Farben anders. Zum Beispiel ist der Schatten auf einem Gegenstand nur die kausale Folge einer bestimmten Beziehung zwischen dem Licht und einem anderen Gegenstand aus seiner Umgebung, der den Schatten wirft. In einem bestimmten Sinne kann man darum sagen, daß der Schatten auf einem Gegenstand unabhängig davon ist, daß jemand diesen Schatten sieht, während man dies in keinem Sinne von dem perspektivischen Anblick einer Gegenstandsform sagen kann: mit dem Blick verschwindet selbstverständlich auch der Anblick.» (S. 46)

Die Beschattung der Farbe oder der farbige Schatten als «Erscheinungsweisen» von Farbe sind also Beispiele für Erfahrungen aus einem Zwischenbereich zwischen Subjekt und Objekt. Von einer ganz anderen Seite nähert sich daher Rang demselben Forschungsfeld wie Böhme. Er zeichnet die Geschichte dieses Forschungsfeldes exemplarisch an der Behandlung der Erscheinungsweisen von Farben durch die Physiologen Helmholtz und Hering, den Psychologen Katz und den Philosophen Husserl nach.

Der zweite Beitrag von Bernhard Rang, «Die Wahrnehmung des fremden Ich nach der Theorie Max Schelers», greift einen weiteren Aspekt der Subjekt-Objekt-Spaltung auf. Dieses Problem ist nämlich innerhalb der europäischen Geistesgeschichte von großer *sozialer Relevanz*. Kann ein Mensch einen anderen durch unmittelbare Wahrnehmung erfahren, oder ist er auf Analogieschlüsse angewiesen, die ihm aufgrund der natürlichen Wahrnehmungen des fremden menschlichen Leibes einen bloß indirekten Zugang zu dem seelischen Innenwesen des anderen verschaffen?

Das Problem der Intersubjektivität wurde in der Philosophie des deutschen Idealismus erkannt und die cartesianische Analogieschlußtheorie in Frage gestellt. Das 19. Jahrhundert ging jedoch an den neuen Lösungsversuchen vorbei. Erst Max Schelers Theorie der Wahrnehmung des fremden Ich in seiner 1913 veröffentlichen Schrift «Zur Phänomenologie und Theorie der Sympathiegefühle und von Liebe und Haß» gab der Diskussion eine ganz neue Wendung. Rudolf Steiners etwa gleichzeitig durchgeführte Untersuchungen zur Ich-Wahrnehmung waren damals noch nicht allgemein zugänglich. Für Scheler existiert im menschlichen Bewußtsein eine *Intention auf Gemeinschaft*, ein «Leerbewußtsein», das durch Fremdwahrnehmung des Du nicht bloß mittelbar, sondern unmittelbar erfüllt werden kann. Rang entwickelt in seinem Beitrag «Die Wahrnehmung des fremden Ich nach der Theorie Max Schelers» diese Anschauung vor allem an Hand von Schelers Kritik der zu seiner Zeit noch allgemein anerkannten Analogieschluß- und Einfühlungstheorien.

Im Beitrag über «Die personale Wahrnehmung des anderen Menschen» beschreibt Ernst-Michael Kranich das betreffende Phänomenfeld in differenzierender Betrachtung. Er stützt sich dabei einerseits auf Untersuchungen Steiners, der in seiner Sinneslehre die sogenannten «höheren Sinne» oder «Vorstellungssinne» gliedert in Hörsinn, Laut- oder Sprachsinn, Gedanken- oder Begriffssinn und Ich-Sinn. Andererseits bezieht sich Kranich vor allem auf die bahnbrechenden Untersuchungen des amerikanischen Psychologen William Condon aus den sechziger und siebziger Jahren über die Synchronisation von Sprache und Körperbewegungen.

Für Kranich ist, wie für Steiner und Scheler, die *Wahrnehmung des fremden Ich* elementar. Wahrnehmen bedeutet für ihn «nachvollziehende Regsamkeit» der Seele im «Zustand der Selbstvergessenheit». Im Wahrnehmen nimmt der Mensch durch die Sinne etwas von der Welt in sich auf. Dieses Aufnehmen und Mitvollziehen ist je nach der Modalität des Aufgenommenen ein anderer Vorgang. So wird die Sprache des anderen Menschen nicht bloß gehört. Die beiden Wörter «Licht» und «lumière» stehen nicht bloß als Zeichen für denselben Begriff, sondern sind unterschiedliche Gebärden für das, was das Licht mit uns macht. Das Strahlen des «i» und das Schimmern des «-ière» machen unterschiedliche Aspekte des Lichtes für das Erleben des Menschen verfügbar. Condon hat gezeigt, daß die Sprachgebärden im Sprechen und Hören bei beiden Gesprächspartnern den ganzen Leib in feine koordinierte Bewegungen versetzen.

Die Sprachgebärde ist durchlässig für eine weitere Erfahrungsebene. Im Zuhören kann man das Denken des anderen nachvollziehen, auch dann, wenn man nachträglich die Gedanken nicht mehr selbständig reproduzieren kann. Es gibt ein elementares sinnliches Auffassen des Gedankens, das vom selbständigen Denken, welches im Innern verläuft, zu unterscheiden ist.

In der Gebärde der Sprache und des Denkens lebt das Ich des anderen Menschen, das sich auch in der Haltung seiner Gestalt zum Ausdruck bringt. Ein Blick, ein Händedruck wirken unmittelbar, bevor der Mensch spricht und Gedanken äußert.

Durch die vielen Bezüge der personalen Erfahrungsebenen zur Funktion und Gestalt des menschlichen Leibes deutet der Artikel von Kranich auf das weite Forschungsfeld des Zusammenwirkens seelischer Qualitäten mit leiblichen Erfahrungen in der Sinneswahrnehmung hin.

Erkennt man im Sinne Schelers das Elementare der personalen Wahrnehmung an und versucht dann diese Wahrnehmung zum Beispiel in Anknüpfung an Steiner zu differenzieren, wie Kranich dies anregt, so wird auch die Frage nach der *Bedeutung der atmosphärischen Wahrnehmung* in diesem Kontext interessant. Dem geht Böhme in seinem Beitrag «Kommunikative Atmosphären» nach.

Er beginnt darin mit einer Kritik der Habermas'schen Theorie des kommunikativen Handelns. Dieser geht von in bestimmter Art seienden Subjekten aus, die sprechend interagieren. Der Atmosphärebegriff greift aber vor die Ausprägung bestimmter Subjekte zurück. Jeder Sprechakt setzt dagegen bestimmte Situationen und atmosphärische Vorbedingungen voraus, um in einer besonderen Art wirken zu können: «Daß eine Äußerung wie *es regnet* als eindringliche Mahnung, doch Schuhe anzuziehen, verstanden wird, setzt beispielsweise ein Hierarchiegefälle zwischen Sprecher und Hörer voraus und ähnliches. Man wird andererseits Mühe haben, sich eine Situation zu denken, in der die Äußerung *es regnet* als eine Behauptung verstanden wird.» (S. 106) Sprache dient in der Regel nie dazu, Behauptungen bloß aufzustellen und zu klären. Aussagen haben immer einen nichtsprachlichen Hintergrund.

Als Gegenpol zur Theorie kommunikativen Handelns erwähnt Böhme die Theorie leiblicher Kommunikation von Hermann Schmitz. Aber auch da wird Kommunikation ausschließlich von den (leiblichen) *Subjekten* ausgehend gedacht. Kommunikative Atmosphären sind dagegen *zwischen* den Subjekten und werden zugleich von ihnen erzeugt. Dies analysiert Böhme im folgenden an einigen Beispielen und macht deutlich, daß die Wahrnehmung des anderen Menschen nicht von der bewußten oder unbewußten Gestaltung der zwischenmenschlichen Atmosphäre getrennt behandelt werden kann. «Durch sie ist man mit dem Kommunikationspartner verbunden, bevor man ihn anredet. Sie gibt einem die Sicherheit, daß man sich in irgendeiner Weise schon auf geteiltem Grund bewegt. Man ist ferner angewiesen auf zwischenmenschliche Atmosphäre als eine Art Resonanzboden für das eigene Empfinden. Dadurch, daß die eigene Stimmung die zwischenmenschliche Atmosphäre modifiziert, teilt man sie mit dem anderen. Andererseits ist die zwischenmenschliche Atmosphäre auch die Quelle des eigenen Empfindens, man wird von ihr getroffen und eingehüllt, treibt in seinem Befinden gewissermaßen mit.» (S. 113)

Eine ganz andere Ebene des Verstehens erscheint, wenn sich Menschen nicht durch Sprache oder andere sinnliche Präsenz mitteilen, sondern durch *Texte*. Texte erscheinen zunächst als Ansammlungen von Zeichen. Wie kann der Leser zu deren eigentlichem Sinn vorstoßen? Gibt es diesen überhaupt? Ist die Rekonstruktion des Sinnes nicht ausschließlich vom Vorwissen des Lesers abhängig? Oder kann der Leser im Text ein objektiv Gegebenes wahrnehmen, an dem ihm der mitgeteilte Sinn aufgeht? Diese Fragen behandelt Thomas Kracht in seinem Beitrag «Vorstellung und Verständnis. Betrachtungen über das Lesen».

Wer ein absolut objektiv Gegebenes im Text erwartet, sieht nicht, wie in jedem einzelnen Wortverständnis Gewohnheiten, Beurteilungen und Vorlieben aktualisiert werden. Gegen das Verstehen des Fremden stellt sich die Selbstbehauptung des Subjekts. Kracht macht darauf aufmerksam, daß man aber nicht abhängig von seinen vorgegebenen subjektiven Bestimmtheiten bleiben muß. Man kann beobachten, wie der Organismus eines Textes in einem selbst Veränderungen hervorruft. Die so bewirkte Umbildung der eigenen Vorstellungswelt verlegt das Objektive des Textes in das lesende Subjekt. Ob ich einen Text verstehe, hängt also davon ab, wie ich mich meinem eigenen Inneren gegenüber verhalte.

Kracht erinnert an Goethe, nach dem es zur freien, ungebundenen Vorstellungsbildung drei Befangenheiten zu überwinden gilt: die Denkgewohnheiten, den «Maßstab des Gefallens und Mißfallens» und den «Maßstab des Nutzens und Schadens». Die Suche nach Zusammenhängen im Text und der

Wille, den Zusammenhang auch aktiv da zu suchen, wo er nicht unmittelbar erscheint, verstärkt die Organbildung in den Vorstellungen, die das bewußte Erleben der seelischen Veränderungen durch den Text ermöglicht und darum von der dreifachen Befangenheit befreit. Es zeigt sich, daß man bei jedem Text aufs neue prüfen muß, ob etwa die sprachliche Form, die Lautung, die grammatikalische Struktur etwas zur Umbildung der eigenen Vorstellungen beitragen. Man könnte die Betrachtungen Krachts auch in der Aussage zusammenfassen: Verstehendes Lesen ist zugleich Anleitung zur Selbstentwicklung durch die von allen Textebenen angeregten inneren Bewegungen. Mit einem Ausblick auf anthropologische Konsequenzen der dargestellten Auffassung vom Textverstehen und auf die Beziehung zur mittelalterlichen Anschauung vom dreifachen Schriftsinn schließt die Betrachtung.

Mit dem Problem des verstehenden Lesens stößt die Sinneslehre an eine Fragestellung, die seit Wilhelm Dilthey die Wissenschaftstheorie beschäftigt. Ist es berechtigt, das Erkennen in zwei Provinzen aufzuteilen, in die verstehenden und nachvollziehenden Geisteswissenschaften einerseits und die erklärenden Naturwissenschaften andererseits? Der letzte Beitrag von Ernst-Michael Kranich über «Verstehen – auch der Natur-Dinge» befaßt sich mit der Fragwürdigkeit dieser Grenzziehung. Er möchte letztere durch eine *Hermeneutik der Natur* überwinden. Er beruft sich auf die immer lauter werdende Forderung nach einem neuen Verhältnis zur Natur, das die Verzerrungen des technischen Naturverständnisses überwindet. Dabei baut er auf sein zuvor erläutertes Verständnis der Wahrnehmung als mitvollziehender Regsamkeit. Er beschreibt einen Erkenntnisweg, der von einem Registrieren der Natur zur Erfahrung ihres «geistigen Wesens» führt.

Der erste Schritt ist das Erleben der Sinnesqualitäten. Er erläutert dies am Beispiel der Dichte. Ein bestimmtes Volumen Blei wiegt mehr als das gleiche Volumen Aluminium. Das Aluminium müßte zusammengepreßt werden, um das gleiche spezifische Gewicht zu bekommen wie das Blei. Diese größere Dichte hat das Blei, was wir an der größeren Muskelspannung erleben, wenn wir das Blei halten. Der zweite Schritt führt zum Erleben der Dinge. Dazu muß der Zusammenhang erlebter Qualitäten an der Natur zu einem inneren Bild werden. «Eine Birke mit ihrem hellen Stamm, der lockeren Folge der Äste und den hängenden Zweigen, die so leicht vom Wind bewegt werden, erlebt man als licht, offen und an die Atmosphäre der Umgebung hingegeben. Das alles zusammen empfindet man als die jugendliche Schönheit der Birke.» (S. 148) Wenn man sich so dem Erleben der Naturdinge zuwendet, wird man schließlich offen für ihr inneres Wesen. Kranich erläutert diesen Weg ausführlich am Verstehen eines Quarzkristalls und der Doldengewächse.

Dem Mineral nähert man sich über drei Stufen:

1. Stufe: Von den Merkmalen zum Erleben der Qualitäten – analog dem Übergang von den Buchstaben zu den Lauten.

2. Stufe: Von den Qualitäten zum Bild der Elemente – analog dem Schritt von den Lauten zum Wort.

3. Stufe: Von den Elementen zu deren Vereinigung in der chemischen Verbindung – analog zum Begreifen der Aussage in der Folge der Wörter.

Die Pflanzenerkenntnis baut Kranich auf dem goetheschen Typusbegriff auf. Dieser gibt ein inneres Bild des allgemeinen Pflanzenorganismus, der nicht als Mosaik aus Einzelmerkmalen verstanden wird, sondern als lebendige übergeordnete Ganzheit. Lebt man sich durch den Typus in die Bildungs- und Umbildungsgesetzmäßigkeiten ein, versteht man im zweiten Schritt zum Beispiel nicht mehr bloß das Doldengewächs «Wilde Möhre», sondern die Pflanze in der Wilden Möhre als Doldengewächs. «Die einzelne Pflanze ist ein kleiner Ausschnitt aus dem Text im Buch der Natur. Wie beim gewöhnlichen Lesen in der eigenen geistigen Regsamkeit der Gedanke des Autors bewußt wird, so lebt im gestaltend tätigen Denken die geistige Gesetzmäßigkeit der lebendigen Naturgebilde auf.» (S. 160f.)

Kranich unternimmt hier also den Versuch, der Natur gegenüber durch inneres Nachvollziehen zu Erlebnisweisen zu kommen, die uns an anderen Menschen durch die Wahrnehmungen der höheren Sinne direkt gegeben sind. Könnte dies ein Weg zu einem angemesseneren Naturverhältnis sein, wie es unsere Lebensverhältnisse fordern?

Wahrnehmung von Atmosphären

Gernot Böhme

I. Was heißt wahrnehmen?

Wenn man jemanden auffordern würde, ein Beispiel von Wahrnehmung zu geben, so dürfte eine durchaus übliche Antwort sein: Ich sehe einen Baum. Wir wollen mit einem solchen trivialen Beispiel die Analyse beginnen.

Hier ist nun zumindest eine Zwischenbemerkung nötig. Wenn wir die Analyse anknüpfen an die zitierte Beispielaussage «Ich sehe einen Baum», so analysieren wir ja nicht unmittelbar die Wahrnehmung, sondern gehen von einer Äußerung über die Wahrnehmung aus. Das bringt uns in die Gefahr, anstelle von Wahrnehmungsanalyse Sprachanalyse zu treiben. Diese Gefahr läßt sich schlechthin nicht vermeiden, denn wir befinden uns bei einem Vortrag oder beim Schreiben oder Lesen eines Buches in einem diskursiven Zusammenhang und nicht im Wahrnehmungszusammenhang. Die Beispiele, auf die man sich bezieht, können also nur in die Analyse eingehen, insofern sie bereits sprachlich artikuliert sind. Anders wäre es, wenn man gemeinsam in Übungen eintreten würde und etwa durch Anleitung und Hinweise – die dann als solche allerdings wieder verbal wären – die Partner zu Wahrnehmungsweisen hinführen würde. Da es uns aber auch im Diskurs über die Wahrnehmung letzten Endes nicht um die Sprache der Wahrnehmung, sondern um diese selbst geht, müssen wir immer versuchen, die sprachliche Artikulation auf das hin zu überschreiten, was in ihr artikuliert wird. Also zurück zum Beispiel: «Ich sehe einen Baum.»

Dieser Satz spricht offenbar davon, daß in der Wahrnehmung ein Baum gegeben ist. Merkwürdig ist an dem Satz, daß er gleichzeitig die Wahrnehmungsweise spezifiziert, nämlich die Wahrnehmung des Baumes als *Sehen* bezeichnet. Insofern enthält die Aussage, wie man sagen könnte, zwei Informationen, nämlich daß das, was ich wahrnehme, ein Baum ist und daß die Art der Wahrnehmung Sehen ist. Man könnte sich fragen, ob letzteres eigentlich Inhalt der Wahrnehmung selbst ist oder ob es beispielsweise nur durch die Sprachform so mitgeschleppt wird. Wohl letzteres. Natürlich könnte man sich auch ein Sehen vorstellen, in dem dieses Sehen selbst wahrgenommen wird, in dem ich mich selbst als Sehenden gewahre. So etwa wie in Goethes Türmer-Lied: «Zum Sehen geboren, zum Schauen bestellt, dem Turme geschworen gefällt mir die Welt.» Hier ist nur von dem Sehen als solchem die Rede und von der Lust im Sehen –, daß *etwas* gesehen wird, spielt dabei gar keine Rolle.

Anders im Wahrnehmungsbeispiel «Ich sehe einen Baum». Hier spielt der Baum eine Rolle, nicht aber das Sehen. Andererseits ist die Art und Weise, in der der Baum gewahrt wird, sicherlich spezifisch: Es ist ein gesehener Baum, den ich wahrnehme. Wenn wir uns auffordern, diesen Baum, wie man so sagt, uns vor Augen zu führen, so erscheint ein kleines schematisches Baumbildchen. Dabei wird deutlich, daß man das Wahrnehmungsbeispiel so versteht, daß der Baum als ganzer und auf Distanz wahrgenommen wird. Man könnte sich ja auch unter den Baum stellen, so wie wenn man gegen Regen unter seiner Krone Schutz sucht. Dann würde man auch den Baum wahrnehmen. Aber dieses Wahrnehmen wäre charakteristisch anders gegenüber dem «Sehen». Zwar wird auch hier der Baum faktisch gesehen, aber genaugenommen ist seine Wahrnehmung keinem besonderen Wahrnehmungsorgan zuzuordnen: Man *spürt* seine Mächtigkeit, seine Höhe. Wir würden dies immer noch so ausdrücken, daß der Baum der Gegenstand der Wahrnehmung ist: Ich spüre seine Mächtigkeit und seine Höhe, aber tendenziell verschwindet der Baum als Gegenstand, wie er meinen Blicken entschwindet.

Durch diese Konfrontation der beiden Beispiele zeigt sich, daß das Allerweltsbeispiel, mit dem wir angefangen haben, im Grunde eine sehr spezifische und eingeschränkte Wahrnehmungsweise darstellt. Sie ist spezifisch, insofern sie auf eine einzelne Sinnesart beschränkt ist, vor allem aber, weil sie nur ganz einseitig die Gegenstandswahrnehmung hervorhebt. In dem Spüren des Baumes bin ich mir mit dem Baum zugleich meiner eigenen Anwesenheit in seiner Nähe, in seinem Schutz bewußt. Das bloße Ich, das in dem Beispiel «Ich sehe einen Baum» vorkommt, ist dagegen im Wahrnehmungsvorgang gewissermaßen selbst der blinde Fleck. Zwar ist es faktisch nötig, in der Welt zu sein, um den Baum zu sehen. Aber daß dieses Ich ein konkreter Mensch ist, der in der Welt ist, und dort mit einem Baum zusammen, das kommt im Wahrnehmungsbeispiel nicht vor.

Aufmerksam geworden auf diese Tatsache, daß zwar faktisch Wahrnehmen bedeutet, in der Welt sein und zusammensein mit dem Wahrgenommenen, daß aber in spezifischen Wahrnehmungsweisen das eigene Dasein gar nicht mit eingeht, kann man sich auf die Suche machen nach solchen Wahrnehmungsweisen, bei denen das gerade thematisch ist. Dann bieten sich Beispiele an wie «Mir ist kalt». Die Formulierung eines solchen Wahrnehmungsereignisses ist als solches schon auffällig, denn hier kommt ein Ich als Wahrnehmungssubjekt gar nicht vor.[1] Dagegen artikuliert die Formulierung

---

1 Zur Priorität des ‹Mir› gegenüber dem ‹Ich› siehe meinen Aufsatz «Über eine notwendige Veränderung im europäischen Denken» in: G. Böhme, *Philosophieren mit Kant,* Frankfurt/M. 1986, S. 229–249.

gerade die Betroffenheit des Wahrnehmenden durch die Wahrnehmung. Man könnte versucht sein zu sagen, was hier wahrgenommen wird, der Wahrnehmungsgegenstand, sei die eigene Befindlichkeit. Andererseits ist die Befindlichkeit nichts anderes als die Weise der Wahrnehmung selbst. Diese implizite Rückbezüglichkeit der Wahrnehmung ist auch in dem «Mir» enthalten. Dieses «Mir» ist *in nuce* das Ich. Aber es ist gerade eben noch nicht ein Ich, das sich zur selbständigen, dem Wahrnehmungsgegenstand gegenüberstehenden Instanz ausdifferenziert hat.

Es ist ganz wichtig, diesen Punkt festzuhalten: Es ist üblich, so zu reden, als sei das Ich quasi ein selbständiges Ding, das immer vorhanden ist. Die Analyse solcher Erfahrungen wie «Mir ist kalt» zeigt aber, daß es vielmehr quasi als Spaltprodukt aus implizit reflexiven Erfahrungen auftaucht. Die Erfahrung «Mir ist kalt» kann nämlich dadurch, daß ich mich selbst von dieser Befindlichkeit absetze – etwa indem ich nach Abhilfe suche –, einen Ichpol und korrelativ dazu einen Gegenstandspol entfalten. Dann wird diese Erfahrung artikuliert als: «Ich spüre die Kälte». In dieser Formulierung ist die Kälte etwas deutlich von mir Unterschiedenes, durchaus ein Zustand der Außenwelt, den ich allerdings qua Spüren am eigenen Leibe erfahre. Das Ich geht dabei aber keineswegs in dem Spüren auf. Vielmehr ist die Formulierung so, daß das Spüren als ein Widerfahrnis des Ich, wenn nicht sogar als eine Tätigkeit formuliert wird, jedenfalls so, daß es nur eine Möglichkeit des Ich unter anderen darstellt. Der Gegenstandspol der Wahrnehmung, nämlich die Kälte, ist in der Formulierung allerdings noch nicht ganz gegenüber dem Spüren ausdifferenziert. Das geschieht erst, wenn die Wahrnehmung als Feststellung «Hier ist es kalt» sich weiterentwickelt.

Wir haben an dem Beispiel «Mir ist kalt» eine Wahrnehmungserfahrung vor Augen, an der sich gut demonstrieren läßt, in welchem Sinne bestimmte Wahrnehmungserfahrungen für andere als grundlegend angesehen werden können. Wir haben gesehen, wie das «Mir ist kalt» sich durch Ausdifferenzierungsprozesse, die zugleich Distanzierungen sind, entfaltet: Ich gehe gegenüber meinem eigenen Zustand auf Distanz und unterscheide einen Zustand der Außenwelt von mir. Die Wahrnehmungsweise wird dabei durchaus eine andere, aber sie bleibt von der unentfalteten Wahrnehmung als grundlegender getragen. Wenn ich etwa vor die Tür trete und feststelle «Es ist kalt draußen», so ist die Wahrnehmung, die ich dabei habe, durchaus nicht die Wahrnehmung «Mir ist kalt». Gleichwohl wird sie von letzterer getragen. Ich benutze mich nämlich bei diesem Wahrnehmungsakt gewissermaßen als Indikator für den äußeren Zustand und bemerke die Kälte draußen zwar nicht dadurch, daß mir kalt ist, wohl aber doch durch einen Anflug dieser Erfahrung, der aber gleich wieder auf das Objekt, den Zustand draußen, übersprungen wird.

Wir haben das zweite Beispiel für Wahrnehmung «Mir ist kalt» gewählt, weil in dem Beispiel «Ich sehe einen Baum» die Erfahrung der leiblichen Präsenz, die wir nach unseren Kriterien für Wahrnehmung verlangen müssen, nicht enthalten war. Andererseits ist in dem zweiten Beispiel der Gegenstandspol offenbar unzureichend enthalten. Wir haben zwar gesagt, daß er sich zur Tatsache «Es ist kalt» entfalten kann, niemals aber zu einem Gegenstand im engeren Sinne, einem Ding. Aber immerhin ist dieses auch schon lehrreich, als nämlich der Gegenstand der Wahrnehmung nicht ein Ding zu sein braucht und nicht einmal eine Eigenschaft oder ein Zustand eines Dinges. Wenn ich sage «Ich spüre die Kälte», dann meine ich mit «Kälte» ja nicht die Eigenschaft von etwas, beispielsweise der Luft. Die Luft ist ja in der Erfahrung überhaupt nicht gegeben. Kälte ist in der Erfahrung eine Art freischwebender Qualität, «unbestimmt in die Weite ergossen». Wir werden diesen Typ von Gegenständen «das Atmosphärische» nennen. Der Gegenstand der Wahrnehmung «Mir ist kalt» ist also etwas Atmosphärisches, er läßt sich aber nicht bis zu einem Ding hin ausdifferenzieren oder – besser gesagt – verdichten. Insofern kann die Erfahrung «Mir ist kalt» noch nicht als hinreichend umfassend angesehen werden, um als Paradigma für den Aufbau der Ästhetik zu dienen.

Damit stellt sich aber die Frage, ob überhaupt *eine* bestimmte Wahrnehmungserfahrung ein solches Paradigma abgeben kann. Traditionell unterscheidet man ja fünf Sinne: Sehen, Hören, Riechen, Schmecken und Fühlen, wobei das Fühlen in neuerer Zeit häufig noch in weitere Sinne: den Tastsinn, den Temperatursinn, den Schmerzsinn, den Gleichgewichtssinn, aufgespalten wird. (Scheurle 1984) Die Konfrontation unserer bisherigen Analyse mit der traditionellen Lehre von den fünf Sinnen wirft die Frage auf, ob es Wahrnehmungsweisen gibt, die in dem Sinne grundlegend und umfassend sind, daß sie nach spezifischen Sinnen noch nicht ausdifferenziert sind. Sollte das nicht der Fall sein, dann könnten die Unterschiede, die wir zwischen den Beispielen «Ich sehe einen Baum» und «Mir ist kalt» festgestellt haben, auch solche der jeweiligen Sinnesart sein. So sagt man ja auch, daß das Sehen ein Distanzsinn sei, das Fühlen dagegen ein Nahsinn, und daß das Sehen auch deshalb für objektive Erkenntnis besonders dienlich sei, weil das Subjekt dabei unbetroffen bleibe. Sinne wie Schmecken, Riechen und Fühlen kämen dafür entsprechend nicht in Betracht. – Für die Frage, ob es grundlegende Wahrnehmungen gibt, die gegenüber der Mehrheit der Sinne noch nicht ausdifferenziert sind, macht nun der Gefühlssinn zumindest Hoffnung. Denn die Mehrheit der Sinne, die man hier unterscheidet, nämlich Schmerzsinn, Tast- oder Drucksinn, Kältesinn und Gleichgewichtssinn, werden ja offenbar von ihrer Leistung beziehungsweise ihren jeweils ausdifferenzierten Wahrnehmungsgegenständen her unterschieden, während die Erfahrung allgemein

ein leibliches Spüren ist, oder eben das, was man traditionell Gefühl nannte. Nun kann man allerdings die Sinne durchaus auch von den Sinnesorganen her unterscheiden, und die Unterscheidung der fünf Sinne ist auch traditionell häufig dadurch motiviert worden, daß man dem Sehen die Augen, dem Hören die Ohren, dem Riechen die Nase, dem Schmecken die Zunge und dem Gefühl den Leib oder das Fleisch zuordnete. Aber man sieht schon bei Schmecken und Riechen, daß hier das Prinzip sich bereits gegenüber der Wirklichkeit durchsetzt, denn von der Erfahrung her lassen sich die entsprechenden Wahrnehmungen nicht streng auf diese Organe oder Körperorte lokalisieren. Ferner ist natürlich die Angabe «Fleisch» als Organ für das Gefühl eine höchst unbestimmte. Man könnte das ganze Prinzip heute sicherlich neurophysiologisch verschärfen. Aber wir wollen diese Art der physiologischen Wahrnehmungslehre nicht weiter verfolgen, sondern uns streng an das halten, was in der Wahrnehmung selbst gegeben und durch Ausdifferenzierung unterscheidbar ist, das heißt phänomenologisch verfahren.

Zurück zu der Frage, ob es Wahrnehmungen gibt, die sinnesspezifisch nicht ausdifferenziert sind. Nun, eine solche Erfahrung haben wir bereits genannt, nämlich die Wahrnehmung, die man von einem Baum hat, wenn man «in seinen Schatten tritt». Zu dieser Erfahrung gehört sicherlich das Sehen. Aber es ist ein anderes Sehen, nicht das übliche, distanzierte Sehen. Das, wo hinein es integriert ist, nämlich das Spüren der leiblichen Anwesenheit des Baumes, ist aber nicht von der Art, daß es eine Ausdifferenzierung in Richtung anderer Sinneswahrnehmungen zuließe. Vielleicht könnte sich am Einzelfall zeigen, daß zu diesem Spüren der leiblichen Anwesenheit des Baumes auch ein Rauschen gehört, das heißt, daß das Gefühl der mächtigen Anwesenheit, des räumlichen Umfaßtseins durch Distanzierung und Objektivierung einen akustischen Anteil aus sich entläßt. Aber das muß nicht der Fall sein. Immerhin sind wir mit diesen Überlegungen auf die Möglichkeit gestoßen, daß das Spüren der Anwesenheit von etwas bezüglich der Unterscheidung von Sinnen indifferent sein könnte, selbst dann, wenn man die entsprechende Erfahrung über einen spezifischen Sinn artikuliert.

Ich nehme dafür als weiteres Beispiel «Ich höre jemanden kommen». Die Artikulation dieser Erfahrung gibt sich so, als ob Geräusche gehört worden seien, aus denen man auf das Kommen von jemandem schließe. Derartige Erfahrungen sind natürlich durchaus möglich. Aber man denke nur an eine Situation, in der man abends, allein sitzend in ein Buch vertieft, plötzlich das Gefühl hat «Es kommt jemand» und sich erst nachträglich darauf besinnt, aus welchen Indizien man das geschlossen haben könnte. War da ein Geräusch? Ein Windstoß? Ein Lichtschein am Fenster? Wenn wir die Wahrnehmung «Ich habe das Gefühl, daß jemand kommt» nicht gewissermaßen von der

physikalischen Seite, das heißt von außen betrachten, sondern phänomenologisch, das heißt so wie man sie erfährt, dann ist sie zunächst und zumeist
nicht nach Sinnen ausdifferenziert. Jemanden kommen hören ist vielmehr die
unbestimmte Erfahrung einer Erregung, einer Beunruhigung, vielleicht
direkt einer Bedrängnis, die leiblich erfahren wird, besser gesagt: in der Weise meiner eigenen leiblichen Anwesenheit. Während ich vielleicht zunächst
in meinem Gefühl «entspannt war», das heißt unbestimmt und ohne Grenzen in die Weite ergossen, ziehe ich mich durch das Spüren, daß da jemand
kommt, quasi auf mich zusammen beziehungsweise zerlege den Raum
dadurch, daß jetzt meine Aufmerksamkeit geweckt wird in Richtungen und
Sinnesdimensionen. War da ein Geräusch? Wo kommt es her? War da ein
Lichtschein am Fenster?

Wir können damit wohl das *Spüren von Anwesenheit* als Kandidaten für
eine grundlegende und umfassende Wahrnehmungsweise benennen. Ich
möchte nun aber für die weitere Analyse ein anderes Beispiel wählen, das
weniger unbestimmt und vielleicht nicht so «mystisch» ist, wie manchem die
Beispiele «Ich spüre den Baum» oder «Ich habe das Gefühl, jemand kommt»
erscheinen mögen.

Ich nehme das Beispiel «In der Bedrohlichkeit des Sirrens spüre ich die
Anwesenheit einer Mücke». Die Erfahrung, von der die Rede sein soll, habe
ich in dieser Formulierung schon relativ artikuliert wiedergegeben. Also man
denke sich, daß man im dunklen Hotelzimmer liegt, nachts aufwacht und –
wie gesagt – dieses bedrohliche Sirren hört. Das ist allerdings eine Hörer-
fahrung. Aber das Entscheidende, worauf es mir jetzt ankommt, ist, daß sie
auf der einen Seite quasi am ganzen Leibe gespürt wird, also als Beunruhigung und Anspannung beziehungsweise Abwehrbereitschaft, und das, was
gespürt wird, nicht primär eine Mücke ist, sondern etwas Bedrohliches im
Raume mit unbestimmter Lokalisierung. Indem ich dieses Bedrohliche
zunächst als Sirren identifiziere und dann als Sirren einer Mücke erkenne,
nehme ich in gewisser Weise davon schon Abstand, schränke den Grad der
Bedrohlichkeit ein und fange an, den Bedrohungsherd zu lokalisieren. Durch
das Umherschwirren der Mücke hat sie sicherlich selbst auch einen unbe-
stimmten Ort. Aber in dem Moment, wo ich das Sirren als Sirren einer Mücke
identifiziere, muß es jedenfalls irgendwoher kommen. Ich würde dann wahr-
scheinlich Licht machen und die Mücke an einem bestimmten Ort erblicken,
wodurch dann «die Luft wieder rein ist», das Atmosphärische, was man
zunächst gespürt hat, zusammenbricht und sich der Gegenstand der Wahrnehmung auf das Mückending zusammenzieht.

Dieses Beispiel macht noch besser als die vorhergehenden deutlich, daß
das atmosphärische Spüren von Anwesenheit das grundlegende Phänomen

von Wahrnehmung ist. Wahrnehmung ist qua Spüren eine Erfahrung davon, daß ich selbst da bin und wie ich mich, wo ich bin, befinde. Aus diesem Spüren können sich schrittweise spezifische Sinneswahrnehmungen und schließlich ein Ichpol und ein Wahrnehmungsobjekt ausdifferenzieren. Was gespürt wird, ist primär etwas Atmosphärisches. Es ist als solches nach Sinnesqualitäten nicht ausdifferenziert, kann sich aber den Sinnen entsprechend spezifizieren. Dagegen hat es immer, wie wir sagen können, eine affektive Tönung, das heißt, es ist bedrohlich, erheiternd, bedrückend, verlockend usw. Das Atmosphärische als primärer Wahrnehmungsgegenstand kann sich ausdifferenzieren als Anwesenheit von etwas. Je mehr die Wahrnehmung diesem Etwas nachgeht, desto mehr distanziert sie sich von dem Atmosphärischen beziehungsweise dieses zieht sich zusammen auf einen Wahrnehmungsgegenstand qua Ding. Diesem Ding können dann Eigenschaften zugesprochen werden, die dafür verantwortlich sind, daß es eine gewisse Ausstrahlung hat, also in dieser oder jener Weise atmosphärisch erfahren werden kann.

Damit glaube ich, daß wir gefunden haben, was wir suchten: ein grundlegendes und umfassendes Paradigma von Wahrnehmung. Noch nicht sehr gut kam bei unserem Paradigma die ursprüngliche Einheit der Sinneserfahrung heraus, die nach spezifischen Sinnen ausdifferenziert werden kann. Ich werde diese Einheit unter dem Stichwort Synästhesien[2] behandeln. Wenn wir diesen Punkt hinzunehmen, dann ist im großen das Programm einer Ästhetik als allgemeiner Wahrnehmungslehre vorgezeichnet. Es geht zunächst darum, den Begriff der Atmosphäre und das Phänomen des Atmosphärischen zu entfalten. Der nächste Punkt wäre das leibliche Spüren und die Befindlichkeit. Indem man sich so der Gegenstandsseite nähert, geht es zunächst um die Synästhesien und dann um die Bestimmungen von Gegenständen beziehungsweise Umgebungen, insofern sie sich durch Analyse atmosphärischer Erfahrungen und als Korrelate von Wahrnehmung finden lassen. Damit ergibt sich das Thema der Szenen, der Physiognomie und der Eigenschaften von Dingen als Ekstasen. Erst zuallerletzt wird man sich fragen müssen, was Dinge als Gegenstände der Wahrnehmung überhaupt sind.

II. Das Spüren von Anwesenheit

Das Paradigma von Wahrnehmung, von dem wir ausgehen, ist nicht von der Art, daß sich darin ein Subjekt auf ein Objekt bezieht. Das für diese Untersuchung grundlegende Wahrnehmungsereignis liegt vor jeder Subjekt-

---

2 Vgl. meinen Aufsatz «Synästhesien», in: Böhme 1995, S. 95–98.

Objekt-Spaltung. Ein Wahrnehmungssubjekt und ein Wahrnehmungsobjekt werden erst auf dem Wege der Ausdifferenzierung und Distanzierung gewonnen.

Das grundlegende Wahrnehmungsereignis ist das «Spüren von Anwesenheit». Dieses Spüren von Anwesenheit ist zugleich und ungeschieden das Spüren von mir als Wahrnehmungssubjekt wie auch das Spüren der Anwesenheit von etwas. Daß das Spüren von Anwesenheit das Spüren *meiner* Anwesenheit ist, wird erst im nächsten Schritt der Ausdifferenzierung deutlich, das Spüren wird dann als Sich-Befinden erfahren. Bei der Ausdifferenzierung in Richtung eines Objektpols sind wir nicht gleich beziehungsweise noch lange nicht bei einem Objekt qua Ding. Der erste Gegenstand der Wahrnehmung ist Atmosphäre oder das Atmosphärische. Bei den Beispielen «Im Sirren spüre ich die bedrohliche Anwesenheit einer Mücke» ist das erste, *was* man spürt, noch vor jeder Identifizierung eines Geräusches als Sirren und lange vor jeder Identifizierung einer Mücke als einer Ursache des Sirrens, die Bedrohlichkeit der Atmosphäre. Dieses Bedrohliche drängt sich mir auf, und solange ich mich davon noch nicht abgesetzt habe, sondern es nur spüre, gehe ich in meinem Befinden in diesem Bedrohlichen auf. Das wurde besonders deutlich in dem Beispiel «Mir ist kalt». In diesem ist mein Befinden, das heißt Mich-kalt-Fühlen, noch nicht von dem geschieden, was ich atmosphärisch erfahre, nämlich der Kälte.

Ich habe gesagt, der erste Gegenstand in der Wahrnehmung ist Atmosphäre oder das Atmosphärische. Durch diese Terminologie will ich, soweit es geht, noch zwei Wahrnehmungsphänomene unterscheiden. Dabei sei «das Atmosphärische» etwas, das schon deutlicher vom Ich distanziert ist, also mehr auf die Seite der Dinge gehört, oder wie wir mit Hermann Schmitz sagen wollen, zur Klasse der Halbdinge. (Schmitz 1978) Von dieser Art sind etwa «die Nacht», «der Herbst», «die Beleuchtung». Dagegen ist Atmosphäre etwas, demgegenüber eine vollständige Distanzierung nicht möglich ist, ohne daß es, wie wir schon sagten, «zusammenbricht» oder sich auf ein Ding «zusammenzieht». Atmosphären haben immer auch einen subjektiven Anteil, das heißt, sie sind in dem, was sie sind, immer auch durch den Ich-Pol mitbestimmt. Um Atmosphären soll es in diesem Vortrag gehen.[3]

Atmosphären werden gespürt, indem man affektiv von ihnen betroffen ist. Die trübe Atmosphäre eines Novemberabends mag einen bedrücken, die gespannte Atmosphäre in einer Sitzung irritieren, die heitere Atmosphäre eines Frühlingstages mit Vogelgesang «zur Fröhlichkeit stimmen», wie Kant

---

3 Zum Atmosphärischen siehe meinen Aufsatz «Atmosphärisches in der Naturerfahrung», in: Böhme 1995, S. 66–84.

sich einmal ausdrückt. (*Kritik der Urteilskraft,* § 42) Die eigene Stimmung kann, wie wir schon sagten, lediglich als der subjektive Pol der Atmosphäre erfahren werden. Die Atmosphäre dagegen als ein Etwas, das auch von mir zu unterscheiden ist, wird erst in anderen Erfahrungen entdeckt. Ich möchte sie nach zwei Klassen unterscheiden als Ingressions- beziehungsweise Diskrepanzerfahrung. Beide Erfahrungen implizieren eine Differenz zwischen mir und der Atmosphäre, wodurch die Atmosphäre dann wirklich als Gegenstand der Wahrnehmung angesprochen werden kann.

Als *Ingressions*erfahrungen will ich solche Wahrnehmungen bezeichnen, bei der man ein Etwas wahrnimmt, indem man in es hineingerät. Typisch dafür ist das Betreten eines Raumes, in dem eine gewisse Atmosphäre herrscht. Also beispielsweise «Ich betrete einen Saal, in dem eine festliche Atmosphäre herrscht» oder «Ich gehe auf eine Gesprächsgruppe zu, aus der mir eine betretene Atmosphäre entgegenschlägt». Hier ist die Atmosphäre etwas, das zunächst deutlich von mir unterschieden ist. Es hat zwar emotionalen Charakter, es ist eine Stimmung, die aber noch nicht meine ist, sondern mich vielmehr in einer bestimmten Weise anmutet.

Elisabeth Ströker hat hier schon früh und unabhängig von der Entwicklung des Begriffs der Atmosphäre von «gestimmten Räumen» gesprochen. (Ströker 1977) Das Raumartige ist in der Tat für die Atmosphärenwahrnehmung charakteristisch und für die Entdeckung von Atmosphären durch Ingression im besonderen. Denn man entdeckt die Atmosphären als einen Raum, in den man hineingerät. Dieser Raum ist natürlich kein metrischer Raum und hätte mit Raum im Sinne von Geometrie auf nur höchst abstrakte Weise, etwa im Sinne von Topologie, zu tun. Aber er ist doch ein Raum, insofern man in ihn hineingehen kann, in ihm sein, von ihm umfaßt sein kann, und insbesondere ist seine Erfahrung qua Befindlichkeit ja selbst eine Ortserfahrung: Ich bin *hier* und fühle mich so und so gestimmt. – Die Atmosphäre ist ferner *gestimmter* Raum, das heißt, was einen da anmutet, ist eine Stimmung. Und zwar gerade zunächst nicht als meine Stimmung, sondern als *Anflug* von Stimmung, etwas, das ich wahrnehme gerade dadurch, daß ich beginne, in eine Stimmung zu «geraten». Damit haben wir bezüglich der Atmosphäre ein weiteres wichtiges Charakteristikum gefunden, nämlich daß sie unbestimmt räumlich ausgebreitete Stimmung, quasi objektiv, ist.

Wir haben das Entdecken von Atmosphären und damit die gegenständliche Erfahrung von Atmosphären zunächst als Ingression, das heißt auf der Basis eines räumlichen Zugangs, beschrieben. Es gibt aber auch eine andere, nämlich die auf der Basis von *Diskrepanz*. Damit ist gemeint, daß ich von einer Atmosphäre her eine Anmutung erfahre in Richtung einer Stimmung, die von meiner – mitgebrachten – Stimmung abweicht. So kann ich etwa, wegen eines Trauerfalles bedrückt, einen heiteren Frühlingstag in deutlicher Diskrepanz zu meinem eigenen Befinden erfahren. Diese Erfahrung der Diskrepanz hat etwas Paradoxes, ist man doch geneigt, die Wahrnehmung von Atmosphären als eine Art Resonanzphänomen zu verstehen. Auch wir sind bisher so verfahren: Der heitere Morgen stimmt mich heiter, die Kälte macht, daß mir kalt ist, die fröhliche Stimmung eines Festes reißt mich mit. Wie soll ich aber die Heiterkeit eines Frühlingsmorgens als heitere Atmosphäre erfahren, wenn ich selbst traurig bin und gar noch im Kontrast zu meiner eigenen Traurigkeit? Es gibt deshalb Autoren (wie Michael Hauskeller, 1995), die die Diskrepanzerfahrung schlichtweg leugnen. Es werde in dem genannten Beispiel gar nicht Heiterkeit atmosphärisch erfahren, vielmehr ließen nur gewisse äußere Merkmale die *Erinnerung* wach werden, daß ich unter anderen Bedingungen von einem entsprechenden Frühlingsmorgen heiter gestimmt wurde. Diese Beschreibung entspricht nun aber keineswegs dem Phänomen der Diskrepanzerfahrung. Vielmehr ist es ja so, daß durch die Erfahrung der Diskrepanz oder des Kontrastes die eigene Traurigkeit in eine Spannung gerät, gewissermaßen sich verschärft oder versteift. Trotz meiner eigenen mitgebrachten Stimmung der Traurigkeit werde ich nämlich von der mich umgebenden heiteren Atmosphäre angemutet, das heißt von einer Tendenz getroffen, mich umzustimmen. Diese Tendenz bleibt zwar irgendwie stecken, wird vielleicht auch abgewehrt, jedenfalls wird die Traurigkeit dadurch modifiziert, zieht sich mehr auf mich zusammen und kann, gerade weil ich *doch* von der heiteren Atmosphäre draußen angemutet werde, mir selbst in gewisser Weise fremd werden.

Die Diskrepanzerfahrungen sind es, die in besonderem Maße dazu Anlaß geben, Atmosphären als quasi objektive Gefühle zu bestimmen. In diesen Erfahrungen wird deutlich, daß ich Gefühle erfahren kann, die nicht meine sind und auch niemandes sonst. Sie schweben gewissermaßen im Raum, «unbestimmt weit ergossen», (Schmitz 1969, S. 185) wie der Philosoph Hermann Schmitz sagt. Hermann Schmitz macht geradezu eine Pointe daraus, daß Gefühle draußen sind, «nicht subjektiver als Landstraßen». (Schmitz 1964, S. 144) Er spricht von einer «Introjektion der Gefühle», also einer Hereinverlagerung in eine menschliche Innenwelt, die sich als ein Ereignis in der Entwicklung der europäischen Menschheit in einer bestimmten Epoche, nämlich im Übergang vom 6. zum 5. Jahrhundert v. Chr., in Griechenland vollzogen habe. Gefühle seien nach der Konzeption eines inneren Menschen und einer Seele als Attribute oder Zustände der letzteren verstanden worden. Diese kulturhistorische Linie braucht uns hier nicht zu interessieren. Wichtig ist nur, daß man mit ihr die Behauptung abwehren kann, es sei eine uneigentliche, eine bloß metaphorische Redeweise, einen Abend als melancholisch oder einen Tag als heiter zu bezeichnen. Denn diese Behauptung macht ja nur Sinn auf der Basis einer bestimmten Metaphysik oder zumindest Anthropologie, nach der solche Ausdrücke «primär» Gemütszustände bezeichneten und von da aus nur auf äußere Gegenstände oder Situationen übertragen würden, die der Anlaß zu den entsprechenden Gemütsverfassungen gewesen sein sollten. Einer solchen Theorie ist natürlich immer die moderne Auffassung entgegenzuhalten, nach der die Bedeutung von Worten ihrem Gebrauch zu entnehmen ist. Und Ausdrücke wie «heiter» oder «melancholisch» werden nun einmal sowohl für Gemütszustände als auch für Atmosphären verwendet und für die Dinge und Konstellationen, von denen sie ausgehen. Damit kommen wir zurück zu unserem Ausgang: Wir hatten gesagt, daß Atmosphären als Gegenstände der Wahrnehmung entdeckt würden gerade aufgrund von Diskrepanzerfahrungen. Die Heiterkeit eines Frühlingsmorgens kann keine Projektion sein, wenn sie entdeckt wird auf der Basis und in der Diskrepanz zur eigenen traurigen Gemütsstimmung.

Atmosphären haben also als gestimmte Räume etwas quasi Objektives. Ob es sehr geschickt ist, dieses «Gefühle» zu nennen, sei dahingestellt. Wenn man aber von quasi objektiven Gefühlen spricht, so ist deutlich, daß sie von dem unterschieden sind, was man empfindet. Die Melancholie mag atmosphärisch in der Luft liegen, aber wenn ich melancholisch bin, dann im Sinne meiner affektiven Betroffenheit durch Melancholie. Nenne ich letzteres «meine Melancholie», dann ist sie eine strikt subjektive Tatsache im Sinne von Hermann Schmitz, während die quasi objektive Melancholie, die atmosphärisch in der Luft liegt, etwas ist, das viele Menschen spüren können, und zwar sogar so, daß sie trotz der Subjektivität des Spürens sich über den Charakter dessen, was sie spüren, verständigen können.

Wir haben damit zwei Weisen betrachtet, in der Atmosphären wirklich als Gegenstand der Wahrnehmung begegnen, nicht einfach als Stimmung, in der ich in meiner Befindlichkeit unbestimmt aufgehe. Beide Weisen, Ingression und Diskrepanz, sind allerdings so, daß man dabei von einem Ich, das schon so und so gestimmt ist, ausgeht, das heißt von einer Differenz von Atmosphäre und subjektiver Stimmung. Natürlich müßte es auch Wahrnehmungsweisen beziehungsweise Wahrnehmungsprozesse geben, bei denen sich der Ich-Pol gegenüber der erfahrenen Atmosphäre erst ausdifferenziert. Solche Wahrnehmungserfahrungen sind besonders die negativen Wahrnehmungserfahrungen. In der Erfahrung des Unheimlichen, des Bedrohlichen, des Schrecklichen ist die affektive Betroffenheit der Art, daß sie eine Tendenz enthält, sich gegenüber dem Unheimlichen, dem Schrecklichen, dem Bedrohlichen zu distanzieren, sich ihm zu entziehen. Wir haben diesen Fall schon studiert am Beispiel des Sirrens einer Mücke. Die Erfahrung der bedrohlichen Atmosphäre als *Gegenstand* ist hier bereits ein Resultat einer Abwehr, die schließlich dazu führt, den Bedrohungsherd zu lokalisieren und die Bedrohung ursächlich auf ein Ding zurückzuführen.

III. Der Begriff der Atmosphäre

Wir sind bisher in der Behandlung des Themas Atmosphäre stets von der Erfahrung von Atmosphären ausgegangen, nicht von ihrem Begriff. Atmosphäre ist ein Wahrnehmungsgegenstand und ist nicht anders als in aktueller Wahrnehmung zu haben. Es könnte sein, daß diese Tatsache das Verhältnis zwischen Atmosphäre und dem Begriff der Atmosphäre besonders prekär gestaltet, problematischer als es sonst bei vielen anderen Gegenständen und ihrem Begriff ist. Ich möchte das kurz an einem Beispiel darstellen, nämlich dem Begriff von einem Hunde nach der berühmten Erläuterung, die Kant den Verhältnissen hier gegeben hat. Kant sagt, daß der Begriff von einem Hunde ein Schema sei, nach dem ich die Gestalt eines vierfüßigen Tieres allgemein in der Anschauung verzeichnen kann. (Vgl. «Von dem Schematismus der reinen Verstandesbegriffe», in: I. Kant, *Kritik der reinen Vernunft.*) Das heißt, danach ist der Begriff vom Hunde eine Art Konstruktionsregel, die auch *in der Wahrnehmung* eines Hundes wirksam ist. Ein Hund wird als Hund wahrgenommen, indem die Wahrnehmung nach dieser Regel organisiert wird. Nach dieser Analyse liegt also implizit der Begriff des Hundes auch in der Wahrnehmung des Hundes. Beim Begriff der Atmosphäre verhält es sich deutlich anders. Wenn ich Atmosphäre *denke* beziehungsweise über Atmosphären rede, beziehe ich relativ zur Atmosphäre einen anderen Ich-Standpunkt als in der Wahrnehmung von Atmosphären. Denn in der Wahrnehmung von Atmosphären bin ich entweder selbst in die Atmosphäre stimmungsmäßig aufgelöst oder aber ich bin selbst noch in der Distanzierung von ihr affektiv betroffen. Im *Denken* von Atmosphäre erhebe ich mich über diese Verhältnisse gewissermaßen in eine andere Dimension, in eine Dimension der Unbetroffenheit. Das sieht man schon daran, daß man in der Erfahrung von Atmosphären diese immer zu sich selbst in Beziehung setzt oder sich selbst in Beziehung zu ihnen, also etwa in der Weise «Ich bin traurig» oder «Mir ist kalt». Redet man dagegen *über* Atmosphären, verwendet also einen Begriff von Atmosphären, so kommt das Ich in der Form «*ein* Ich» vor, das heißt genaugenommen in der dritten Person. Das wird sich sogleich noch deutlicher zeigen.

Der Begriff der Atmosphäre ist als philosophischer und speziell ästhetischer Begriff relativ jung und entsprechend ungewohnt. Dagegen ist die alltagssprachliche Redeweise von Atmosphären im nichtmeteorologischen Sinne, das heißt im Sinne von gestimmten Räumen, dem Nimbus oder der Aura, die eine Person ausstrahlt, ihrem Dunstkreis und dem Charakter einer kommunikativen Situation, einer «Gesprächsatmosphäre», mindestens seit dem 18. Jahrhundert nachweisbar. Das Phänomen ist in der Alltagserfahrung durchaus vertraut und die Charakterisierung von Atmosphären sehr differenziert. Man redet eben nicht nur von einer guten oder schlechten Atmosphäre, in der beispielsweise ein politisches Gespräch verlaufen ist, sondern auch von einer mächtigen Atmosphäre oder auch einer dünnen Atmosphäre, man redet ferner spezifischer von einer heiteren, einer melancholischen, einer gedrückten, einer gehobenen, einer sommerlichen, einer abendlichen, einer herbstlichen Atmosphäre und vieles mehr. Diese Vertrautheit mit Atmosphären im Alltag stellt ein vielfältiges Vokabular zur Verfügung, mit dem man die Erfahrung von Atmosphären sprachlich artikulieren kann. *Was* dabei zur Sprache gebracht wird, kann man den «Charakter der Atmosphäre» nennen. Der Ausdruck «Charakter» bezeichnet dabei zunächst das, was eine Atmosphäre von einer anderen unterscheidet, das Charakteristische. Andererseits spielt der Terminus aber auch auf eine Verwendungsweise des Ausdrucks «Charakter» an, der auch zu unserem Thema einer allgemeinen Ästhetik gehört, nämlich in der Physiognomik. Wir reden vom Charakter, den ein Schauspieler auf die Bühne bringt, von einer Charaktermaske oder auch von dem Charakter, der uns aus den Gesichtszügen einer Person anspricht. Charakter in diesem Sinne ist die besondere Weise, wie uns etwas affektiv betrifft, und genau das ist mit dem Charakter von Atmosphären gemeint: *die besondere Weise, in der sie uns anmutet.* Die vielen Ausdrücke für Atmosphäre, die wir umgangssprachlich haben, wie «heiter», «melancholisch», «gedrückt» usw. bestimmen Atmosphären in Hinblick auf ihren Charakter. Der Charakter der Atmosphäre ist gewissermaßen ihr Was-Sein.

Wichtig ist nun, daß man den Charakter einer Atmosphäre nur bestimmen kann, indem man sich ihr aussetzt. Er ist nicht von einem neutralen Beobachterstandpunkt aus festzustellen, sondern nur in affektiver Betroffenheit. Natürlich könnte man versuchen, auch aus objektiven Konstituenten von Atmosphären – daß es solche überhaupt gibt, zeigt beispielsweise die Praxis der Bühnenbildnerei, darauf werden wir noch zu sprechen kommen – auf das «Wehen einer Atmosphäre» zu schließen, auch dann, wenn man nicht von ihr betroffen ist. Diese Möglichkeit ist sicherlich von großer Bedeutung und für den Status von Atmosphären als «quasi objektiv» ausschlaggebend. Andererseits sind aber Atmosphären eben nur quasi objektiv, und das heißt, sie sind in ihrem Was-Sein gar nicht vollständig bestimmt ohne denjenigen, der von ihr betroffen ist. In dem, was Atmosphären sind, ist immer ein subjektiver Anteil und sie *sind* überhaupt nur in aktueller Erfahrung. Zwar kann man in Atmosphären hineingeraten und sie auch in Diskrepanz zur eigenen Stimmung erfahren, gleichwohl muß man sagen, daß auch hier die Atmosphäre erst in der Konfrontation mit einem erfahrenden Ich zu dem wird, was sie ist.

Die alltägliche Vertrautheit mit Atmosphären und die ausgebildete Alltagssprache über Atmosphären bilden den einen Hintergrund dafür, den Begriff Atmosphäre als einen expliziten Begriff der Philosophie und der Ästhetik auszubilden. Der andere Hintergrund besteht in den breit ausgebildeten Kompetenzen im Umgang mit Atmosphären, genauer gesagt der Praxis der Erzeugung von Atmosphären. Diese Kompetenzen bestehen darin, durch dingliche, sprachliche oder musikalische Arrangements Atmosphären erzeugen zu können. Über diese Kompetenzen können wir hier nur vorgreifend sprechen, insofern wir in unserer Analyse noch nicht so weit gekommen sind, zeigen zu können, daß die Atmosphären von ihrem dinglichen Pol her Konstituenten haben, die sich objektiv identifizieren lassen. Wir müssen uns in der Vorbereitung für den Begriff der Atmosphäre auf die Möglichkeit solcher Kompetenzen berufen, indem wir auf die soziale Tatsache der «ästhetischen Berufe» verweisen. In ästhetischen Berufen wird die ästhetische Arbeit professionalisiert und als erlernbare Kompetenz weitergegeben. Als Beispiele solcher Berufe führe ich an: die Bühnenbildnerei, die Kosmetik, die Innenarchitektur, das Design und viele Hilfsberufe im Bereich der Medien Film, Fernsehen, Hörfunk. Auch die Werbung ist zum großen Teil als ästhetische Arbeit anzusehen. Als ästhetische Arbeit soll diejenige Tätigkeit bezeichnet werden, die Dinge, Räume, Arrangements gestaltet in Hinblick auf die affektive Betroffenheit, die ein Betrachter, Empfänger, Konsument usw. dadurch erfahren soll. Man könnte ästhetische Arbeit in einem weiten Sinne auch als Rhetorik bezeichnen, insofern es die Aufgabe der Rhetorik seit der Antike war, Worte eines Textes oder einer Rede so zu setzen, daß dadurch der Leser oder Hörer von der Sache, um die es geht, gefangen beziehungsweise für sie eingenommen wird. Die Intention der Rhetorik in diesem klassischen Sinne beziehungsweise der ästhetischen Arbeit, so wie ich sie definierte, richtet sich also auf die affektiven Erfahrungen, die ein Betrachter im Anblick des zu gestaltenden Arrangements erfahren soll. Diese Intention wird häufig bei der Charakterisierung der entsprechenden Arbeit überspielt. Da, was faktisch geschieht, die *Gestaltung* des Gegenstandes, des Raumes oder – allgemeiner – des Arrangements ist, wird die Intention der Tätigkeit häufig überspielt oder unterschlagen. Man redet so, als ginge es eigentlich darum, bestimmten Gegenständen bestimmte Eigenschaften zu verleihen. Also etwa einen Platz zu verschönern, einer Vase eine bestimmte Form zu verleihen, einer Zimmereinrichtung einen bestimmten Stil. Nur in solchen Bereichen, wo das, was geschieht, selbst Scheincharakter hat und sich gegenständlich nicht gut fassen läßt, spricht man ausdrücklich von der Erzeugung von Atmosphären. So etwa im Bühnenbild, wo gelegentlich von Atmosphäre, in der Regel aber von «Klima», die Rede ist. Ähnlich redet man, wenn etwa Muzak durch akustische Möblierung in einem Kaufhaus eine heitere oder in einer Tiefgarage eine friedfertige Atmosphäre erzeugen will. Bei der Produktion von Hörspielen und Features im Rundfunk ist ausdrücklich davon die Rede, daß man den gesprochenen Text mit einer gewissen «Atmo» unterlegen will. Auf diesen ganzen Bereich einer ästhetischen Praxis müssen wir uns hier als ein Faktum berufen. Diese Berufung ist aber zugleich auch ein Hinweis darauf, von welcher außerordentlichen Bedeutung der Begriff der Atmosphäre für eine Ästhetik im allgemeineren Sinne, die diesen ganzen Praxisbereich umfaßt, sein wird. Das implizite Wissen von Atmosphären, das in der Praxis der ästhetischen Arbeit enthalten ist, wird umgekehrt für die weitere Entwicklung der Theorie selbst von großer Bedeutung sein.

Wir haben damit gesehen, daß es zu den Atmosphären auch einen ganz anderen Zugang gibt als den zunächst von uns gewählten. Schien es zunächst so, daß Atmosphären nur von der Wahrnehmung her und sogar nur in aktueller Wahrnehmung zugänglich sind, so sehen wir jetzt, daß sie ebenfalls vom Gegenstandspol her über die Praxis ihrer Erzeugung, von ihren «dinglichen Konstituenten» her zugänglich sein werden. Nachdem wir jetzt vom Standpunkt des Wahrnehmenden in den Standpunkt des Produzierenden hinübergewechselt sind, sind wir in der Lage, uns gleichsam von beiden Standpunkten zu lösen beziehungsweise beides zusammennehmend zu sagen, was Atmosphären sind. Atmosphären sind ja offenbar weder Zustände des Subjektes noch Eigenschaften des Objektes. Gleichwohl werden sie nur in aktueller Wahrnehmung eines Subjektes erfahren und sind durch die Subjektivität des Wahrnehmenden in ihrem Was-Sein, ihrem Charakter, mitkonstituiert. Und obgleich sie nicht Eigenschaften der Objekte sind, so werden sie doch offenbar durch die Eigenschaften der Objekte in deren Zusammenspiel erzeugt. Das heißt also, Atmosphären sind etwas *zwischen* Subjekt und Objekt. Sie sind nicht etwas Relationales, sondern die Relation selbst.

Für den in besonderem Maße philosophisch interessierten Leser muß hier eine Zwischenbemerkung gemacht werden, und zwar bezüglich der Schwierigkeit, eine Relation als solche zu denken. Die seit Aristoteles im europäischen Kulturzusammenhang herrschende Ontologie ist eine Dingontologie oder, besser gesagt, eine Substanzontologie. Das eigentlich Seiende ist ein Dies-da, ein Ding, eine Substanz, und was ein Etwas zwischen den Substanzen ist, *ist* nur, insofern die Substanzen selbst sind. Diese ontologisch bedingte Denknotwendigkeit wurde traditionell formuliert in dem Satz, daß eine Relation immer ein *fundamentum in re,* ein Fundament in der Sache haben müsse. Bei Aristoteles selbst drückt sich die Schwierigkeit, die Relation als solche zu denken, darin aus, daß er Relationen immer nur als relative Bestimmungen der Relate, als *pros tì,* formulieren kann. Wenn er beispielsweise sagt, daß zwei Dinge im Verhältnis zwei zu eins stehen, so drückt er das so aus, daß das eine das Doppelte des anderen, das andere die Hälfte des einen sei. Ein anderes, vielleicht weniger abstraktes Beispiel, ist das Beispiel des Unterrichts. Unterricht ist eine Lehrer-Schüler-Relation, in unserem Sinne sogar eine Atmosphäre. Aristoteles kann diese Relation aber nur so ausdrücken, daß der eine Partner Lehrer ist relativ zum Schüler und der andere Schüler relativ zum Lehrer, der Unterricht selbst die Wirklichkeit des Lernens für den einen und des Lehrens für den anderen. Das metaphysische Dogma, daß alles Seiende entweder Substanz ist oder einer Substanz adhäriert, machte es also in der klassischen Metaphysik, die noch bis heute unsere Denkgewohnheiten beherrscht, unmöglich, so etwas wie «Unterricht» als ein selbständig Seiendes zu begreifen. Immerhin konnte Aristoteles so weit gehen, «Unterricht» als gemeinsame Wirklichkeit (*energeia*) von Lehrer und Schüler zu verstehen, die nur je nach beteiligter Substanz anders, nämlich als Lehren und Lernen, bezeichnet werde. Wenn wir beachten, daß so etwas wie «Unterricht» zumindest eine gewisse Unabhängigkeit gegenüber den Relaten hat, insofern diese austauschbar sind, während der Unterricht weiterbesteht – man kann als Individuum in eine Unterrichtssituation eintreten und sie verlassen –, wenn wir also diese Verhältnisse beachten, dann können wir die Möglichkeit ins Auge fassen, derartigen «Zwischenphänomenen» eine selbständige Seinsweise zuzuschreiben. Aristoteles selbst benennt für solche Fälle wiederum einen materiellen Träger, ein Medium für die gemeinsame Wirklichkeit, die Subjekt und Objekt, Wahrnehmenden und Wahrgenommenes verbindet. Für das Hören ist das beispielsweise die Luft, für das Sehen Luft oder Wasser, aber nur, insofern in ihnen eine besondere Natur ist, nämlich das «Durchscheinende». Die gemeinsame Wirklichkeit von Subjekt und Objekt ist, sofern sie dann gegenüber Subjekt und Objekt als unabhängig angesehen wird, ein Anregungszustand des Mediums, dessen *energeia*. Für den Fall des Sehens ist es die Helle: In der Helle sehen wir die Dinge. (Vgl. Aristoteles, *De anima*)

Dieser Exkurs in die Geschichte der Metaphysik ist lehrreich, aber für uns nicht bindend. Lehrreich ist er, insofern er ein neues Licht auf die Rolle wirft, die der Begriff der Atmosphäre in der Wahrnehmungslehre spielen muß. Er ist offenbar ein Analogon zu dem, was bei Aristoteles das Medium beziehungsweise dessen Anregungszustand ist. Nach unserem bisherigen Ansatz wäre das Medium der Raum selbst und der Anregungszustand die emotionale Tönung des Raums, die Stimmung. Ferner weist die Analogie noch einmal auf die Tatsache, daß die Gegenstände der Wahrnehmung in dieser selbst nicht aufzutreten brauchen, sondern gegebenenfalls primär als Modifikation des Mediums erscheinen: Im Sirren spüre ich die bedrohliche Anwesenheit einer Mücke. Unser phänomenologischer Zugang über die Wahrnehmungserfahrungen entbindet uns aber von dem Dogma, alles Seiende, also auch Seiendes von relationalem oder medialem Charakter in Substanzen fundieren zu müssen. Für uns ist die Atmosphäre die erste Wahrnehmungswirklichkeit, aus der erst Subjekt und Objekt ausdifferenziert werden. Danach können wir allgemeiner sagen, was Wahrnehmung und spezieller, was Atmosphäre ist. Wir sagen das wohlgemerkt nicht mehr aus der Teilnehmerperspektive, weder als Wahrnehmende noch als Atmosphären-Produzierende, sondern gewissermaßen auf das Ganze mit geistigem Auge blickend: Wahrnehmung ist eine Einheit von Subjekt und Objekt, ein Kopplungszustand. Subjekt und Objekt verschmelzen in der Wahrnehmung. Sie werden zu einem System, nicht aber in der Art, daß sie sich dadurch verändern, sondern in der Art, daß sie neue gemeinsame Zustände haben. Die Atmosphäre ist die Anregung des oder eines *gemeinsamen* Zustandes von Subjekt und Objekt. Für die Wahrnehmungswirklichkeit sind diese Anregungszustände immer das erste Seiende. Bestimmungen wie Subjekt und Objekt, und ferner, Dinge und Substanzen, ergeben sich erst aufgrund einer partiellen Entkopplung. Sie sind in letzter Analyse auch gar nicht «wirklich» im Sinne der Wahrnehmungswirklichkeit, sondern nur denkbar. Das Ich ist in diesem Sinne zwar noch wirklich als leibliches Mich-Spüren, aber nicht mehr als abstrakter Ich-Pol. Der Gegenstand ist in diesem Sinne noch wirklich im Sinne seiner spürbaren Sinnesqualitäten – er ist das, was ich die Ekstasen nenne – nicht aber als Träger oder Ursache dieser Qualität. (Böhme 1995, S. 155–176)

Fassen wir noch einmal zusammen, was sich durch diese etwas abstrakten Überlegungen ergeben hat. Sie waren nötig, weil die Herrschaft der traditionellen Metaphysik, und das heißt in diesem Sinne der Substanzontologie, bisher verhinderte, das zur Geltung zu bringen, worum es in der Ästhetik eigentlich geht. Zwar hat man auch traditionell gesagt, daß das Thema der Ästhetik der Schein sei, aber Schein wurde immer aufgefaßt als Erscheinung von Etwas und im Gegensatz zum eigentlichen Seienden gesehen. Um die phänomenale Wirklichkeit, mit der wir es in der Ästhetik zu tun haben, als solche zu würdigen, war es nötig, gewissermaßen die traditionellen Verhältnisse auf den Kopf zu stellen. Das Wirkliche ist für die Ästhetik primär das Gegenwärtige, die spürbare Anwesenheit. Es empfiehlt sich deshalb, *Wirk-*

lichkeit und *Realität* als zwei verschiedene Seinsweisen zu unterscheiden. Wirklich ist in diesem Sinne nur das in aktueller Wahrnehmung Gegebene, real, was dinglich dahinterstehen mag. Die Atmosphären sind deshalb für die Ästhetik die erste und die entscheidende Wirklichkeit. Sie sind die spürbare Kopräsenz von Subjekt und Objekt, ihre aktuelle Einheit, aus der sich ihr unterschiedenes Sein erst durch Analyse gewinnen läßt.

Zum Schluß möchte ich, um wieder auf Konkreteres zurückzukommen, das Gesagte noch an einem kunstgeschichtlichen Beispiel illustrieren. Der Maler Josef Albers, der dem Bauhaus entstammt, später aber emigrierte und in den USA arbeitete, hat mit reinen Farbbildern experimentiert. Bekannt ist eine Reihe von Bildern, die den Titel «Huldigung an das Quadrat» trägt. Sie sind natürlich in Fortsetzung des schwarzen Quadrats von Malewitsch zu sehen, nur daß Albers nun wirklich mit seinen Bildern nichts mehr darstellen, sondern ein Farbereignis inszenieren wollte. Um das verständlich zu machen, führte er den Unterschied zwischen *factual fact* und *actual fact* der Farbe ein. Diese Ausdrücke entsprechen ungefähr unserer Unterscheidung zwischen Realität und Wirklichkeit. *Factual fact*, die faktische Tatsache, ist die dinglich auf der Leinwand vorfindbare Farbe. *Actual fact*, die aktuelle Tatsache, ist die Farbe in der Wahrnehmung. Sie ist nicht auf der Leinwand und nicht auf einzelnen Stellen zu lokalisieren, sondern gewissermaßen eine Anregung des Wahrnehmungsraumes, in den der Betrachter eintritt, wenn er sich auf das Bild einläßt. Daß zwischen diesen beiden Seinsweisen der Farbe ein fundamentaler Unterschied besteht, ist in gewissem Sinne alte Malerweisheit. Maler haben immer schon gewußt, daß die wahrgenommene Farbe sich von der Lokalfarbe auf dem Bild unterscheidet. Diese strahlt gewissermaßen auf das ganze Bild aus und modifiziert die Farbigkeit des Bildes im ganzen. Goethe hat in seiner Farbenlehre diese Verhältnisse insofern auf den Punkt gebracht, als er gezeigt hat, daß unter Umständen Farben wahrgenommen werden können, wo eine dingliche Realität der Farbe gar nicht mehr feststellbar ist. Das schlagende Beispiel dafür sind die farbigen Schatten. Wenn man im orangenen Licht den Schatten eines Bleistiftes blau sieht, so ist mit physikalischen Mitteln im Bereich des Schattens kein Licht festzustellen, das spektral Blauwerten entspräche. Auf andere Weise hat der Künstler James Turrell die Differenz von *actual fact* und *factual fact* auf die Spitze getrieben, indem er «Bilder» produzierte, die keinen Bildgegenstand mehr haben. Es handelt sich um im Raum schwebende Lichtgebilde beziehungsweise eine farbige Tönung eines ganzen Raumes, in den man wie durch ein Fenster hineinblickt. Die Räume von James Turrell schaffen experimentelle Wahrnehmungssituationen, die uns allerdings nur Wahrnehmungsweisen entdecken beziehungsweise wiederentdecken lassen, die im Grunde in jeder Alltagswahrnehmung enthalten sind und sie tragen. Die Wahrnehmung von Atmosphären, die Wahrnehmung gestimmter Räume ist auch sonst immer die erste Wahrnehmung, nur überspringen wir sie gemeinhin, um uns im Gegenstandsgedränge unserer Zeit beziehungsweise im Verweisungszusammenhang unserer Verkehrssignale zu orientieren.

Literaturverzeichnis

Dieser Vortrag stammt aus meiner Vorlesung über Ästhetik im SS 94, die als Tonbandmitschnitt im Carl Auer-Verlag, Heidelberg, Programm Autobahn-Universität veröffentlicht wurde. (ISBN 3-927809-82-9)

Böhme, G.	*Atmosphäre. Essays zur neuen Ästhetik*, Frankfurt/M. 1995.
Hauskeller, M.	*Atmosphären erleben. Philosophische Untersuchungen zur Sinneswahrnehmung*, Berlin 1995.
Scheurle, H. J.	*Die Gesamtsinnesorganisation. Überwindung der Subjekt-Objekt-Spaltung in der Sinneslehre*, Stuttgart 1984.
Schmitz, H.	*System der Philosophie*, Bd. I, «Die Gegenwart», Bonn 1964.
ders.	*System der Philosophie*, Bd. III, 2, «Der Gefühlsraum», Bonn 1969.
Ströker, E.	*Philosophische Untersuchungen zum Raum*, Frankfurt/M. 1977.

Die Konstitution von Körperfarben im Wechselspiel von Licht und Schatten

Zur Entwicklung einer Fragestellung in Sinnesphysiologie, Wahrnehmungspsychologie und phänomenologischer Philosophie

Bernhard Rang

Meine Damen und Herren!

Vieles von dem, was ich Ihnen heute vortragen möchte, ist Ihnen aus Ihrer alltäglichen Erfahrung schon wohlbekannt. Aber wie schon Hegel bemerkt hat, ist das, was bekannt ist, darum noch lange nicht erkannt. Ja, es ist sogar so, daß das, was einem schon lange vertraut ist, die Aufmerksamkeit nicht auf sich zieht, weil man es als selbstverständlich und daher uninteressant empfindet, so daß schon aus diesem Grunde der Schritt vom Bekanntsein zum Erkanntsein nicht mehr vollzogen wird. Mit dem Erkennen des Bekannten meine ich hier nicht eine kausale Erklärung im Sinne der modernen Naturwissenschaft. Vielmehr handelt es sich im Sinne einer phänomenologischen Betrachtungsweise zunächst nur darum, die Phänomene unserer eigenen Erlebniswelt ins Bewußtsein zu heben und ihre Struktur zu beschreiben. Der Phänomenbereich, um den es im folgenden geht, ist im Sinne dieses Programms zuerst in der Sinnesphysiologie des 19. Jahrhunderts entdeckt und beschrieben worden, bevor er dann von Edmund Husserl, dem Begründer der phänomenologischen Philosophie, in seine Philosophie systematisch integriert worden ist. Was ich Ihnen in meinen Ausführungen mitteilen möchte, sind die wichtigsten Stationen in der Geschichte der Entdeckung eines Phänomenbereichs, der allerdings, wie erwähnt, in unserer alltäglichen Erfahrungswelt wohlbekannt ist. Letztendlich möchte ich Sie mit den folgenden Ausführungen anregen, auf Ihren Spaziergängen, Wanderungen und Aufenthalten in der freien Natur eigene Beobachtungen zur Erscheinungsweise von Dingfarben im Wechselspiel von Licht und Schatten anzustellen und so einen persönlichen Schritt auf dem Wege vom Bekanntsein zum Erkanntsein zu tun!

1. Einführung in den Phänomenbereich

Die perspektivische Erscheinungsweise der Dinge im Raum ist eine uns allen geläufige, wenn auch meist unbeachtete Erfahrung. Die rechteckige Fassade eines Hauses erscheint von verschiedenen Standorten der Beobachtung aus jeweils verschieden, und doch wird in allen Perspektiven und durch sie hindurch die Hausfassade immer als von rechteckiger Form wahrgenommen. Achtet man einmal – was man ja normalerweise nicht tut – auf die Perspektiven selbst, dann stellt man fest, daß auch diese eine beschreibbare Form haben, daß aber diese Form meist durchaus nicht die eines Rechtecks ist. Das hindert uns indes nicht, daß wir im Blick auf das Haus die Rechteckigkeit von dessen Fassade erkennen: Die Ungleichwinkligkeit der perspektivischen Fassadenerscheinung gilt uns nicht als Eigenschaft der Hausfassade, sondern als etwas, das durch unseren Standort im Raum bedingt ist. Sie gehört nicht zur Fassade selbst, sondern zu deren Erscheinung für uns.

Nicht nur die Formen der Dinge, sondern auch deren Farben haben ihre Erscheinungsweisen. Je nach den Lichtverhältnissen erscheint die weiße Hausfassade immer wieder anders farblich qualifiziert, im grellen Licht der Mittagssonne zum Beispiel in charakteristischer Weise anders als im rötlichen Licht des Sonnenuntergangs am Abend. Wie bei den perspektivischen Verzerrungen einer Raumgestalt hindert uns dies jedoch nicht, das Weiß der Hausfassade als eine Eigenschaft[1] wahrzunehmen, die im Wechsel der verschiedenen Beleuchtungsverhältnisse konstant bleibt. Steht man vor dem Haus, so erweckt der Schlagschatten eines im Hofe stehenden Baumes auf der Fassade durchaus nicht den Eindruck, als sei die Fassade an dieser Stelle grau angestrichen. Zwar erscheint das Weiß der Fassade, das trotz des auf ihm liegenden Schattens wahrgenommen wird, durchaus anders als außerhalb der beschatteten Stelle, aber das gehört eben, so sagen wir uns, zur Erscheinungsweise von Weiß in einem Schatten.

---

1 Gelegentlich wird die Meinung vertreten (insbesondere von Neurophysiologen und Physikern), die materiellen Gegenstände hätten überhaupt keine Farben als «Eigenschaften». Zu einer solchen Meinung kann man nur kommen, wenn man unter der Eigenschaft eines Dinges etwas versteht, was das Ding *wie einen festen Besitz mit sich herumträgt*. Doch Eigenschaften sind, wie zuerst Hegel und dann Husserl erkannt haben, *Verhaltensweisen* der Dinge im Hinblick auf äußere Umstände und in diesem Sinne durchaus etwas Prozessuales, worauf ein Diskussionsteilnehmer bezüglich der Sachen besonders hinwies. Das gilt aber für *alle* Dingeigenschaften! Was ist das Rot einer Tulpe anderes als ihre Reaktion auf Licht? Eine Stimmgabel tönt, aber nur, wenn man sie anschlägt. In diesem Sinne ist es unsinnig, nach den Eigenschaften von Dingen zu fragen, die ihnen «an sich», d. h. unabhängig von ihren Beziehungen zu anderen Dingen, zukommen. Aus der ebenfalls vorhandenen Abhängigkeit der Farben, Töne usw. von intakten Sinnesorganen, Nervenbahnen und Gehirnarealen aber zu schließen, daß das Wahrnehmungssubjekt Farben, Töne usw. *erzeugt* und diese so gleichsam zu den Dingen, die an sich weder tönen noch Farben tragen würden, *hinzudichtet*, ist durch nichts gerechtfertigt!

An dieser Stelle ist jedoch die Analogie zur perspektivischen Erscheinungsweise von Raumgestalten auch schon durchbrochen. Während die Erscheinung einer Form wieder durch eine Form beschrieben werden kann (zum Beispiel die perspektivische Erscheinung eines rechtwinkligen Vierecks durch ein ungleichwinkliges Viereck), ist es nicht möglich, die Erscheinung einer Farbe wieder durch eine Farbe zu beschreiben. Eine Farbe sieht im Schatten anders aus als außerhalb desselben; aber zur Beschreibung dieser Andersartigkeit kann man auf keine Eigenschaften zurückgreifen, durch die Farben bestimmt sind, also nicht auf die Eigenschaften des Tons, der Sättigung und der Helligkeit (bei tonfreien oder unbunten Farben die Helligkeit allein). In der Wahrnehmung eines Schattens sind vielmehr zwei aufeinander irreduzible Momente enthalten, deren eines durch Farbeigenschaften charakterisiert werden kann, das andere dagegen nicht. Zwar muß der Maler, wenn er den Schatten wiedergeben will, eine grau-schwärzliche Farbe dazu verwenden, aber die Natur hat hierfür feinere Mittel zur Verfügung als die menschliche Kunst.

Es hat überraschenderweise lange gebraucht, bis sich diese Einsicht durchgesetzt hat. Ein Grund dafür ist vermutlich die Tatsache, daß bis ins 19. Jahrhundert hinein sich nur die Maler, nicht aber die Wissenschaftler und Philosophen für die Erscheinungsweisen von Farben interessiert haben. Der Maler aber muß, wie gesagt, Farben verwenden, um die Erscheinung von Farben im Schatten darzustellen. Ebenso hat er nur Farben zur Verfügung, um das Licht darzustellen, das auf Gegenstände fällt. Obgleich also beispielsweise eine durch die Sonne hell erleuchtete Stelle auf einem farbigen Untergrund durchaus nicht wie eine Farbe aussieht, muß der Maler sie durch eine solche darstellen. Daraus erklärt sich, daß für die Qualifizierungen, die die Dingfarben durch den Wechsel von Licht und Schatten erleiden, sich der Terminus «color adventitius» einbürgerte. Die Macht dieser Tradition war so groß, daß noch Hering, der der Unterscheidung von Farbe und ihrer Erscheinungsweise in der Wissenschaft zum Durchbruch verhalf, sich davon nicht ganz zu befreien wußte, wie die folgende Stelle aus seiner Schrift «Grundzüge der Lehre vom Lichtsinn» beweist: «Große Fertigkeit besitzen wir, die sogenannte wirkliche Farbe eines Dinges von den zufälligen Farben desselben zu scheiden. So sondern sich für uns jene fein abgestuften Schatten auf der Oberfläche eines Körpers, welche uns die Wahrnehmung seiner Form, seines Reliefs, seiner Entfernung mit vermitteln helfen, als etwas Accidentelles von der Farbe der schattentragenden Fläche, und wir meinen außer dem Dunkel des Schattens und durch ihn hindurch die ‹wirkliche› Farbe der Fläche zu sehen.» (1925, S. 8) Herings hier getroffene Unterscheidung zwischen wirklicher und zufälliger Farbe der Dinge gehört einer Fassung des

Problems der Farbwahrnehmung an, das er eigentlich schon überholt hat. Und auch noch Husserls Unterscheidung zwischen «dinglicher Farbe» und «Empfindungsfarbe» (Id II, 71) beziehungsweise zwischen «wahrgenommener Farbe» und «empfundener Farbe» (DR, 42) zeigt, wie eine überkommene Terminologie die Einsicht erschwert hat, daß die Erscheinungsweisen von Körperfarben nicht selber Farben sind. Eine solche Terminologie suggeriert, daß man die Farbe eines Dinges gewissermaßen durch die Farbe der Beleuchtung hindurch erblickt. Wie wenig so etwas möglich ist, wird schnell klar, wenn man beispielsweise einen Gelbfilter zur Hand nimmt, wie er in der Schwarzweißfotografie verwendet wird (jede nicht zu dunkel gelbgetönte Glasscheibe erfüllt den gleichen Zweck). Man halte sich den Filter vor das eine Auge (das andere kneift man zu) und blicke auf eine weiße Zimmerwand. Was sieht man da? Wer sagt, daß er hierbei durch ein gelbes Glas auf eine weiße Wand blickt, hat zwar eine zutreffende Beschreibung des Vorgangs gegeben. Dennoch ist diese Beschreibung phänomenologisch falsch. Denn sie sagt nur, was geschieht, nicht aber, was man sieht. Man kann wohl durch farbige Gläser hindurch auf undurchsichtige Gegenstände blicken, aber dabei zerlegt sich der Farbeneindruck im Sehen sofort in zwei deutlich unterschiedene Komponenten: Wenn man den Gelbfilter dicht vor das Auge hält und durch ihn hindurchblickt, sieht man durchaus nichts Gelbes, sondern was man sieht, ist eine weiße Wand in *gelber Beleuchtung*.

Durch eine Variation dieses einfachen Versuchs kann man sich den Unterschied zwischen einem gelben Gegenstand und einem weißen Gegenstand in gelbem Licht noch sinnenfälliger machen. Wenn man den Gelbfilter nicht unmittelbar vors Auge hält, sondern bei ausgestrecktem Arm durch den Filter, den man in der Hand hält, hindurchblickt, hat sich das Phänomen schon stark modifiziert. Die gelbe Filterfarbe macht sich dann viel stärker als Dingfarbe bemerkbar, das Gelb des Filters wirkt nun viel gesättigter (das Gelb erscheint dunkler als vorher), aber noch wird der Beleuchtungseindruck in der Regel nicht völlig verschwinden (um so weniger, je größer das Glas ist). Befestigt man aber nun den Filter direkt an der Wand und schaut aus einer gewissen Entfernung auf die Wand mit dem daran befestigten Gelbfilter, dann geht der Beleuchtungseindruck vollständig verloren, aber auch dann sieht man nicht das Weiß der Wand durch das Gelb des Glases, sondern beide verschmelzen zu einer gelben Oberflächenfarbe, die einen Teil der Wand *bedeckt* (natürlich weiß man, daß die Wand sich an dieser Stelle nicht gelb verfärbt hat, aber es kommt in gegenwärtigem Zusammenhang nicht auf das Wissen, sondern auf das Sehen an).

Es müssen also gewisse Bedingungen erfüllt sein, damit in der Wahrnehmung die Farbe der Beleuchtung von der Farbe der beleuchteten Gegenstände sicher unterschieden werden kann. Nur wenn der Gelbfilter dicht vor das Auge gehalten wird, hat man den Eindruck einer weißen, von gelbem Licht angeleuchteten Wand. Es ergibt sich dann derselbe Effekt, den man erhalten würde, wenn man die Wand direkt mit gelbem Licht bestrahlen würde, anstatt sie durch den Gelbfilter zu betrachten: Man sieht dann eine weiße Wand in gelbem Licht, keineswegs aber eine gelbe Wand. Für einen Fotoapparat dagegen ist eine gelbe Wand von einer weißen Wand in gelber Beleuchtung ununterscheidbar, wovon man sich anhand von Farbfotos leicht überzeugen kann. Nur das menschliche Auge, nicht der Apparat vermag den Unterschied zwischen den beiden Sinneserscheinungen «gelbe Wand» und «weiße Wand in gelbem Licht» aufrechtzuerhalten.[2]

Um die Bedingungen, an die die visuelle Trennung von Körperfarbe und Beleuchtung gebunden ist, genauer in den Blick zu bekommen, wechseln wir das Beispiel, und zwar so, daß wir jetzt wieder zu dem dem Phänomen der Belichtung komplementären Phänomen der Beschattung zurückkehren, von dem wir ja ausgegangen sind. Wichtig ist hierbei, jedes Nachdenken über die «wirkliche» Farbe zu unterlassen und sich ganz ohne Reflexion dem unmittelbaren Seheindruck zu überlassen. Faßt man zum Beispiel auf einer Wiese bei Sonnenschein eine dem eigenen Standort unmittelbar benachbarte Schattenzone ins Auge (etwa den eigenen Körperschatten), dann trennt sich visuell deutlich die Farbe der Wiese vom aufliegenden Schatten: Deren helles Grün setzt sich unter dem Schattendunkel gewissermaßen fort (ähnlich wie der Hintergrund bei dem aus der Wahrnehmungspsychologie bekannten

---

2 Nicht nur das menschliche Auge ist zu dieser Leistung befähigt, wie Experimente mit Tieren bewiesen haben. Besonders eindrucksvoll ist ein von Katz und Révész angestellter Versuch mit Hühnern, aus dem auszugsweise hier zitiert sei: «Wenn man Reiskörner sehr stark mit rotem, gelbem, grünem und blauem Farbstoff färbt und sie, mit weißen Reiskörnern vermischt, auf einer beliebigen gefärbten Unterlage einem Huhn vorwirft, so werden fast ausschließlich die weißen Körner gepickt. Es ist also sehr leicht, durch geeignete Nachhilfe ein Huhn dahin zu bringen, die buntgefärbten Körner bei alleiniger Darbietung überhaupt nicht anzurühren. Es erfolgte die Dressur auf jede bunte Farbe einzeln, und daran schloß sich jedesmal ein Parallelversuch folgender Art an: Es wurden weiße Reiskörner auf einer weißen Unterlage stark mit buntem, z. B. blauem, gelbem ... Licht bestrahlt, so daß sie bei Betrachtung durch einen Doppelschirm als mindestens ebenso gesättigt blau, gelb ... erschienen wie die pigmentierten blauen, gelben ... Körner. Ein vor dieses bunt beleuchtete Körnerfeld gesetztes Huhn begann nun ohne Zögern zu picken, auch wenn es die pigmentierten Körner, die Licht von gleicher Farbe und Sättigung aussandten, nicht angerührt hatte. Es muß also von den buntbeleuchteten Körnern einen anderen Eindruck erhalten als von den buntgefärbten.» (Katz u. Révész, Experimentelle Studien zur vergleichenden Psychologie [Versuche mit Hühnern], zitiert nach A. Gelb 1929, S. 594ff. insbes. 648f.)

Figur-Hintergrund-Phänomen).[3] Richtet man den Blick jedoch auf einen ziemlich weit entfernten, nicht zu ausgedehnten Schatten, etwa auf den eines weiter weg einzeln stehenden Baumes, dann gelingt die visuelle Trennung von Dingfarbe und Schatten nicht mehr: Das helle Grün der Wiese setzt sich nicht mehr unter dem Schatten fort, sondern an der Schattengrenze stoßen ein helles Grün und ein ausgeprägtes Dunkelgrün aufeinander. Nur noch für das *Wissen*, nicht mehr für das *Sehen* ist hier noch die Wiesenfarbe unverändert. Doch macht das gesehene Dunkelgrün noch immer den Eindruck einer Körperfarbe: es hat den Charakter einer Farbe, die die Wiese *bedeckt* (hat insbesondere die gleiche räumliche Orientierung wie diese und erscheint von der Sonne beleuchtet). Richtet man aber schließlich den Blick auf eine in der Ferne am Horizont sichtbare Bergkette, dann hat das etwas unbestimmte Blau-Grau, in dem diese erscheint, nicht einmal mehr den Charakter einer Oberflächenfarbe: Was man sieht, ist nur noch ein farbiges Quale, das weder von Licht beleuchtet noch von Dingen beschattet erscheint.

3 Man muß freilich darauf achten, daß keine Bedingungen gegeben sind, die das Schattenphänomen nicht rein zur Erscheinung kommen lassen. Gegenlichteffekte müssen vermieden werden. Wenn man die Wiesenfarbe im Schatten deutlich als ein dunkleres Grün empfindet als in den dem Sonnenlicht ausgesetzten Teilen, achte man darauf, ob dieser Eindruck nicht darauf zurückzuführen ist, daß an der Schattengrenze das dunkle Grün in ein helles Grün nur deshalb überzugehen scheint, weil die Gräser im Gegenlicht ein hell leuchtendes Grün zeigen, weil das Sonnenlicht durch sie hindurch scheint. Dann kann das Grün der Wiese im Schattenbereich natürlich nur deutlich dunkler erscheinen. Dieser Gegenlichteffekt wird um so ausgeprägter sein, je höher das Gras steht. Selbst bei günstigsten Bedingungen wird das Grün der Wiese nur näherungsweise im Schattenbereich denselben Ton haben wie an den besonnten Stellen. Das hängt damit zusammen, daß nicht jede Farbe die gleiche Resistenz gegen Beschattung aufweist. Am entschiedensten behauptet Weiß seine Qualität im Schatten. Man fasse eine von Bäumen teilweise beschattete und mit Gänseblümchen und weißen Krokussen bestandene Wiese an einem sonnigen Frühlingstage ins Auge und achte einmal darauf, in welch unterschiedlicher Weise das Grün der Wiese und das Weiß der Blüten von der Verdunkelungstendenz der Baumschatten betroffen sind. Man wird finden, daß die weißen Blüten im Schatten eine wesentlich geringere Modifikation erleiden als das Grün der Wiese: Das Weiß der Blüten behauptet in den Schattenzonen seine Qualität in einem ungleich stärkeren Maße gegen die Verdunkelungstendenz des Schattens: Die weißen Blüten erscheinen auch im Schatten keineswegs irgendwie grau, sondern behalten ihr Weiß nahezu unverändert, und zwar in einem solchen Maße, daß es schwerfällt, überhaupt von einer visuellen Veränderung der Qualität der Blütenfarbe zu sprechen. Nicht der Farbenton, sondern die Erscheinung einer Farbe von bestimmtem Ton hat sich geändert: Nicht als ein mehr oder weniger helles Grau, sondern als ein beschattetes Weiß präsentiert sich nun die Blütenfarbe: Unter dem Schatten erscheint dieselbe Dingfarbe wie außerhalb des Schattens. Am reinsten ist dieses Phänomen ausgeprägt, wenn jede Art von Durchscheineffekt ausgeschlossen ist, beispielsweise bei einer mit Natursteinen unterschiedlicher Farbnuancen gepflasterten Straße, man kann jede Farbnuance im Schatten mit einer ihr genau entsprechenden im Sonnenlicht visuell identifizieren.

Die visuelle Trennung von Körperfarbe und aufliegendem Schatten im farbigen Gesamteindruck ist demnach eine Funktion des Beobachtungsabstandes. Nur im Nahbereich hebt sich ein Schatten so deutlich von der durch ihn beschatteten Farbe ab, daß die Qualität der Farbe sich gegen die Verdunkelungstendenz eines auf ihr liegenden Schattens behaupten kann. Am deutlichsten ist die visuelle Trennung von Körperfarbe und Schatten visuell ausgeprägt, wenn man selbst im Schatten steht. Entferntere Schatten zeigen dagegen eine Tendenz, mit der Farbe der Dinge zu einem in sich homogenen Gesamteindruck zu verschmelzen, in dem sich Farbe und Schatten für das Auge nicht mehr voneinander abheben. Nimmt die Entfernung weiter zu, macht die farbige Erscheinung nicht einmal mehr den Eindruck einer Körperfarbe, das heißt nicht mehr den Eindruck einer Farbe, die die Oberfläche eines materiellen Dinges bedeckt und deren räumlicher Ausdehnung gleichsam folgt.

Um das Phänomen der in Licht und Schatten erscheinenden Farbe auch terminologisch fixieren zu können, ist es zweckmäßig, zwischen der Farbe selbst und ihren Erscheinungsweisen zu unterscheiden. Die Farbe selbst wird durch drei Faktoren bestimmt: Ton (Qualität), Sättigung und Helligkeit. Bei den sogenannten unbunten oder tonfreien Farben (Schwarz, Grau und Weiß) ist die Farbe allein von der Helligkeit bestimmt, das heißt allein von der Stärke des von ihr reflektierten Lichtes. Zu den Erscheinungsweisen der Farben gehören alle sinnlichen Gegebenheiten, die sich nicht durch einen der drei genannten Faktoren eindeutig beschreiben lassen. So gibt es beispielsweise kein Grau, das genau den gleichen Eindruck machen würde wie ein dunkler Schatten auf einem weißem Blatt Papier. Ein heller Lichtfleck auf farbigem Untergrund (hervorgerufen zum Beispiel durch das durchs Fenster auf den Fußboden eines Zimmers fallende Sonnenlicht) läßt die Gegenstandsfarben wieder in anderer Weise erscheinen. Verschiedene Erscheinungsweisen der Farbe treten nicht nur bei Belichtung und Beschattung auf. Halte ich einen farbigen Gegenstand gegen das Licht und betrachte dabei seine mir zugewandte Seite, erscheint mir seine Farbe dunkler als bei direkter Beleuchtung von vorn. Dennoch ist der dabei gewonnene farbige Eindruck weder durch die Eigenschaften einer Farbe (Ton, Sättigung, Helligkeit) hinreichend genau beschreibbar, noch durch die Eigenschaften eines Schattens: Die Erscheinungsweise einer Körperfarbe im Gegenlicht ist kein Fall von Beschattung. Die Farbe des Gegenstandes erscheint im Gegenlicht gleichsam durch eine vorgelagerte Dunkelheit hindurch.

Wieder ist hier der Vergleich zwischen menschlichem Auge und Kamera aufschlußreich. Jeder Fotograf weiß, daß bei Gegenlichtaufnahmen die im Gegenlicht befindlichen dunklen Partien des zu fotografierenden Objekts auf dem Bild nicht durchgezeichnet werden, sondern als eine mehr oder minder kompakte schwarz-graue Masse erscheinen, wenn nicht besondere Maßnahmen zur Verbesserung der Beleuchtung ergriffen werden (zum Beispiel Aufhellung durch Blitz). Wo das menschliche Auge trotz herabgesetzter Beleuchtung noch deutlich Farben und Formen des Objekts zu unterscheiden vermag, ist für die Kamera nur ein unterschiedsloses Schwarz-Grau vorhanden.

Die Erscheinungsweisen der Farben entziehen sich der herkömmlichen Alternative zwischen Subjektivem und Objektivem. Sie stellen gleichsam ein Zwischenreich dar, das zwischen beiden Extremen vermittelt. Die Erscheinungen der Farben der Dinge sind einerseits objektiver als die Erscheinungen ihrer Formen. Während nämlich die perspektivische Erscheinung der Gestalt eines Dinges insofern subjektiv ist, als sie nicht durch kausale Einwirkung anderer Dinge auf die Form des wahrgenommenen Gegenstandes zustande kommt, ist das bei den Erscheinungsweisen von Farben anders. Zum Beispiel ist der Schatten auf einem Gegenstand nur die kausale Folge einer bestimmten Beziehung zwischen dem Licht und einem anderen Gegenstand aus seiner Umgebung, der den Schatten wirft. In einem bestimmten Sinne kann man darum sagen, daß der Schatten auf einem Gegenstand unabhängig davon ist, daß jemand diesen Schatten sieht, während man dies in keinem Sinne vom perspektivischen Anblick einer Gegenstandsform sagen kann: Mit dem Blick verschwindet selbstverständlich auch der Anblick. Andererseits ist ein Schatten nicht in dem Sinne objektiv, daß er sich so naturgetreu fotografieren ließe wie ein Ding. Ein Schatten kann auf einer Fotografie grundsätzlich nur in Form einer Farbe wiedergeben werden, also gerade nicht als Schatten. Auch ist, wie wir gesehen haben, die Erscheinung der Farbe im Schatten an bestimmte Wahrnehmungsituationen gebunden, die nicht immer erfüllt sind; entfernte Schatten haben die Tendenz, mit der beschatteten Farbe zu verschmelzen, zumal wenn der schattenwerfende Gegenstand sich nicht im Gesichtsfeld befindet.

Weil die Erscheinungsweisen der Körperfarben in Licht und Schatten im Gegensatz zu den perspektivischen Erscheinungen der Körperformen zu Sehinhalten führen, die einer neuen Region des Seienden von eigenem Wesen zwischen der Region des Subjektiven und der des Objektiven angehören, ist die Untersuchung der verschiedenen Erscheinungsweisen von Farben ein wissenschaftlich interessantes Thema.[4] Das Thema wird in Sinnesphysiologie und

---

4 Das ist freilich lange nicht gesehen worden. Noch in Goethes Farbenlehre fällt auf, daß wohl die Dingfarben selbst (Goethe nennt sie «chemische Farben»), aber nicht ihre Erscheinungsweisen untersucht werden. Wo Goethe auf die Erscheinungsweisen der Farben an der Materie aufmerksam wird, wie beim Phänomen des farbigen Schattens, da interessiert ihn die Farbigkeit des Schattens, aber nicht der Schatten als solcher, und das gilt auch von der Vertiefung dieses Problems im Goetheanismus (vgl. Ott/Proskauer 1979). Es sind auch nicht die Phänomene der Beschattung und Beleuchtung, im Hinblick auf welche Goethe die Farbe «ein Schattiges» nennt (vgl. Goethe 1982, III. Band, S. 113).

Wahrnehmungspsychologie üblicherweise unter dem Stichwort «Farbenkonstanz» abgehandelt. Die näherungsweise Konstanz der Farbe bei verschiedenen Beleuchtungen ist in phänomenologischer Hinsicht nicht das eigentlich Interessante. Konstanzphänomene sind nicht auf die Farbwahrnehmung beschränkt. Daß ein Mensch aus zehn Metern Entfernung betrachtet nicht wie ein Zwerg aussieht, sondern noch immer wie ein normalgroßer Mensch, obwohl er, der Größe des Netzhautbildes nach zu urteilen, das er erzeugt, für die Wahrnehmung nur Zwergenwuchs erreichen dürfte, ist ein Fall von sogenannter Größenkonstanz. Es gibt, wie der skizzierte Fall der perspektivischen Wahrnehmung von Körperformen zeigt, auch eine Gestaltkonstanz, obgleich dies merkwürdigerweise zu keinem Forschungsfeld von Sinnesphysiologie und Wahrnehmungspsychologie geworden ist. In beiden Fällen führt die Erscheinungsweise der gegenständlichen Bestimmtheiten zu keiner ontologisch neuen Dimension: Auch die scheinbare Größe ist eine Größe und die Erscheinung einer Form ist wieder eine Form. Da die Erscheinung der Farbe von Dingen jedoch keine Farbe ist, eröffnet sich hier ein ganz neues Forschungsfeld, das sich im Problem der Farbenkonstanz nicht erschöpft, wenngleich es in engster Beziehung mit diesem steht. Doch wurde dies lange nicht erkannt. Im folgenden will ich einige Stationen auf dem Weg der Entdeckung dieses Forschungsfeldes in Philosophie und Wissenschaft nachzeichnen, und zwar in der Absicht, durch diese problemgeschichtliche Behandlung des Themas zu zeigen, wie sich auf diesem Feld Philosophie und empirische Wissenschaft gegenseitig befruchtet haben. Das wird in fünf Schritten geschehen: Zunächst werde ich auf den Altmeister der Sinnesphysiologie des 19. Jahrhunderts eingehen, auf Hermann von Helmholtz, dann in einem zweiten Schritt die Neufassung des Problems durch Ewald Hering, den großen Antipoden von Helmholtz, behandeln, in einem dritten Teil meiner Ausführungen darstellen, wie diese Thematik sich in der Phänomenologie des frühen Husserl bemerkbar macht und in welchen systematischen Rahmen sie dabei gestellt wird, viertens dann wichtige Ergebnisse der schon von Husserls Phänomenologie beeinflußten deskriptiven und experimentellen Untersuchungen des Wahrnehmungspsychologen David Katz vorstellen und schließlich in einem letzten Schritt die Integration der Thematik in Husserls später entwickelten Idee einer konstitutiven Phänomenologie des materiellen Dinges darstellen.

2. Helmholtz: Die Rolle der Erfahrung beim Sehen von Körperfarben

Das erkenntnistheoretische Fundament der Helmholtzschen Lehre von den farbigen Gesichtswahrnehmungen ist der Dualismus von Empfindung und Wahrnehmung. Die Empfindungen sind das, was das Auge von der Außenwelt aufnimmt. Helmholtz setzt hierbei voraus, daß das, was das Auge von einem Ding der Außenwelt aufnimmt, allein durch die Eigenschaften der von der Oberfläche des Dinges dem Auge zureflektierten Lichtstrahlung bedingt ist. Infolgedessen ist die farbige Erscheinung des Dinges allein von den physikalischen Eigenschaften des Lichtes abhängig, das von diesem Ding ins Auge gelangt. Wären freilich diese rein physikalisch bestimmten Farbempfindungen das, was wir als Farbe des Dinges wahrnehmen, dann sähe ein Stück Kreide im Mondlicht schwarz aus und ein Stück Kohle im grellen Sonnenschein weiß. Die Erfahrung aber zeigt, daß das keineswegs so ist: Die Kohle erscheint auch im Sonnenlicht noch immer als schwarz und die weiße Kreide auch im Mondlicht weiß. Auch ein Schatten, der auf ein Blatt weißes Papier fällt, läßt das Papier für die Wahrnehmung weiß, obgleich es, der physikalischen Beschaffenheit des Lichtes nach zu urteilen, das von dem Schatten zum Auge abgestrahlt wird, eigentlich dunkelgrau erscheinen müßte. Daß es das nicht tut, ist nach Helmholtz der *Erfahrung* zu danken. Diejenige Farbe gilt als die Farbe eines Körpers, die er uns bei einer als normal geltenden Standardbeleuchtung zeigt. Als eine solche hat nach Helmholtz das durchschnittliche Tageslicht zu gelten, das er als «weiß» bezeichnet. Daß wir auch bei davon abweichenden Beleuchtungen die Körperfarben in der Regel sicher identifizieren können, ist nach Helmholtz darauf zurückzuführen, daß wir im Laufe unseres Lebens «die gleichen farbigen Gegenstände unter diesen verschiedenen Beleuchtungen sehen», und deshalb «lernen», uns «trotz der Verschiedenheit der Beleuchtung eine richtige Vorstellung von den Körperfarben zu bilden, das heißt zu beurtheilen, wie ein solcher Körper in weisser Beleuchtung aussehen würde [...]» (1867, S. 408). Dieses Urteil ist das, was Helmholtz auch als Wahrnehmung bezeichnet und der bloßen Empfindung gegenüberstellt. Weil das richtige Urteil über die Qualität der Körperfarben, wie die zitierte Stelle zeigt, *erlernt* werden muß, ist es *Erfahrung*, was die Wahrnehmung der bloßen Empfindung voraus hat. Letztlich wird so das Phänomen der Farbenkonstanz auf ein erworbenes *Wissen* zurückgeführt, ein Wissen, das aber ein *Sehen* ermöglichen soll: «Ein graues Papierblatt, welches im Sonnenschein liegt, kann heller aussehen als ein weißes, welches im Schatten liegt, während doch das erstere grau, das zweite weiß erscheint, weil wir sehr gut wissen, daß das weiße Blatt, in den Sonnenschein gelegt, viel heller sein würde als das graue, welches zur Zeit darin sich befindet.» (1867, S. 281) Die hier vorgenommene Unterscheidung zwischen dem «Aussehen» und dem «Erscheinen» von (unbunten) Farben ist der terminologisch noch nicht fixierte Ausdruck für den Dualismus von Empfindung und Wahrnehmung, der den Ansatz der Helmholtzschen Theorie bestimmt. Ein weißes Papier im Schatten löst wegen seiner geringen Beleuchtungsstärke nach Helmholtz in der Tat eine Grauempfindung in uns aus. Daß wir dennoch kein in sich unterschiedsloses homogenes Grau, sondern eine Zwei-Komponenten-Einheit, nämlich ein *beschattetes Weiß,* wahrnehmen, beruht nach Helmholtz darauf, daß wir uns «der einzelnen Empfindungen, auf denen unser Urtheil [über die Körperfarbe, B. R.] beruht, gar nicht bewußt» werden (1867, S. 408). Diese Unbewußtheit der Empfindungen ist zeichentheoretisch begründet. Beim Verstehen eines Zeichens wird dieses nur so weit bewußt, daß seine Bedeutung verstehbar ist: das Interesse ist im Zeichenverstehen auf das von ihm Bezeichnete, nicht auf das Zeichen selbst gerichtet. In Analogie zum Zeichenverstehen faßt Helmholtz nun auch die Beurteilung der Sinnesempfindungen durch den Verstand auf, die ihrerseits auf Erfahrung im Deuten der Gesichtsempfindungen beruht: «Die Sinnes-empfindungen sind für unser Bewusstsein Zeichen, deren Bedeutung verstehen zu lernen unserem Verstande überlassen ist.» (1867, S. 797)

Neben der Zeichentheorie der Wahrnehmung ist die zweite Hauptstütze der Helmholtzschen Lehre die *Konstanzannahme.* Darunter ist die Annahme zu verstehen, daß gleiche Reize gleiche Empfindungen in uns auslösen. Eine Ähnlichkeit zwischen auslösender Ursache und empfundener Wirkung braucht dabei nicht angenommen zu werden, wie ja auch zum Beispiel ein Wegweiser dem angezeigten Weg nicht etwa ähnlich sein muß: «Insofern die Qualität unserer Empfindung uns von der Eigenthümlichkeit der äußeren Einwirkung, durch welche sie erregt ist, eine Nachricht giebt, kann sie als ein *Zeichen* derselben gelten [...] Ein Zeichen aber braucht gar keine Art der Ähnlichkeit mit dem zu haben, dessen Zeichen es ist. Die Beziehung zwischen beiden beschränkt sich darauf, daß das gleiche Object, unter gleichen Umständen zur Einwirkung kommend, das gleiche Zeichen hervorruft.» (1896, S. 586) Und welche Ähnlichkeit sollte auch zwischen der elektromagnetischen Lichtstrahlung, die auf die Netzhaut des Auges fällt, und einer Farbenempfindung bestehen?

3. Hering: Die angenäherte Farbenbeständigkeit der Sehdinge und ihr physiologisches Substrat

An der Helmholtzschen Lehre fällt auf, daß sie gar keine sinnesphysiologische oder etwa gar neurophysiologische Erklärung des Erkennens der Körperfarben bei wechselnder Beleuchtung versucht, sondern diese Erfahrungstatsache *rein psychologisch* erklärt. Helmholtz war sich dessen vollauf bewußt. In seinem monumentalen Hauptwerk, dem 1867 erschienenen *Handbuch der physiologischen Optik,* behandelt Helmholtz in einem ersten Abschnitt die «Dioptrik des Auges», im zweiten Abschnitt die «Lehre von den Gesichtsempfindungen» und im dritten und letzten Abschnitt die «Lehre von den Gesichtswahrnehmungen». Da aber die Wahrnehmungen im Gegensatz zu den Empfindungen bereits «Acte unserer psychischen Thätigkeit» sind, gehört die gesamte Lehre von den Wahrnehmungen nach Helmholtz «eigentlich dem Gebiete der Psychologie an» (1867, S. 427). So verbindet sich bei Helmholtz ein strikter Physikalismus in eigenartiger Weise mit einem nicht minder strengen Psychologismus. Ein Physikalismus liegt bei diesem Sinnesphysiologen darum vor, weil nach ihm unsere Farbempfindungen allein durch die physikalische Beschaffenheit des von den Dingen in das Auge gelangenden Lichtes bedingt sein sollen. Diese physikalische Basis unserer Farbwahrnehmungen kann daher auch nicht durch die Erfahrung, auf der nach Helmholtz die Wahrnehmung von Körperfarben beruht, beeinflußt oder modifiziert werden.

Sowohl gegen den Psychologismus als auch gegen den Physikalismus der Helmholtzschen Theorie opponiert Ewald Hering, der Begründer der zweiten Hauptrichtung der Sinnesphysiologie des 19. Jahrhunderts. Die bloß psychologische Erklärung der Identifizierung der Körperfarben in wechselnder Beleuchtung ist für Hering ein Verstoß gegen die Prinzipien der Naturwissenschaft, und er scheut sich nicht, die Helmholtzsche Position mit dem Vitalismus zu vergleichen: «Wie man nämlich einst alles, was man nicht physiologisch untersuchen konnte oder wollte, aus einer Lebenskraft erklärte, so erscheint jetzt auf jedem dritten Blatte einer physiologischen Optik die ‹Seele› oder der ‹Geist›, das ‹Urtheil›, oder der ‹Schluß› als deus ex machina, um über alle Schwierigkeiten hinweg zu helfen.» (1878, S. 2) Unter Helmholtzschen Annahmen, so resümiert Hering seine Kritik, wäre jede weitere physiologische Untersuchung zwecklos.

Die physikalistischen Grundannahmen Helmholtz' weist Hering ebenso entschieden zurück: «Nicht um das Schauen der Strahlungen als solcher handelt es sich beim Sehen, sondern um das durch diese Strahlungen vermittelte Schauen der Außendinge; das Auge hat uns nicht über die jeweilige Intensität oder Qualität des von den Außendingen kommenden Lichtes, sondern über diese Dinge selbst zu unterrichten.» (1925, S. 13) Hering betont, daß nicht erst für das Urteil des Verstandes, sondern schon für das Auge selbst eine graue und eine beschattete Stelle auf einem weißen Untergrund ganz verschieden erscheinen, obwohl die Bedingungen experimentell so gestaltet werden können, daß die beschattete und die graugefärbte Stelle die gleiche Lichtstrahlung in das Auge gelangen lassen. Dunkelheit und Helligkeit sind im Sehen des Grau zu einer Empfindung eigener Qualität gleichsam verschmolzen, während die Dunkelheit eines Schattens über einer weißen Fläche als ein von diesem Untergrund unterschiedenes Etwas aufgefaßt wird.

Analoges gilt für einen hellen Sonnenfleck auf schwarzem Untergrund: eine Verschmelzung mit dem Untergrund findet nicht statt, sondern auf diesem liegt das Sonnenlicht als ein deutlich vom Untergrund gesondertes Etwas auf, durch das hindurch wir den schwarzen Untergrund sehen; dadurch unterscheidet sich die belichtete Stelle des Untergrundes von einem weißen Farbfleck auf demselben. Zwar ist auch nach Helmholtz, wie wir gesehen haben, die Wahrnehmung eines beschatteten weißen Papiers von der Wahrnehmung eines grauen Papiers unterschieden. Aber das, was Helmholtz «Wahrnehmung» nennt, ist zutiefst zweideutig: Es ist eigentlich kein Sehen im prägnanten Sinne des Wortes, sondern ein Wissen. Um die vorhin zitierte allgemeine Erklärung Helmholtz' auf Herings Schattenbeispiel anzuwenden: Um wahrnehmen zu können, daß ein beschatteter weißer Körper weiß ist, müssen wir nach Helmholtz mittels des Verstandes «beurtheilen, wie ein solcher Körper in weisser Beleuchtung aussehen würde [...]» (s. o.). Deutlicher als durch diesen irrealen Konditionalsatz kann man nicht ausdrücken, daß die Wahrnehmung von Körperfarben in anomaler Beleuchtung nach Helmholtz in Wahrheit kein Sehen und damit keine Wahrnehmung im prägnanten Sinne des Wortes sein kann: denn nach diesem Satz ist das Wiedererkennen der Körperfarben bei anomaler Beleuchtung ein Akt der Vergegenwärtigung, und zwar der Vergegenwärtigung einer früher einmal vorhandenen und insofern kontrafaktischen Beleuchtungssituation.

Herings Hinweis darauf, daß beim Wahrnehmen der Körperfarben das Beleuchtungsmoment und die Farbe des Gegenstandes nicht miteinander «verschmolzen» und damit visuell ununterscheidbar sind, macht deutlich, daß Hering eine fundamentale Voraussetzung des Helmholtzschen Erklärungsschemas angreift. Für Helmholtz bestand die Aufgabe darin, zu erklären, wie es möglich ist, einen in sich homogenen Sinneseindruck, in dem der Anteil der Oberflächenbeschaffenheit des beleuchteten (beziehungsweise beschatteten) Gegenstandes und der Anteil der Beleuchtung dieses Gegenstandes zu einer visuell ununterscheidbaren Einheit in Gestalt der dem Auge vom Gegenstand zureflektierten Lichtstrahlung verschmolzen ist, nachträglich durch ein Urteil beziehungsweise einen unbewußten Schluß wieder zu zerlegen. Die dabei gemachte Voraussetzung eines ursprünglich in sich homogenen Sinneseindrucks wird von Hering bestritten, und zwar aufgrund einer im Ansatz phänomenologischen Betrachtungsweise. Bei der phänomenologischen Beschreibung eines Wahrnehmungsaktes darf weder physikalisches noch physiologisches Wissen in Anspruch genommen werden, und an diese Forderung hat sich auch und gerade die Sinnesphysiologie bei der Beschreibung ihrer eigenen phänomenalen Basis zu halten. Dies ist der Sinn des von Hering für diese Beschreibung geforderten Rückgangs von den «wirklichen Dingen»

auf die «Sehdinge», das heißt auf «die Dinge, so wie wir sie *sehen*» (1925, S. 1).
Hält man sich an diese Forderung, dann muß die Konstanzannahme fallen-
gelassen werden. Denn sowohl die Annahme, daß bei konstant bleibendem
Reiz auch die durch ihn hervorgerufene Empfindung konstant bleibt, als auch
die daraus von Helmholtz abgeleitete Annahme, daß ein und dieselbe Empfindung als konstante Grundlage wechselnder Deutungen fungiert, sind
phänomenal nicht ausweisbar.

Hering hat das an seinem berühmten Fleckschattenversuch klargemacht.
Wenn man einen kleinen Schatten auf ein weißes Blatt Papier fallen läßt,
dann wird unter normalen Umständen der Schatten nicht als grauer Fleck auf
weißem Papier wahrgenommen, sondern als Schatten, der auf einem weißen
Papier aufliegt. Wenn man nun die Schattengrenzen mit einem schwarzen
Tuschestrich nachzieht, so daß nur noch der Kernschatten innerhalb der
durch den Tuschestrich markierten Schattengrenzen liegt, sieht der Schatten
tatsächlich nicht mehr aus wie ein Schatten, sondern wie ein grauer Fleck auf
weißem Papier (wenn man den Versuch nachmachen will, muß man darauf
achten, einen Schatten zu erzeugen, bei dem der Halbschatten, der den Kernschatten umgibt, nicht zu groß wird, was am besten mit einer möglichst punkt-
förmigen Lichtquelle zu bewerkstelligen ist).

An der Erklärung dieses Phänomens verdeutlicht Hering seine Differenz
zu Helmholtz. Unter den Voraussetzungen der Helmholtzschen Theorie liegt
die Erklärung darin, daß ein und derselbe bestimmte äußere Lichtreiz in beiden Fällen dieselbe Grauempfindung erzeugt, die dann je nach den äußeren
Umständen einmal als Grau, das andere Mal als beschattetes Weiß gegenständlich gedeutet wird. Auch unter Verwendung des von Helmholtz bei der
Konstanzannahme in Anspruch genommenen physikalischen Wissens fehlt
nach Auffassung Herings für die Annahme der von Helmholtz postulierten
Empfindungen, die je nach den Umständen verschieden gedeutet werden,
jede Erfahrungsgrundlage. Hält man sich an die Tatsachen, seien das nun Tatsachen der Physik oder Tatsachen des Bewußtseins, dann ist im Hinblick auf
die angedeutete Möglichkeit lediglich zu konstatieren, daß ein und dieselbe
objektive Lichtstrahlung, die von der Oberfläche eines Gegenstandes in das
Auge gelangt, je nach den Nebenumständen einmal eine Grauwahrnehmung,
das andere Mal die Wahrnehmung von beschattetem Weiß zur Folge hat. Das
ist aber auch schon alles, was sich aus dem Fleckschattenversuch herauslesen
läßt. Die Helmholtzsche Annahme von unbewußten Lichtempfindungen, die
zwischen der physikalischen Lichtstrahlung und der zu ihr gehörigen Farbwahrnehmung vermitteln sollen, ist für Hering eine theoretische und zudem
ganz überflüssige Konstruktion, die keinerlei Anhalt an der Erfahrung hat.
Hering gelangt so – lange bevor die entstehende Gestaltpsychologie die

Widerlegung der Konstanzannahme auf ihre Fahnen schreiben wird – zu einer expliziten Zurückweisung der Helmholtzschen Konstanzannahme: «Wenn ich mich [...] dahin aussprach, dass dasselbe objective Licht je nach den Nebenumständen bald als eine Eigenschaft (Farbe) der Aussendinge, bald aber als Licht oder Dunkel (Schatten, Finsterniss) wahrgenommen werden könne, so wollte ich damit nicht gesagt haben, dass trotz dieser verschiedenen Wahrnehmung doch die Empfindung, entsprechend der Gleichheit des Reizes, in beiden Fällen dieselbe sei. Vielmehr meine ich, dass die Empfindung in beiden Fällen wesentlich verschieden ist.» (1874, S. 102)

Durch diese Ausschaltung von Physikalismus und Psychologismus ist der Weg frei für eine *physiologische* Erklärung des Farbenkonstanzphänomens. Nur wenn die Differenz von beschattetem Weiß und unbeschattetem Grau wirklich *gesehen* wird, ist es sinnvoll, nach einer solchen Erklärung zu suchen. Hierbei sind im Unterschied zur Beschreibung der zu erklärenden Phänomene durchaus theoretische Konstruktionen zulässig. Ich will auf Herings physiologische Erklärungsversuche, die teilweise überholt sind, hier nicht näher eingehen (Pupillenerweiterung, Wechselwirkung der Sehfeldstellen, Umstimmung des Auges u.a.). Wichtig ist für jetzt allein der grundsätzliche Zusammenhang zwischen *phänomenologischer Beschreibung* und *physiologischer Erklärung* in der Theorie der Farbwahrnehmung. Was aber die Rolle der Erfahrung beim Wiedererkennen der Körperfarben auch bei ungünstigen Beleuchtungsumständen betrifft, so hat Hering diese keineswegs bestritten, sondern in seinen Überlegungen zu den sogenannten Gedächtnisfarben in ihrer Bedeutung durchaus gewürdigt. Nicht nur das. Es ist sogar so, daß Hering aufgrund seiner Annahmen der Erfahrung eine weit stärkere Rolle zubilligen kann als Helmholtz. Denn im Gegensatz zu diesem kennt er keine von der Erfahrung unabhängige Basis der Erfahrung, die Helmholtz in seiner Lehre von den Gesichtsempfindungen annimmt und gerade damit die Reichweite der Erfahrung begrenzt.

Aufgrund seiner ganz an den Phänomenen orientierten Einstellung gelangt Hering auch zur Kritik an der alten Annahme, Schwarz entstünde durch die Abwesenheit von Lichtempfindungen. Schwarz ist kein Mangel an Empfindung, sondern eine ebenso positive Empfindungsqualität wie Weiß oder Rot. Weil die ältere Sinnesphysiologie das nicht gesehen hat, hat sie sich das Gesichtsfeld des Auges bei Dunkelheit vorgestellt «wie eine schwarze, in der menschlichen Seele aufgestellte Tafel, auf welcher dann durch äusseres Licht [...] weisse und bunte Bilder gemalt und wieder weggewischt werden» (1874, S. 100). Demgegenüber gilt es einzusehen, daß auch Schwarz zu seiner Erscheinung auf das Licht angewiesen ist. Die Wahrnehmung von Schwarz *entsteht überhaupt erst unter dem Einfluß des Lichts.* Beobachtet man zum

Beispiel das Hervortreten der Farben im Gesichtsfeld beim Übergang von der Nacht über die Morgendämmerung bis zum Erreichen des vollen Tageslichts, dann treten erst allmählich aus dem nicht als schwarz, sondern – so weit sich hier überhaupt Farbqualitäten zuordnen lassen – eher als dunkelgrau empfundenen Dunkel der Nacht (dem sogenannten subjektiven Augengrau vergleichbar) neben den weißen und den bunten Gegenständen auch die schwarzen Gegenstände hervor, und zwar werden nicht etwa nur die weißen Gegenstände um so weißer, sondern auch die schwarzen *um so schwärzer, je heller* es wird (ein Stück Kohle zum Beispiel erscheint im Zwielicht weniger schwarz als bei vollem Tageslicht). Das tiefste Schwarz an einem Gegenstand wird demnach dann wahrgenommen, wenn – das Auftreten von Glanzlichtern einmal außer acht gelassen – die Stärke des von ihm reflektierten Lichts ein Maximum erreicht (vgl. 1925, S. 70f.).[5]

4. Husserl I: Die Phänomenologie als Wissenschaft von den Erscheinungsweisen des gegenständlichen Sinns und die Körperfarbe als Einheit einer Abschattungsmannigfaltigkeit

Husserl hat in seinem ersten philosophischen Hauptwerk, den 1900/01 erschienenen *Logischen Untersuchungen*, eine phänomenologische Erkenntnistheorie entwickelt, die den Sinn und die Reichweite unserer Gegenstandserkenntnis durch eine Wesensanalyse jener «Denk- und Erkenntniserlebnisse» (LU II/1, S. 7) zu bestimmen sucht, in denen uns die Gegenstände unserer Erkenntnis erscheinen. Dieses philosophische Programm setzt zum einen eine Thematisierung der verschiedenen *Gegenstandsgebiete* voraus, in denen wir uns in unserem Erkenntnisleben bewegen, und zum anderen eine Analyse der verschiedenen *Bewußtseinsformen*, mittels derer wir uns auf Gegenstände beziehen. Hatte die Philosophie der Antike und des Mittelalters

---

5   Im Zusammenhang damit steht ein Phänomen, das Katz (siehe unten) beobachtet hat. Die Farbenkonstanz bei den polar entgegengesetzten Farben Weiß und Schwarz weist eine dem Wesen dieser Farben entsprechende Polarität auf. Weiß behauptet seine Qualität am entschiedensten bei *herabgesetzter*, Schwarz bei *heraufgesetzer* Beleuchtung (schön zu beobachten am Kontrast: weißes Stück Kreide im Mondenschein – schwarzes Stück Kohle im grellen Sonnenlicht). Diese Gesetzmäßigkeit ist aus dem Wesen beider Farben leicht zu erklären: Die Qualität Weiß kann den stärksten Kontrast zur Farbe der Beleuchtung bei schwacher Beleuchtung aufbauen (das Dunkel dieser Beleuchtung kontrastiert am besten zur Helligkeit von Weiß), die Qualität Schwarz bringt sich dagegen am entschiedensten bei hellem Licht zur Geltung. Komplementär dazu ist, daß eine schwarze Körperfarbe bei dunklem Licht zur Verschmelzung mit diesem neigt, daß eine weiße Körperfarbe dagegen genau umgekehrt bei grellem Licht zur Verschmelzung mit diesem tendiert und die Dualität Dingfarbe – Beleuchtung auf diese Weise verlorengeht.

sich primär mit der Gegenstandsseite unserer Erkenntnis befaßt, so setzte mit der neuzeitlichen Philosophie eine Reflexion auf die Bewußtseinsweisen ein, in denen uns Gegenständliches gegeben wird und erscheint. Die die neuzeitliche Erkenntnistheorie dabei leitende Frage war: Können wir mittels unseres Bewußtseins die Dinge so erkennen, wie sie sind, oder müssen wir uns damit begnügen, die Dinge so zu erkennen, wie sie uns erscheinen? Husserls Programm einer phänomenologischen Erkenntnistheorie liegt die Einsicht zugrunde, daß diese Frage falsch gestellt ist. Denn man kann nach seiner Überzeugung die Frage nach dem, was die Dinge sind, überhaupt nicht unabhängig von der Frage beantworten, wie sie uns erscheinen. Um ein Beispiel zu geben: Was eine Zahl ist, läßt sich letztlich nur im Rückgang auf jene elementaren Akte des Abzählens von etwas klären, die zur Bildung des Zahlbegriffs geführt haben; auch wer platonistisch an die Existenz von Zahlen an sich glaubt, die unabhängig von irgendwelchen Zählakten sind, muß dazu auf Formen des Erfassens von gegenständlich Gegebenem zurückgehen, um sagen zu können, was eine Zahl ist (wird eine Zahl als Äquivalenzklasse gleichmächtiger Mengen definiert, wird sie implizit ebenfalls über Akte definiert, nämlich über solche der ein-eindeutigen Zuordnung von Mengen). Der von Husserl geforderte Rückgang von den Gegenständen auf die *Denk- und Erkenntniserlebnisse*, in denen uns die Gegenstände erscheinen und gegeben werden, geschieht also umwillen der Gegenstände selbst; er dient, können wir auch sagen, der Klärung des *gegenständlichen* Sinns unserer Denk- und Erkenntnisakte. «Phänomenologisch» heißt dieses Vorgehen, weil es den methodischen Rückgang auf die Phänomene verlangt, das heißt auf die Erscheinungen, *in denen* uns Gegenständliches erscheint. Dabei gilt für den Begriff der Erscheinung der Leitsatz: «Die Erscheinungen selbst erscheinen nicht, sie werden erlebt.» (LU II/1, S. 350)

Im Hinblick auf das Problem der visuellen Wahrnehmung materieller Dinge und ihrer Farben ergibt sich aus diesem Programm die Forderung des Rückgangs auf die visuellen Erscheinungsweisen der Dinge und insonderheit ihrer Farben. Gefordert ist somit der Rückgang auf die «Sehdinge» im Heringschen Sinne dieses Wortes. Die Farben sind nach der klassischen Formulierung des Aristoteles in *De anima* das für den Gesichtssinn eigentlich und allein Wahrnehmbare (*aisteta idia*). Sie sind die letzten und nicht weiter zerlegbaren Elemente der visuellen Wahrnehmung. Ihre Funktion ist es, räumliche, materielle Dinge zur Erscheinung zu bringen. Daß sie selber ihre Erscheinungsweisen haben könnten und daß deren Beschreibung eine interessante Erkenntnisaufgabe sein könnte, ist eine Frage, die Aristoteles sich nicht stellt. Er steht hier im Einflußbereich Platons, für den die Spiegelbilder und Schatten, also jene Phänomene, in denen sich die Farben der Dinge ein vielfältiges Erscheinen sichern, den alleruntersten Bereich der sichtbaren Welt darstellen, dessen Wesenlosigkeit eine Erkenntnisbemühung überflüssig und unmöglich macht. Diese Ausblendung der Erscheinungsweisen von Farben entspricht dem, was Husserl die «natürliche Geradehineinstellung auf die Gegenstände» nennt, die das vorwissenschaftliche Alltagsleben nicht weniger bestimmt als die Wissenschaft: In dieser Einstellung interessieren nur jene Gegebenheiten, die gegenstandsbestimmend sind, das heißt: die sich als *Eigenschaften der Dinge* fassen lassen, und dazu gehören natürlich auch die Farben der Dinge, nicht aber ihre Schatten und Spiegelbilder. Es ist hier überaus charakteristisch, wie Platon im Liniengleichnis der *Politeia* die Spiegelbilder und Schatten ontologisch bestimmt. Wie der einzelne Baum ein Abbild der Idee des Baumes ist, so ist der Schatten des Baumes für Platon ein Abbild des Baumes und folglich ein Abbild des Abbildes (vgl. *Politeia,* 510 e). Der Schatten wird von Platon also danach beurteilt, daß er die Gestalt des schattenwerfenden Gegenstands nachzeichnet und nicht danach, daß er eine Form des Sich-Zeigens der beschatteten Farbe ist.

Auch die philosophischen Wahrnehmungstheorien der neuzeitlichen Philosophie haben die Farben nur insoweit thematisiert, als sie etwas *erscheinen lassen*, nicht aber, insofern sie *selber* etwas sind, das sich auf vielfältige Art zur Erscheinung bringt. Dagegen wendet sich Husserl mit seiner Forderung, vom «Gegenstand im Wie seiner Bestimmtheiten» auf den Gegenstand «im Wie seiner Gegebenheitsweisen» (Id I, S. 303f.) zurückzugehen und letztere zum Erkenntnisthema zu machen.

Die Notwendigkeit der Unterscheidung zwischen dem Gegenstand im Wie seiner Bestimmtheiten und dem Gegenstand im Wie seiner Gegebenheitsweisen macht Husserl mit Vorliebe am Beispiel der Wahrnehmung einer gleichmäßig gefärbten Kugel deutlich: Zur Notwendigkeit dieser Unterscheidung «genügt [...] der Hinweis auf den leicht faßlichen Unterschied zwischen dem objektiv als gleichmäßig gesehenen Rot dieser Kugel und der gerade dann in der Wahrnehmung selbst unzweifelhaften und sogar notwendigen Abschattung der subjektiven Farbenempfindungen – ein Unterschied, der sich in Beziehung auf *alle* Arten von gegenständlichen Beschaffenheiten und die ihnen korrespondierenden Empfindungskomplexionen wiederholt» (LU II/ 1, S. 349).

An der Art, wie Husserl dieses von Locke übernommene Beispiel modifiziert, läßt sich ablesen, daß er sich in der Kritik Helmholtzscher Voraussetzungen der Wahrnehmungslehre mit Hering trifft. Was bei Locke Sache des *Urteils* ist, das aus der Erfahrung erwächst, nämlich die Gleichmäßigkeit der Kugelfarbe trotz der visuellen Modifikationen dieser Farbe auf der Kugeloberfläche infolge von Selbstbeschattung, Glanzlichtern und Reflexen, ist für

Husserl etwas *Gesehenes.* Die Gleichmäßigkeit der Farbe der Kugel ist, wie Husserl bei der Wiederaufnahme dieses Beispiels in der Dingvorlesung von 1907 formuliert, aus ihren durch die Art der Beleuchtung bedingten Erscheinungsweisen «herausgesehen». Zwar verweist der Dualismus von Empfindung und Wahrnehmung, den Husserl seinem Beispiel zugrunde legt, auf Helmholtz, dessen Einfluß auch sonst in den *Logischen Untersuchungen* spürbar ist. Aber dieser Dualismus ist in charakteristischer Weise transformiert, und zwar auf eine Weise, die diesem Dualismus einen Anhalt an den Phänomenen gibt: Die Differenz von Empfindung und Wahrnehmung, die sich bei Helmholtz aus dem Verhältnis von Sinnlichkeit und Verstand begründet, nämlich aus dem Verhältnis der als Zeichen für Objektives fungierenden Empfindungen und ihrer gegenständlichen Deutung aufgrund von Erfahrung, fällt bei Husserl *in die Sinnlichkeit* selbst. Die Termini «Wahrnehmung» und «Empfindung» können denn auch durch andere, weniger belastete Termini ersetzt werden, zum Beispiel durch die Termini «gegenständlicher Sinn» und «sinnliche Fülle». Diese Terminologie macht deutlicher, daß die Empfindung bei Husserl im Gegensatz zum Helmholtzschen Empfindungsbegriff kein konkreter, für sich allein existieren könnender Sinneseindruck mehr ist, sondern ein abstraktes Moment eines konkreten Wahrnehmungserlebnisses, das sich nach gegenständlichem Sinn und sinnlicher Fülle gliedert. Auch der elementarste Sinneseindruck ist stets «Sinn im Modus seiner Fülle» (Id I, S. 305). Das besagt: Auch der elementarste konkrete Sinneseindruck ist in sich gedoppelt nach Ansichsein und Erscheinung, und das wiederum heißt: Er ist erlebnismäßig in sich zerlegt in Momente, die nach «Meinung» des Bewußtseins selbst dem Gegenstand «zugedeutet» (LU II/1, S. 420) werden, als etwas, was *ihm* zukommt, und in solche, die nach «Meinung» des Bewußtseins nicht dem Gegenstand zukommen, sondern nur seiner Erscheinungsweise (wie zum Beispiel die Abschattungen auf der Kugel).

5. Katz: Die primären und sekundären Erscheinungsweisen der Farbe

Die in Husserls Programm liegenden Anregungen zu einer deskriptiv-phänomenologischen Analyse von Farbenerscheinungen blieben nicht lange ungenutzt. In seinem 1911 erschienenen Buch *Die Erscheinungsweisen der Farben* hat der Göttinger Wahrnehmungspsychologe David Katz experimentelle und deskriptive Untersuchungen zur Erscheinung von Körperfarben vorgelegt, in denen er die Analysen Herings wesentlich erweitert und vertieft hat. Über seine Stellung zu Hering und Husserl äußert sich Katz folgendermaßen: «Ich glaube bis zu einem gewissen Grade durch Vorlesungen und Übungen des Herrn Prof. Husserl beeinflußt worden zu sein, die phänomenologische

Analyse der Farbenphänomene stärker zu betonen als es bisher üblich war –
daß diese Analyse für die Psychologie der Farben nicht etwas völlig Neues bedeutet, bezeugen z. B. die mehrfach erwähnten Ausführungen Herings. Dabei
ist diese Beeinflussung mehr im Sinne der allgemeinen phänomenologischen
Einstellung zu verstehen und weniger in konkret durchgeführten Analysen zu
sehen; Farbenanalysen der vorstehend erwähnten Art hat Herr Prof. Husserl
in seinen Vorlesungen und Übungen nicht vorgetragen.» (Katz 1911, S. 30)

Katz läßt sich bei seinen Untersuchungen von dem Grundgedanken lei-
ten, daß die Farben eine Mannigfaltigkeit verschiedener Erscheinungsweisen
haben, die nicht aufeinander reduzierbar sind, aber in deskriptiv und experimentell aufweisbaren Gesetzmäßigkeiten zueinander und zu den Farben stehen, die sie zur Erscheinung bringen. Katz unterscheidet im wesentlichen drei
primäre Erscheinungsweisen der Farbe: Flächenfarben, Oberflächenfarben
und Raumfarben. Beispiele für Flächenfarben sind das Himmelsblau und die
Spektralfarben. Bei ihnen entfällt die Differenzierung zwischen Farbenquali-
tät und Beleuchtungseffekt, die nur für die Farben auf den Oberflächen
materieller undurchsichtiger Dinge charakteristisch sind. Das Blau des Himmels an einem Sonnentage macht nicht den Eindruck, irgendwie beleuchtet
zu sein, und schon gar nicht von dem Licht der Sonne. Die Unmöglichkeit
einer Beleuchtung von Flächenfarben zieht die Unmöglichkeit ihrer Beschattung nach sich. Kein Sputnik vermag auf das Blau des Himmels einen
Schatten zu werfen, und die bei einem Blick in einen Spektralapparat er-
blickte Farbe ist immer schattenlos. Damit entfällt bei den Flächenfarben
auch das Phänomen der Farbenkonstanz. Wenn Helmholtz erklärt, «dass
Grau identisch ist mit lichtschwachem Weiss» (1867, S. 281), dann ist das
durchaus zutreffend bei Spektralfarben, auf die er an dieser Stelle zur Er-
härtung seiner These ja auch verweist. Spektralfarben sind allein durch Farb-
ton, Sättigung und Helligkeit bestimmt, was für tonfreie Farben wie Weiß
oder Grau bedeutet, daß allein die Helligkeit die Erscheinung der Farbe bestimmt, mit der Folge, daß in der Tat nicht mehr zwischen lichtschwachem
Weiß und Grau unterschieden werden kann. Doch die Übertragung dieser
Erkenntnis auf die Erscheinung von Körperfarben, die der Helmholtzschen
Wahrnehmungslehre zugrunde liegt, ist unberechtigt. Auf diesen Punkt legt
Katz allergrößtes Gewicht, und die Herausstellung des Eigenwesens von
Körperfarben ist denn auch das eigentliche Thema seiner Untersuchungen.

Bei seinem Grundversuch zur Widerlegung der Helmholtzschen Identifizierung von Grau und lichtschwachem Weiß wird eine Versuchsperson
aufgefordert, aus einer Reihe von vor ihr liegenden Papieren, die eine abge-
stufte Skala tonfreier Farben von einem reinen Weiß über verschiedene
Grauwerte bis hin zu einem tiefen Schwarz bilden und von einem im Rücken

der Versuchsperson befindlichen Fenster gut beleuchtet sind, dasjenige herauszusuchen, das einem im Hintergrund des Zimmers an einer nur schwach erhellten Wand angebrachten Papier von reinem Weiß *qualitativ gleicht*. Das eigentlich Interessante ist, daß diese Aufgabe sich nicht eindeutig lösen läßt. Mit dieser negativen Feststellung ist eigentlich schon die Helmholtzsche Identifizierung von lichtschwachem Weiß und Grau für Oberflächenfarben widerlegt. Positiv ergibt sich, daß dasjenige der vor ihr liegenden Papiere, das für die Versuchsperson dem an der Wand angebrachten rein weißen Papier *noch am ehesten* gleicht, ein helles Grau ist, das objektiv gesehen etwa zwanzigmal so viel Licht aussendet wie das an der Wand befindliche. Das Papier an der Wand erfährt also subjektiv gesehen eine starke Aufhellung, mit der Folge, daß seine Farbe noch immer als Weiß gesehen wird, allerdings als ein Weiß von geringer «Ausgeprägtheit», die man auch als eine «Verhüllung mit Dunkelheit» ansprechen kann. Entscheidend ist, daß die Dunkelkomponente und die Weißkomponente eine gut sichtbare, aber nur schwer beschreibbare Zwei-Komponenten-Einheit bilden, deren Qualität noch am ehesten mit einem hellgrauen der Vergleichspapiere übereinstimmt. Die Wahrnehmung unterscheidet somit, in der Terminologie Husserls gesprochen, zwischen dem gegenständlichen Sinn und der sinnlichen Fülle von Körperfarben. Diese Unterscheidung ist daher eine Bedingung der Möglichkeit für Farbenkonstanz: das Weiß an der Hinterwand des Zimmers bliebe für die Wahrnehmung nicht erhalten, sondern würde sich in ein, wenn auch helles Grau verwandeln, wenn der konkrete Sinneseindruck nicht nach gegenständlichem Sinn und sinnlicher Fülle geschieden wäre.

Eines der wichtigsten Ergebnisse der Katzschen Untersuchungen zu den Erscheinungsweisen von Körperfarben (von ihm als «sekundäre Erscheinungsweisen» der Farbe bezeichnet) ist es, daß diese visuelle Zwei-Komponenten-Einheit von Ansichsein und Erscheinungsweise der Farbe ihrerseits an eine Bedingung gebunden ist. Es muß nämlich gewährleistet sein, daß bei der Wahrnehmung eines Dinges die Beleuchtungsumstände mit wahrgenommen werden können. Es muß, mit anderen Worten, der Überblick über das gesamte Wahrnehmungsfeld gegeben sein. Diese Bedingung ist unter natürlichen Wahrnehmungsverhältnissen im allgemeinen erfüllt. Unter Laborbedingungen muß dafür gesorgt werden, daß sie erfüllt ist. Beispielsweise ist der beschriebene Katzsche Grundversuch zur «Zweidimensionalität» der tonfreien Farben so angelegt, daß dies der Fall ist. Verhindert man den Überblick über das Wahrnehmungsfeld etwa dadurch, daß man das im Hintergrund des Zimmers angebrachte weiße Papier durch einen Lochschirm oder eine enge Papphröhre betrachtet, die für die Wahrnehmung nur ein kleines Feld auf dem Papier freigeben, dann ändert sich die Situation schlagartig: Man erblickt nicht mehr ein

Weiß durch eine der Wand vorgelagerte Dunkelheit hindurch, sondern was man sieht, das ist ein ziemlich dunkles Grau. Mehr noch: dieses Grau, das man anstelle des mit Dunkelheit verhüllten Weiß erblickt, hat den *Charakter* einer Oberflächenfarbe vollständig eingebüßt und erscheint als Flächenfarbe. Prüft man den Helligkeitswert des unter diesen Umständen erblickten Schwarz-Grau, dann stellt man fest, daß sich nun wieder die Helmholtzsche Gleichung zwischen lichtschwachem Weiß und Grau ergibt. Die Bedingungen, unter denen solch eine «Lochfarbe» erscheint, beweisen, daß die von Husserl in den *Logischen Untersuchungen* eingeführte Unterscheidung zwischen gegenständlichem Sinn und sinnlicher Fülle nur dann erlebbar ist, wenn das Umfeld des Wahrnehmungsgegenstandes mit wahrgenommen wird. Man kann aufgrund der Katzschen Untersuchungen geradezu als einen Satz der deskriptiven Phänomenologie formulieren: Die Mitwahrnehmung des Außenhorizonts ist die Bedingung der Möglichkeit für die visuelle Trennung von gegenständlichem Sinn und sinnlicher Fülle in der Dingwahrnehmung.

Das Erscheinungsbild einer Lochfarbe läßt sich am eindrucksvollsten mit den einfachen Hilfsmitteln Herings demonstrieren. Man schneide in ein weißes Stück Pappe ein kreisrundes Loch von etwa $\frac{1}{2}$ cm Durchmesser und betrachte in der Nähe eines Fensters durch das Loch der horizontal gehaltenen Pappe hindurch ein zweites Stück weiße Pappe, das man unter die erste hält. Solange man die untere Pappe ebenfalls horizontal hält und auf das Loch der oberen Pappe akkommodiert, erblickt man ein kreisrundes weißes Feld. Dreht man nun allmählich die untere Pappe so um ihre zum Fenster parallele Achse, daß sie *vom Fenster weg geneigt* wird, dann erscheinen im Loch der Reihe nach Farbwerte von hellgrau über mittelgrau bis hin zu einem schwärzlichen Grau. Dreht man dagegen die untere Pappe so, daß sie *zum Fenster hin geneigt* wird, also immer mehr Licht erhält, dann erscheinen im Loch der oberen Pappe immer hellere Weißtöne, mit denen verglichen das Weiß der oberen Pappe ziemlich dunkel wirkt. Aber die so erzeugten Weißtöne haben ebenso wie die zuvor erzeugten Grautöne den Charakter einer Oberflächenfarbe völlig verloren, sie wirken nicht wie die Farben, die etwas bedecken, lassen insbesondere auch die Neigung der unteren Pappe nicht mehr erkennen, ja haben sich von jeder Bindung an die Materie sozusagen frei gemacht.[6] Die

---

6 Es gibt viele Übergangsstufen zwischen einer Oberflächenfarbe und einer reinen Flächenfarbe. So begünstigt die einbrechende Dämmerung eine mehr flächige Erscheinungsweise der Farben der Dinge, die dann nicht mehr so stark als bloße Bedeckungsqualität in Erscheinung tritt wie bei hellem Tageslicht. Bei stark herabgesetzter Beleuchtung von Innenräumen (z. B. bei dem schwachen Licht einer Straßenlaterne, das in der Nacht durch ein Fenster in ein Zimmer fällt, oder bei dem über die Wände huschenden Scheinwerferlicht eines vorbeifahrenden Autos) begrenzen die dabei eben

im Loch zu erblickenden Farben ähneln ihrer ganzen Erscheinung nach Spektralfarben, erscheinen also wie Flächenfarben, obwohl sie in Wirklichkeit Oberflächenfarben sind.

Interessanterweise ist, worauf Katz ebenfalls aufmerksam macht, die Erzeugung derart reduzierter Farbeneindrücke nicht an das Experiment gebunden, sondern prinzipiell, wenngleich weniger vollkommen, auch unter natürlichen Wahrnehmungsbedingungen möglich. Dazu ist es nur nötig, die Aufmerksamkeit statt auf die Farben tragenden Dinge auf die Farben selbst zu richten. Die Konzentration auf den farbigen Eindruck als solchen löst die Farbe für das Auge sozusagen von ihrer Bindung an die Dinge: «Was eben noch als Grün einer sehr entfernten Gebirgswiese aufgefaßt wurde, verwandelt sich in eine ganz andere, nur schwer näher zu bezeichnende Farbe, wenn man auf den Gedanken gekommen ist, sich einmal in das Farbenphänomen selbst zu versenken und die Auffassung des Gesehenen als Teil der Landschaft hintanzusetzen.» (1911, S. 225) Die gesehene Farbe nicht mehr als Teil einer Landschaft aufzufassen ist gleichbedeutend damit, den freien Überblick über das gesamte Wahrnehmungsfeld aufzugeben, den Außenhorizont der Dinge gleichsam abzublenden. Was im Experiment instrumentell durch eine Papphöre oder einen Lochschirm erzwungen wird, läßt sich im Prinzip also auch unter natürlichen Wahrnehmungsumständen durch eine entsprechende Lenkung der Aufmerksamkeit erreichen.[7]

6. Husserl II: Die Dingfarbe als Regeleinheit einer Umstands-Zustands-Mannigfaltgkeit

Im Jahr 1913 erschien das Erste Buch der *Ideen zu einer reinen Phänomenologie und phänomenologischen Philosophie*, in dem Husserl u.a. erstmals das Programm einer Phänomenologie der Gegenstandsart «Ding» vollständig entwickelt hat. Eine solche Phänomenologie hat die Struktur jener Bewußtseinsweise aufzudecken, in der ein Gegenstand von der Art eines Dinges ursprünglich erfahren wird und sich so für das Bewußtsein als ein Gegenstand eigener Artung «konstituiert». In der von Husserl entworfenen konstitutiven Phänomenologie des Dinges werden drei Schichten in der Konstitution des

---

sichtbar werdenden Konturen der Gegenstände im Zimmer keine farbigen Oberflächen materieller Gegenstände, sondern flächige Zonen distanter Helligkeit (vgl. Katz 1911, S. 10).

7   In diesem Zusammenhang kann an jene Richtungen der modernen Malerei erinnert werden, die eine Sehweise voraussetzen, in der das Interesse an der Farbe so überwiegt, daß überhaupt keine eigentlichen Oberflächenfarben mehr gesehen werden. Mit dem Impressionismus beginnt die Kultivierung des «reinen Sehens», die in dem Versuch

Dinges unterschieden: das Ding als zeitliches, als räumliches und als materielles Ding (vgl. Id I, S. 347f.).

Der Übergang der konstitutiven Analyse von der Stufe der Räumlichkeit zu der in ihr fundierten Stufe der Materialität des Dinges ist gekennzeichnet durch die Aufhebung der auf den beiden ersten Stufen noch geübten Abstraktion von der Beziehung des Dinges zu seiner äußeren Umgebung. Dahinter verbirgt sich ein tiefgreifender Wandel im Verständnis dessen, was überhaupt ein Ding ist. Zu einem Ding gehören sicherlich Eigenschaften, die man ihm zusprechen kann. Was aber ist eine Eigenschaft? Von dem, was man unter einer Eigenschaft versteht, hängt wesentlich ab, was man unter einem Ding versteht. Husserl selbst hat auf seinem Denkweg von den *Logischen Untersuchungen* bis zu den *Ideen zu einer reinen Phänomenologie und phänomenologischen Philosophie* seine Auffassung von dem, was eine Eigenschaft ist, erheblich geändert. Anfänglich stand er noch im Bann des sensualistischen Dingbegriffs, nach welchem eine Dingeigenschaft einfach ein sinnlich wahrnehmbares Datum ist, das einem Ding zukommt, unabhängig davon, in welchen Relationen dieses Ding zu den anderen Dingen außer ihm steht. Dies ist auch noch seine Auffassung in der großen Dingvorlesung von 1907 (unter dem Titel *Ding und Raum* veröffentlicht im Band XVI der Husserliana), doch schon in einem Text von 1910 sind ihm Zweifel gekommen, ob sich diese Auffassung halten läßt. Er unterscheidet nun zwei Arten von Dingeigenschaften. Die eine der beiden Arten umfaßt die «sinnlichen» Eigenschaften des Dinges, wie Farbe, Geruch und dergleichen. Die Eigenschaften der anderen Art nennt Husserl «kausale» Eigenschaften (DR, S. 343), weil sie von vorneherein definiert sind im Hinblick auf die kausalen Relationen

---

besteht, aus den «Darstellungen des Sichtbaren alles auszutilgen, was im Sehen nicht nur ‹!› gesehen, sondern ‹auch› sehend hinzugewußt, vorgestellt, mitgedacht oder mitempfunden wird» (Sedlmayr 1956, S. 97). Dabei kann die Farbe, einmal «befreit von ihrer Aufgabe, die Dinge zu kennzeichnen» (ebd., S. 98), eine Autarkie gewinnen, die ihr im natürlichen Wahrnehmen ganz abgeht. An Bildern Monets kann man beobachten, wie die Farbe sich *von den Dingen ablöst* und die Gesetze der Farbenkonstanz teilweise außer Kraft gesetzt werden. In den Landschaften Cezannes ist dieser Prozeß bereits so weit fortgeschritten, daß die Dinge *aus Farben aufgebaut werden* und das Moment der Beleuchtung bzw. der Lichtperspektive, das an den Charakter der Farbe als Oberflächenfarbe materieller Dinge gebunden ist, folgerichtig ganz entfällt. Dies sind Schritte in Richtung auf das von Rudolf Steiner geforderte *Malen aus der Farbe heraus*, bei dem die Farbe nicht vorgegebene Formen auszufüllen hat, überhaupt nicht mehr als Bedeckung materieller Gegenstände in Erscheinung zu treten hat, sondern als etwas, «was sich von dem schwer Materiellen emanzipiert hat» (Steiner 1980, S. 185); gefordert ist eine Malerei, durch die es im Gegenzug zur Auffassung der Farben als Akzidentien an substantiellen materiellen Trägern im Sinne der aristotelisch-scholastischen Substanzmetapysik möglich wird, «die Farben als ein sich selbst tragendes Element zu erleben» (Steiner 1980, S. 215).

zwischen den Dingen und daher ohne Betrachtung des Dingzusammenhangs nicht verstanden werden können. Als Beispiele für kausale Eigenschaften führt Husserl die Zerbrechlichkeit einer Fensterscheibe, die Schwere des Steins und die Elastizität einer Stahlfeder an, also Eigenschaften, die den Dingen überhaupt nur durch ihre Beziehungen zu anderen Dingen zukommen können; das sind jene Dingbestimmtheiten, die in der Wissenschaftstheorie unserer Tage als Dispositionsprädikate bezeichnet werden.

Doch diese Zweiklassentheorie der Dingeigenschaft empfindet Husserl im selben Forschungsmanuskript als eine Halbheit: «Führt nicht schließlich alles auf Kausalität zurück, jede objektive Dingbestimmung, jede Ansetzung eines objektiven Dingmerkmals? Komme ich nicht überall auf Abhängigkeiten? Färbung hängt von Beleuchtung ab, sie ist ein fließendes Werden, *und schon die Einheit der objektiven Eigenschaft Farbe ist ein kausaler Begriff,* eine Krafteigenschaft, die Fähigkeit des ‹Dinges›, unter den jeweiligen Möglichkeiten des Beleuchtens in die und die Mannigfaltigkeitsreihen überzugehen. Das *Unter den und den Umständen erscheint das und das* ist das Grundschema für alle Einlegung von Dingbestimmtheiten.» (DR, S. 345; 1. Hervorh. B. R.) In dem 1913 niedergeschriebenen Text aus dem zweiten Buch der *Ideen,* in dem Husserl die dritte Stufe der Dingkonstitution erstmals ausgearbeitet hat, ist er zu der Einsicht durchgedrungen, daß *alle* Eigenschaften der Dinge kausaler Natur sind: «Reale Eigenschaften sind eo ipso kausale Eigenschaften.» (Id II, S. 45) Die Rede von «realen Eigenschaften» enthält keine Einschränkung, so als ob es neben den realen Eigenschaften der Dinge noch andere Arten von Dingeigenschaften gäbe. Unter realen Eigenschaften versteht Husserl vielmehr die Eigenschaften des Realen, wobei das Reale das ist, was in der Seinsregion «materielles Ding» vorkommt. Daß reale Eigenschaften kausale Eigenschaften sind, bedeutet, daß die Eigenschaften eines Dinges nur durch die kausale Einwirkung anderer Dinge auf es überhaupt entstehen können. Eine Eigenschaft ist somit eine «Verhaltungsweise» (Id II, S. 124) des Dinges angesichts äußerer Umstände. Zum Beispiel ist die rote Farbe einer Tulpe gar nichts anderes als die Reaktion ihrer Blüte auf die Anwesenheit einer äußeren Lichtquelle.

Durch die Einbeziehung der kausalen Verflechtungen der Dinge in die konstitutive Phänomenologie der Dinggegebenheit wird es notwendig, bei der Konstitution des Dinges drei wesentliche Bestimmungsstücke zu unterscheiden: Die Eigenschaften des Dinges, seine Zustände und die zu diesen Zuständen gehörigen äußeren Umstände. Mit der Unterscheidung zwischen einer Eigenschaft und einem Zustand eines Dinges pflegen wir der Erfahrung Rechnung zu tragen, daß nicht alle Beschaffenheiten eines Dinges zu dem ihm eigenen Wesen gehören, sondern nur mehr oder weniger zufällig durch äußere Umstände und für relativ kurze Dauer dem Ding zukommen, so daß wir sie nicht zu den Erkennungsmerkmalen des Dinges rechnen. So sprechen wir vom Bewegungszustand oder vom Wärmezustand eines Dinges, weil Ortsveränderung und Temperatur nichts sind, woran man ein Ding bestimmter Art erkennen könnte, im Gegensatz etwa zur Farbe, die ein Erkennungsmerkmal von Dingen ist (zum Beispiel bei der Bestimmung von Mineralien oder Pflanzen) und deshalb als (mehr oder weniger) dauernde *Eigenschaften* den flüchtigen und ephemeren *Zuständen*, in denen sich die Dinge jeweils befinden, gegenübergestellt werden. Daß Husserl dennoch den Zustandsbegriff in die konstitutive Analytik des materiellen Dinges so einführt, daß man auch vom Farbzustand sprechen müßte (obwohl Husserl selbst das nicht tut), ist zwar ungewohnt, aber durchaus konsequent. Denn bei ungewöhnlichen oder künstlichen Beleuchtungen können die Farben, mit denen sich die Dinge präsentieren, durchaus etwas so Ephemeres sein wie ihr Wärme- oder Bewegungszustand (so erscheint ein grünes Blatt im Rot einer Dunkelkammerlampe als schwarz).

Mit den drei Parametern «Eigenschaft», «Zustand» und «Umstand» entwirft Husserl im zweiten Buch der *Ideen zu einer reinen Phänomenologie und phänomenologischen Philosophie* seine konstitutive Analytik des materiellen Dinges. Bevor wir die Grundzüge der in diesen systematischen Rahmen eingespannten konstitutiven Analyse der Dingeigenschaft «Farbe» entwickeln, bedarf es vorab der genaueren Klärung dessen, was Husserl unter Konstitution versteht.

Die Konstitution einer Gegenstandsart setzt sich aus zwei Bewußtseinsleistungen zusammen. Erstens muß hierbei der Gegenstand dieser Art für das erfahrende Bewußtsein zur *Selbstgebung* kommen. Diese Bestimmung erklärt sich daraus, daß man auf Gegenstände auch *nur meinend* Bezug nehmen kann, nämlich dann, wenn man sich auf sie bezieht, ohne daß sie selbst dabei wahrgenommen würden und in diesem Sinne selbst gegenwärtig wären. So ist schon jede Erinnerung an etwas Erlebtes eine solche bloß meinende, den Gegenstand nicht selbst gebende Bezugnahme. Was die Farben betrifft, so sind die Heringschen «Gedächtnisfarben» ein Beispiel für eine Bezugnahme auf Farben, die nicht gesehen, sondern nur vorgestellt werden: Diese Farbvorstellungen können so anschaulich sein wie sie wollen, dennoch gibt keine von ihnen die in der Vorstellung vergegenwärtigte Farbe selbst, also so, wie sie ursprünglich erlebt wurde.[8] Noch viel indirekter nimmt man auf

---

8 Katz macht in diesem Zusammenhang auf die Neigung zur Übertreibung der Farben durch das Gedächtnis aufmerksam, die bei individuellen Gedächtnisfarben (Katz unterscheidet «individuelle» Gedächtnisfarben von «generellen» Gedächtnisfarben wie dem Weiß des Schnees, dem Schwarz der Kohle oder dem Rot des Blutes) leicht nachzuweisen ist. Stellt man jemand die Aufgabe, aus einer nach Helligkeit und Sättigung

Farben Bezug, wenn man sie, wie die Physik es tut, mit elektromagnetischen Wellen bestimmter Länge identifiziert. Neben dem Moment der Selbstgebung ist die zweite zur Konstitution eines Gegenständlichen erforderliche Bewußtseinsleistung die *Einheitsbildung.* Die Dinge unserer Sinneserfahrung sind nichts anderes als solche Einheitsbildungen im Erlebnisstrom. Der Gegenstand wird als Identisches in der Mannigfaltigkeit seiner Erscheinungsweisen erlebt, zum Beispiel seine Form als das Identische verschiedener Perspektiven und seine Farbe als das Identische mannigfaltiger Abschattungen.

Entscheidend für das richtige Verständnis der Konstitutionsproblematik ist der Zusammenhang, der zwischen Selbstgebung und Einheitsbildung besteht. Die Unterscheidung zwischen Selbstgebung und bloß meinender Bezugnahme, die wir bisher nur für den Gegenstand getroffen haben, überträgt sich nun auch auf die *Identität* des Gegenstandes: Auch die Identität des Gegenstandes kann entweder selbstgegeben oder nur gemeint sein. Selbstgegeben wird die Identität, wenn die Synthesis der mannigfaltigen Erscheinungsweisen zur Einheit des Gegenstandes *vollzogen* wird. Im Vollzug der Identifizierung des von den verschiedenen Gegebenheitsweisen Gemeinten ist nicht die Identität des mannigfaltig gemeinten Gegenstandes gemeint, sondern der Gegenstand selbst. Umgekehrt: Ist diese Identität gemeint, das heißt thematisch erfaßt, dann ist man bereits aus dem Vollzug der Identifizierung herausgetreten und blickt auf deren Resultat wie auf einen Gegenstand hin. Die konstitutive Klärung einer Gegenstandsart besteht daher im Aufweis einer Bewußtseinsstruktur, in der die *Selbigkeit eines Gegenstandes dieser Art zur Selbstgegebenheit kommt.*

Damit läßt sich präzise bestimmen, was eine konstitutive Phänomenologie des materiellen Dinges bezüglich der Dingfarben nach Husserl zu leisten hat. Bei der Wahrnehmung materieller Dinge hat das Bewußtsein unter anderem die Oberflächenfarbe der Dinge zum Gegenstand. Im Hinblick auf die Gegenstandsart «Körperfarbe» hat demnach die Phänomenologie die Frage zu stellen: *Wie kommt die Selbigkeit der Körperfarben im Wechsel der Beleuchtung zur Selbstgegebenheit?* Nennt man die Erscheinungen von Dingzuständen mit Husserl «visuelle Schemata», dann lautet die Frage: Unter welchen Bedingungen werden verschiedene visuelle Schemata «als Bekundungen eines und desselben erfahren» (Id II, S. 41)? Husserls knappste Ant-

abgestuften Reihe von Farben einer bestimmten Qualität die Farbe herauszusuchen, die der Farbe eines ihm individuell bekannten Gegenstandes (z. B. der Farbe eines bestimmten Kleidungsstücks) gleichkommt, dann fällt die Wahl meist auf eine Farbe von zu starker Sättigung und zu großer Helligkeit (bei hellen Farben) bzw. zu großer Dunkelheit (bei dunklen Farben); vgl. Katz 1911, S. 216f.

wort darauf lautet: «Wir erfahren sie ... als das, wofern sie als ‹Abhängige› zu-
gehöriger ‹realer Umstände› ablaufen.» (Ebd.) Die realen Umstände, die
«zu» den farbigen Dingschemata «gehören», sind die Beleuchtungsumstände. So «erfahren wir dasselbe Ding in Hinsicht auf seine optischen Eigenschaften, die im Wechsel der Beleuchtung durch entsprechende Lichtquellen
ihre Einheit und Bestimmtheit durchhalten. Die Einheit geht durch die
Schemata hindurch, sofern sie farbig erfüllte sind. Was sich dabei konstituiert,
ist die ‹objektive› Farbe, diejenige, die das *Ding* hat, ob es bei Sonnenschein
oder düsterem Tageslicht» betrachtet wird, «[...] und so bei jedweden Beleuchtungsverhältnissen» (Id II, S. 41/42). Wie man sieht, berührt Husserl hier
die Heringsche Thematik der Farbenkonstanz der Sehdinge. Dadurch, daß
unter wechselnden Beleuchtungsumständen die dabei mitwechselnden sinnlichen Farbschemata, das heißt die wahrgenommenen Farbzustände des
Dinges als Bekundungen ein und derselben Dingfarbe aufgefaßt werden,
kommt die Dingfarbe zur Selbstgegebenheit: «Die Eigenschaft selbst kommt
nur zur wirklich erfüllenden, also originären Gegebenheit, wenn die funktionellen Reihen zum originären Ablauf kommen, in denen die *Abhängigkeiten*
von den zugehörigen Umständen zu originärer Gegebenheit kommen.» (Id
II, S. 43) Originär gegeben wird die Dingfarbe also nur in einem Wahrneh-
mungsverlauf, in welchem die Mannigfaltigkeit der Farbzustände des Dinges
zur Einheit seiner Eigenfarbe synthetisiert wird. Die Farbe selbst ist hiernach
dasjenige, das in diesem ganzen Wechsel von farbigen Schemata als *invariant
erlebt* wird. In dieser Weise konstituiert sich nach Husserl die Körperfarbe als
Einheit einer Zustands-Umstands-Mannigfaltigkeit.

Zur Dingerfahrung gehört freilich auch, daß die Dingfarbe sich ändern
kann. Für die Unterscheidung zwischen der Erfahrung der Eigenschafts-
unveränderung und der einer Eigenschaftsveränderung folgen wir bestimmten Regeln, die zu explizieren ebenfalls Aufgabe der Phänomenologie der
Dingerfahrung ist. Im Hinblick auf die Eigenschaft «Farbe» gilt die folgende
Regel (vgl. Id II, S. 42f.): Können wir die Änderung des Farbzustandes des
Dinges auf eine Änderung der Beleuchtungsumstände zurückführen, dann
werden die mit den Beleuchtungsumständen wechselnden Farbzustände als
Bekundungen ein und derselben Dingfarbe wahrgenommen (zum Beispiel
beim Phänomen des Alpenglühens); können wir das nicht, dann werden die
sich ändernden Farbzustände des Dinges als Verfärbungen, das heißt als
Änderungen der Dingfarbe wahrgenommen (zum Beispiel beim Gelb-
werden der Blätter im Herbst). Im Falle von Verfärbungen sind ebenfalls
äußere Umstände maßgebend, aber eben nicht mehr die Beleuchtungsumstände (bei den Verfärbungen von Blättern etwa der Wechsel der Jahres-
zeiten).

Diese Regel ist, wie leicht zu erkennen ist, eine spezielle Version des allgemeinen Kausalprinzips. Wenn die Farbzustände eines Dinges sich ändern, ohne daß eine Änderung der Beleuchtungsumstände wahrnehmbar ist, als deren Wirkung die Änderung der Farbzustände angesehen werden kann, dann muß der Wechsel der Zustände nach dem allgemeinen Kausalprinzip oder dem Satz vom zureichenden Grund eine andere Ursache haben. Da der Zustand, in dem ein Ding sich zu einem bestimmten Zeitpunkt befindet, außer von dem «zugehörigen»[9] Umstand noch von jener Eigenschaft abhängt, deren Bekundung er ist, bleibt nur übrig, als diese andere Ursache eine Eigenschaftsänderung anzusehen. Mit Bezug auf die Eigenschaft der Farbe heißt das einfach: Wenn die farbige Erscheinung eines Dinges trotz gleichbleibender Beleuchtungsumstände sich ändert, dann heißt das eben, daß der Grund dafür eine Änderung der Dingfarbe ist (die natürlich ihrerseits ebenfalls auf einen Grund zurückzuführen ist).

Es muß nun noch auf einen Punkt aufmerksam gemacht werden, der für das Verständnis der Überlegungen Husserls zur Konstitution der Dingfarbe von größter Bedeutung ist. Die Erfahrung der Dingfarbe als Invariante im Beleuchtungswechsel setzt voraus, daß von den drei nach Husserl für die Dingkonstitution entscheidenden Parametern im Hinblick auf die Konstitu-

---

9 Die zu Dingzuständen einer bestimmten Art gehörigen äußeren Umstände sind jene, von denen die Zustände dieser Art kausal abhängig sind. Das sind zugleich jene Umstände, die nur die Zustände, in denen sich eine bestimmte Eigenschaft bekundet, nicht dagegen die Eigenschaft selbst, verändern können. Von diesen, zu den jeweiligen Zuständen gehörigen Umständen sind jene Umstände zu unterscheiden, die die Dingeigenschaft selbst unmittelbar kausal bestimmen können. Mit Rücksicht darauf habe ich vorgeschlagen (vgl. Rang 1990, S. 328), von Gegebenheitsumständen im Unterschied zu Bestimmtheitsumständen zu sprechen. Gegebenheitsumstände sind jene Art von Umständen, die einen kausalen Einfluß nur auf die *Gegebenheitsweise* einer Eigenschaft haben, also nur die Gegebenheitsweise der Eigenschaft, aber nicht diese selbst verändern können. Gegebenheitsumstände in diesem Sinne sind z. B. mit Bezug auf die Eigenschaft «Körperfarbe» die Beleuchtungsumstände, mit Bezug auf die Eigenschaft «Elastizität» die mechanischen Anstöße von außen, mit denen – um an Husserls angeführtes Beispiel nochmals anzuknüpfen – die Stahlfeder in Schwingung versetzt werden kann. Im Unterschied hierzu sind Bestimmtheitsumstände jene Art von Umständen, die einen kausalen Einfluß nicht auf den Gegenstand im Wie seiner Gegebenheitsweisen, sondern auf den Gegenstand im Wie seiner *Bestimmtheiten* haben. So ist die Wärme, der ein Ding ausgesetzt ist, sowohl mit Bezug auf die Eigenschaft der Farbe als auch mit Bezug auf die Eigenschaft der Elastizität ein Bestimmtheitsumstand, wie wiederum Husserls eigene Beispiele aus § 16 der «Ideen II» erkennen lassen: Bei Erhitzung der Stahlfeder durch Glühen verändert diese ihre Farbe und verliert – von einer bestimmten Temperatur an – die Eigenschaft der Elastizität. Um die hier liegende Aufgabe der konstitutiven Phänomenologie der *res materialis* wahrnehmen zu können, bedürfte es freilich einer – von Husserl nicht ausgeführten – Wesenslehre der Dingeigenschaften, die zur regionalen Ontologie des Dinges gehören würde.

tion der Dingfarbe nur die Begriffe der Eigenschaft und des Umstands, nicht aber der Begriff des Zustands, sich auf eine Farbe beziehen. Vielmehr muß sich das, was Husserl in der Konstitutionsanalyse des Zweiten Buches der *Ideen zu einer reinen Phänomenologie und phänomenologischen Philosophie* mit «sinnlichem Schema» und «Zustand» bezeichnet, für eine *Erscheinungsweise* der Farbe (im Katzschen Sinne) stehen, also nicht für eine Farbe. Mit anderen Worten: Die Ausdrücke «Zustand» beziehungsweise «sinnliches Schema» müssen Ausdrücke für das sein, was in der Terminologie der *Logischen Untersuchungen* «sinnliche Fülle» heißt und vom «gegenständlichen Sinn» beziehungsweise vom «Sinn der gegenständlichen Auffassung» strikt unterschieden wird. Nur dann kann die Dingfarbe, wie ausgeführt, sich als das Identische wechselnder Schemata oder Zustände konstituieren. Wenn Husserl die mit der Unterscheidung von gegenständlichem Sinn und sinnlicher Fülle festgeschriebene Differenz zwischen der Farbe selbst und ihrer Erscheinungsweise (Gegebenheitsweise) dadurch wieder aufweicht, daß er die Gegebenheitsweise der Dingfarbe «Empfindungsfarbe» und die Dingfarbe «Wahrnehmungsfarbe» nennt,[10] dann mißversteht er seinen eigenen Ansatz.

Um hier nochmals an das Kugelbeispiel der *Logischen Untersuchungen* anzuknüpfen:[11] Die Schatten (von Husserl «Abschattungen» genannt) und Glanzlichter auf der gleichmäßig rot gefärbten Kugel können allenfalls Empfindungsdaten, aber keinesfalls Empfindungs*farben* sein, sondern nur etwas, was den Eindruck einer roten Farbe vermittelt, ohne selber rot zu sein (und natürlich auch nicht grau oder weiß oder welche Farbe auch immer). Man sollte freilich nicht vergessen, daß noch Hering, wie ebenfalls schon erwähnt, Schwierigkeiten hatte, hier klar zu sehen und die Erscheinungsweisen der «wirklichen» Farben der Dinge auch als Farben bezeichnet, nämlich als die «zufälligen Farben» der Dinge.

Doch darf hier nicht übersehen werden, daß die von Hering und Husserl getroffene Unterscheidung zweier Arten von Farben auch ihr begrenztes Recht hat. Denn die Farbenkonstanz der Sehdinge ist nicht nur eine bloß angenäherte, sondern hat auch ihre definitiven Grenzen. Wenn, um auf ein schon einmal gebrachtes Beispiel zurückzukommen, ein grünes Blatt im Rot einer Dunkelkammerlampe schwarz erscheint, kann von einer Farbenkonstanz, und sei sie auch nur angenähert, keine Rede mehr sein. In diesem Fall ist der Farbzustand des grünen Blattes schwarz. Dieses Schwarz, das darf freilich ebenfalls nicht übersehen werden, hat allerdings auch *seine* Erschei-

---

10 Siehe oben, S. 42.
11 Siehe oben, S. 56f.

nungsweisen, die als solche nicht durch Farbwörter bestimmbar sind. Denn das unter diesen ungewöhnlichen Beleuchtungsverhältnissen erscheinende Schwarz macht noch immer den Eindruck einer Dingfarbe: es bedeckt die Oberfläche des Blattes, nimmt dessen räumliche Orientierung an und erscheint beleuchtet. Das ändert aber nichts daran, daß die grüne Farbe für die Wahrnehmung verschwunden und durch eine schwarze Farbe ersetzt worden ist. Nur für das Wissen, nicht mehr für das Sehen, ist die Blattfarbe nach wie vor grün. Es ist hier durchaus sinnvoll, das Schwarz des Blattes mit Hering dessen «zufällige» Farbe zu nennen oder mit Husserl – nicht ganz so sinnvoll – das Schwarz des Blattes als «empfundene» Farbe der «wahrgenommenen» Farbe des Dinges (die im Dunkelkammerlicht freilich nicht mehr wahrgenommen wird) gegenüberzustellen. Die Doppeldeutigkeit des Zustandsbegriffs im Hinblick auf die Konstitution der Dingfarben ist dadurch bedingt, daß in Husserls Theorie eine Erklärung für zwei verschiedene Phänomenbereiche gesucht wird: zum einen für das Phänomen der angenäherten Identität der Dingfarbe im Wechsel der Beleuchtung *innerhalb* der Grenzen der Farbenkonstanz und zum anderen für das Phänomen der Abhängigkeit der erscheinenden Dingfarbe von der Farbe der Beleuchtung *außerhalb* der Grenzen der Farbenkonstanz.

Es fällt auf, daß Husserl nicht wie Hering von einer «angenäherten» Farbenkonstanz spricht. Das erklärt sich daraus, daß es nicht Aufgabe der Phänomenologie sein kann, den empirischen Gesetzmäßigkeiten zwischen Beleuchtungsumständen und den Erscheinungsweisen der Körperfarben nachzugehen. Das zu tun bleibt der Wahrnehmungspsychologie und der Sinnesphysiologie vorbehalten. Es ist sogar so, daß in den von Husserl explizierten Wesensgesetzmäßigkeiten nicht einmal vorausgesetzt wird, daß es das Phänomen der Farbenkonstanz überhaupt gibt. Denn es liegt nach Husserl nicht im Wesen von Farbe, daß sie an materiellen Dingen realisiert sein muß. Eine Welt ohne Farbenkonstanz ist durchaus denkbar. Aber es ist undenkbar, daß in einer solchen Welt *Dinge* gesehen werden könnten. Genau dies ist implizit ja auch von Hering gegen Helmholtz betont worden: Eine derartige Welt würde uns über «Strahlungen», aber nicht über «Dinge» unterrichten.

Bernhard Rang

Literaturverzeichnis

Zitiert wird Husserl im laufenden Text unter Angabe der hinter den Titeln seiner Werke im nachstehenden Literaturverzeichnis angegebenen Siglen und der Seitenzahl; die Werke der übrigen Autoren werden im laufenden Text nach dem Jahr der Erscheinung mit nachgesetzter Seitenzahl zitiert.

Gelb, A.	«Die ‹Farbenkonstanz› der Sehdinge», in A. Bethe u. a. (Hg.), *Handbuch der normalen und pathologischen Physiologie*, Bd. XII, Berlin 1929, S. 594–678.
Goethe, J. W. v.	*Naturwissenschaftliche Schriften*, hrsg. v. R. Steiner, Dornach 1982 (GA 1a-e).
Helmholtz, H. v.	*Handbuch der physiologischen Optik*, Allgemeine Enzyklopädie der Physik Bd. X, hrsg. v. G. Karsten, Leipzig 1867.
ders.	*Handbuch der physiologischen Optik*, Hamburg/Leipzig 1896.
Hering, E.	*Zur Lehre vom Lichtsinne*, Sechs Mitteilungen an die Kaiserliche Akademie der Wissenschaften in Wien (aus den Jahren 1872–1874), Wien 1878.
ders.	*Zur Lehre vom Lichtsinne*, IV. Mitteilung: «Über die sogenannte Intensität der Lichtempfindung und über die Empfindung des Schwarzen», in: Sitzungsberichte d. kaiserl. Akademie d. Wiss. in Wien, Mathem.-Naturwiss. Classe, Abt. III, Band 69 (1874).
ders.	«Grundzüge der Lehre vom Lichtsinn», in: Graefe-Saemisch, *Handbuch der ges. Augenheilkunde*, Berlin 1925.
Husserl, E.	*Logische Untersuchungen*, Tübingen 1968, II. Band, I. Teil (zit. LU II/1), II. Band, II. Teil (zit. LU II/2).
ders.	*Ding und Raum*. Vorlesungen 1907, Husserliana XVI (zit. DR).
ders.	*Ideen zu einer reinen Phänomenologie und phänomenologischen Philosophie*, Erstes Buch: «Allgemeine Einführung in die reine Phänomenologie», Husserliana III/1 (zit. Id I).
ders.	*Ideen zu einer reinen Phänomenologie und phänomenologischen Philosophie*, Zweites Buch: «Phänomenologische Untersuchungen zur Konstitution», Husserliana IV (zit. Id II).
Katz, D.	*Die Erscheinungsweisen der Farben und ihre Beeinflussung durch die individuelle Erfahrung*, Zeitschrift f. Psychologie und Physiologie d. Sinnesorgane, Ergänzungsband 7, Leipzig 1911.
Ott, G./ Proskauer, H. O.	*Das Rätsel des farbigen Schattens. Versuch einer Lösung*, Basel 1979.
Rang, B.	*Husserls Phänomenologie der materiellen Natur*, Frankfurt/M. 1990.
Sedlmayr, H.	*Verlust der Mitte. Die bildende Kunst des 19. und 20. Jahrhunderts als Symptom und Symbol der Zeit*, Berlin 1956.
Steiner, R.	*Das Wesen der Farben,* Dornach 1980 (GA 291).

Die Wahrnehmung des fremden Ich nach der Theorie Max Schelers

Bernhard Rang

Im Winter des Jahres 1640/41 saß der französische Philosoph René Descartes in seiner Studierstube in Amsterdam und schrieb an seinem ersten großen Werk *Meditationen über die Grundlagen der Philosophie.* In der zweiten dieser Meditationen findet sich das bekannte Wachsbeispiel, anhand dessen Descartes zeigen möchte, daß die Sinneswahrnehmung das Wesen der Dinge nicht zu erfassen vermag: Das Wachs zeigt sich je nach den Umständen, denen es ausgesetzt ist, den Sinnen ganz verschieden: Auf dem Ofen schmilzt es und verliert sowohl seine äußere Gestalt wie seine Farbe; wieder abgekühlt, kann es zu jeder beliebigen Gestalt geformt werden usw. Was das Wachs ist, so Descartes' Schlußfolgerung, ist der Wahrnehmung verborgen, nur durch das Denken, genauer: durch das Urteil des Verstandes erfahren wir, was das Wachs ist. Mit anderen Worten: Nur durch das Urteil des Verstandes erfassen wir das Wachs selbst. Und darauf läßt Descartes die folgende Passage folgen, die ich Ihnen *in extenso* zitieren möchte: «Indessen wundere ich mich, wie sehr doch mein Denken zu Irrtümern neigt; denn wenngleich ich das Obige schweigend und ohne zu reden bei mir erwäge, bleibe ich doch an den Worten hängen und lasse mich beinahe durch den Sprachgebrauch beirren. Sagen wir doch: wir sehen das Wachs selbst, wenn es da ist, und nicht: wir urteilen nach der Farbe und der Gestalt, daß es da sei. Und daraus möchte ich am liebsten gleich schließen, daß man also das Wachs mit der Sehkraft der Augen und nicht mit der Verstandeseinsicht allein erkennt. Doch da sehe ich zufällig vom Fenster aus Menschen auf der Straße vorübergehen, von denen ich ebenfalls, genau wie vom Wachse, gewohnt bin zu sagen: ich sehe sie, und doch sehe ich nichts als die Hüte und Kleider, unter denen sich ja Automaten verbergen könnten! Ich urteile aber, daß es Menschen sind. Und so erkenne ich das, was ich mit meinen Augen zu sehen vermeinte, einzig und allein durch die meinem Denken innewohnende Fähigkeit zu urteilen.» (Descartes 1960, S. 28)

Wie Sie sehen, macht Descartes keinen Unterschied zwischen der Wahrnehmung von leblosen Dingen, wie zum Beispiel einem Stück Wachs, und beseelten Wesen, wie Menschen es sind. Zwischen personaler Wahrnehmung und Dingwahrnehmung wird nicht differenziert. Zweitens entnehmen wir der zitierten Stelle, daß die Wahrnehmung ihre Gegenstände nach Descartes gar nicht zu fassen bekommt: Erst das Urteil des Verstandes, das aufgrund wahrgenommener Sinnesinhalte gefällt wird, erfaßt die Gegenstände selbst.

Noch ein drittes Vorurteil Descartes' läßt sich der zitierten Stelle entnehmen. Wenn wir Menschen zu sehen vermeinen, sehen wir in Wahrheit nicht Menschen, sondern deren Hüte und Mäntel. Daß unter diesen Hüten und Mänteln ein beseeltes Wesen steckt, sehen wir, so meint Descartes, nicht, sondern wir erschließen es urteilsmäßig. Da wir in Mitteleuropa im allgemeinen nicht unbekleidet herumzulaufen pflegen, läuft dies auf die These hinaus, daß wir nur den Körper des anderen Menschen sehen und erst durch das Urteil des Verstandes zu der Annahme gelangen, daß zu diesem Körper auch eine Seele gehört. Das impliziert die Unmöglichkeit, an den Gedanken, Gefühlen und Wollungen der anderen Menschen unmittelbar, das heißt ohne die Wahrnehmung des Äußeren eines Menschen und darauf gebauter Verstandesschlüsse, teilzuhaben. So weit die unmittelbare Wahrnehmung überhaupt Seelisches zu erfassen vermag, so können wir die Auffassung Descartes' auch kennzeichnen, vermag sie nur die *eigenen* Erlebnisse und seelischen Gehalte (*modi cogitandi*) wahrzunehmen (*percipere*).

Erst in der Philosophie des Deutschen Idealismus sind diese Grundannahmen des Cartesianismus in Frage gestellt worden und ist die Erfassung einer anderen Person in einer Theorie der Intersubjektivität als ein philosophisches Problem *sui generis* erkannt worden. Doch diese im Rahmen der praktischen Philosophie, insbesondere der Rechtsphilosophie, erfolgende Thematisierung der Intersubjektivität wurde von der Philosophie des 19. Jahrhunderts nicht rezipiert.

Zum zweiten Mal in der Philosophie der Neuzeit wurde das angesprochene Thema um die Wende vom 19. zum 20. Jahrhundert von der Philosophie wieder aufgegriffen, und zwar im Zusammenhang mit dem Programm, die Psychologie zur philosophischen Fundamentalwissenschaft zu machen. Es wurde ein Standardthema von Grundlegungen der Psychologie zu Anfang unseres Jahrhunderts.

Die erste unter den damals im Umlauf befindlichen Theorien zur personalen Wahrnehmung ist unter dem Namen «Analogieschlußtheorie» diskutiert worden. Eine kurze und sehr präzise Kennzeichnung ihres Grundgedankens hat Rudolf Steiner zusammen mit einer ablehnenden Stellungnahme in einem Vortrag vom 22.7.1921 gegeben, der den Titel trägt: «Die zwölf Sinne des Menschen». Dort sagt er bei der Einführung des Begriffs des Ichsinns: «Es ist ja heute, wo in einem gewissen Sinne alle Dinge auf den Kopf gestellt werden, durchaus auch üblich geworden, zu sagen: Wenn wir dem fremden Ich gegenüberstehen, dann sehen wir zunächst die menschliche Gestalt. Wir wissen, daß wir diese menschliche Gestalt selber haben, daß bei uns diese menschliche Gestalt ein Ich beherbergt, und so schließen wir, daß auch in der uns ähnlich schauenden fremden menschlichen Gestalt ein Ich enthalten sei.» (Steiner 1991, S. 9) Darauf folgt als Kritik: «Es ist nicht das geringste wirkliche Bewußtsein von dem vorhanden, was in der ganzen Unmittelbarkeit der Wahrnehmung des andern Ich liegt, wenn man einen solchen Schluß zugrunde legt. Er ist völlig sinnlos. Denn genau in derselben Weise, wie wir unmittelbar der Außenwelt gegenüberstehen und ein gewisses Gebiet von ihr umfassen durch unseren Sehsinn, ebenso dringt in unser Erlebnisgebiet in unmittelbarer Weise hinein das fremde Ich. Wir müssen, wenn wir uns einen Sehsinn zuschreiben, uns so auch einen Ichsinn zuschreiben.» (Ebd.)

Es gab gute Gründe dafür, daß Steiner sich zur Zeit dieses Vortrags noch genötigt sah, diese Kritik der Analogieschlußtheorie vorzutragen. Denn obwohl diese überaus schwache und kurzschlüssige Theorie positivistischer Herkunft (Mill, Mach), die alle Vorurteile des neuzeitlichen Cartesianismus wiederholt, schon viele Jahre zuvor durch Philosophen und Psychologen widerlegt worden war, vor allem durch Theodor Lipps und Max Scheler, gab es in den zwanziger Jahren noch immer Anhänger derselben, die hartnäckig an ihr festhielten, wie zum Beispiel Erich Becher.

Die erste und gleich auch durchschlagende Kritik der Analogieschlußtheorie wurde von dem Münchener Philosophen und Psychologen Theodor Lipps entwickelt, und zwar in einer Abhandlung mit dem Titel: «Das Bewußtsein von fremden Ichen», die er im Jahre 1907 veröffentlicht hatte (vgl. ebd., S. 696–707).

Um Zeit zu sparen, gehe ich auf die Kritik Lipps' nicht näher ein, was auch um so weniger nötig ist, weil Max Scheler, mit dem ich mich im folgenden ausschließlich beschäftigen werde, die kritischen Argumente, die Lipps gegen die Analogieschlußtheorie entwickelt hatte, zustimmend übernahm und nur nicht mit der Art und Weise einverstanden war, wie Lipps das Problem der Erfassung des fremden Ich nun positiv zu lösen geglaubt hatte.

Max Scheler veröffentlichte 1913 eine Schrift mit dem Titel: «Zur Phänomenologie und Theorie der Sympathiegefühle und von Liebe und Haß. Mit einem Anhang über den Grund zur Annahme der Existenz des fremden Ich.» Ich beziehe mich im folgenden jedoch auf die zweite, stark erweiterte Auflage dieses Werkes, die Scheler im Jahr 1923 publiziert hat und die jetzt in Band 7 seiner «Gesammelten Werke» enthalten ist. In dieser Auflage des Sympathiebuches ist der Teil C überschrieben mit: «Vom fremden Ich. Versuch einer Eidologie, Erkenntnistheorie und Metaphysik der Erfahrung und Realsetzung des fremden Ich und der Lebewesen» (S. 209). Die Frage, die Scheler hier zur Diskussion stellt, lautet: Wie kommt es zur Annahme eines fremden Ich? Mit anderen Worten: Wie kommt es, daß ich mich nicht als «das» Ich weiß, sondern als «ein» Ich neben «anderen» Ichen? Diese Frage darf nicht mit der Frage verwechselt werden, ob in einem konkreten Fall etwas mir Begegnendes als ein Ich angesprochen werden darf. Zum Beispiel könnte man sich ja vorstellen, daß demnächst Roboter konstruiert werden, die auf der Straße herumlaufen und Menschen so ähnlich sehen, daß man sie auf den ersten Blick irrtümlich für Menschen zu halten geneigt ist. Bei der Entscheidung der Frage, ob diese Roboter Menschen sind oder nur so aussehen wie Menschen, setzt man aber schon voraus, daß es außer einem selbst noch andere Menschen gibt, das eigene Ich demnach nur «ein» Ich neben «anderen» Ichen ist.

Bevor Scheler mit der so präzisierten Fragestellung den Untersuchungsgang eröffnet, stellt er vorab in Form eines Gedankenexperiments noch eine andere Frage zur Entscheidung. Sie wird formuliert mit Hilfe der Fiktion eines erkenntnistheoretischen Robinson Crusoe. Robinson, der von Daniel Defoe geschaffene Romanheld, steht in diesem Gedankenexperiment für alle Arten von Einsiedlern und Eremiten, die in keiner faktischen Gemeinschaft mit anderen Menschen, für sich allein leben. Scheler fragt, ob ein solcher Robinson, wenn er – zum Beispiel durch eine Krankheit – das Gedächtnis und damit die Erinnerung daran verloren hätte, daß er einst unter anderen Menschen gelebt und nur durch einen Schiffbruch allein auf eine einsame Insel verschlagen wurde, sich einer Gemeinschaft von Menschen zugehörig wüßte oder ob das nicht der Fall wäre. Scheler meint nun, daß er sich einer Gemeinschaft zugehörig fühlte, obgleich er in keiner Gemeinschaft lebt und auch keine bestimmte (mehr) kennt. Ein faktisches Verhältnis zwischen dem Ich des fiktiven Robinson und einer Gemeinschaft besteht also nicht. Dennoch ist Scheler der Meinung, daß der so umfingierte Robinson sich bewußtseinsmäßig insofern auf mögliche Gemeinschaft bezieht, als er auf seiner sonst unbewohnten Insel das Bewußtsein hat, daß ihm in der isolierten Existenz auf seiner sonst unbewohnten Insel die Gemeinschaft mit anderen seinesgleichen *mangelt*. Es besteht, mit anderen Worten, von seiner Seite aus eine Intention auf Gemeinschaft, eine *Intention*, die freilich in seiner Situation sich nicht erfüllt. In diesem «*Leer*-bewußtsein» (S. 230), und das besagt: in dieser unerfüllten Intention, sieht Scheler eine «*Anschauungsgrundlage*» (S. 229) für die «*apriorische* Evidenz des Robinson von der Existenz irgendeines ‹Du› überhaupt und seiner Zugehörigkeit zu einer Gemeinschaft» (S. 229) des Wissens, das der fiktive Robinson von der Idee der Gemeinschaft hat. Diesem Robinson, so faßt Scheler seine Überlegungen hierzu zusammen, «würde [...] die höchst positive Anschauung und Idee von etwas aufgehen, *was als Sphäre des Du da ist – und wovon er nur kein Exemplar kennt*» (S. 230). Damit will Scheler sagen, daß es ein Wesensverhältnis zwischen Ich und Gemeinschaft gibt, das unabhängig davon ist, ob ein empirisches Verhältnis zwischen beiden besteht oder nicht. Diese Einklammerung des «Realitätskoeffizienten» in Schelers Gedankenexperiment macht deutlich, daß der erkenntnistheoretisch umfingierte Robinson bei Scheler die transzendentalphänomenologische Reduktion im Sinne Husserls vertritt. Wie bei Husserl ein Wesensverhältnis zwischen Bewußtsein und Welt besteht, unabhängig davon, ob die bewußtseinsmäßig intendierte Welt existiert, so besteht nach Scheler ein Wesensverhältnis zwischen Ich und intendierter Gemeinschaft, unabhängig davon, ob die vom Ich intendierte Gemeinschaft wirklich existiert oder nicht.

Nach diesem Präludium trägt Scheler in der Abteilung III von Teil C des Sympathiebuches seine eigene Auffassung vom Zustandekommen des Fremd-Ich-Bewußtseins vor. Er beginnt mit einer kritischen Durchleuchtung der zu seiner Zeit in der Diskussion befindlichen Auffassungen von der Entstehung dieses Bewußtseins. Gegen die Analogieschlußtheorie sprechen nach Scheler im wesentlichen drei Argumente. Diese Theorie geht davon aus, daß ich, wenn ich einen anderen Menschen sehe, aufgrund der bemerkten Ähnlichkeit der Gestalt, der Bewegungen und Gebärden meines Körpers mit der Gestalt, den Bewegungen und den Gebärden des Körpers des anderen schließe, daß analog zu meinem Körper auch der Körper des anderen von einem Ich beseelt ist. Um an ein Beispiel von Lipps anzuknüpfen: Wenn ich zornig bin, verziehe ich mein Gesicht in bestimmter Weise; wenn ich nun ein zorniges Gesicht sehe, schließe ich aufgrund der Ähnlichkeit meines Gesichts, wenn ich zornig bin, mit dem zornigen Gesicht, das ich vor mir sehe, daß dieses den Zorn eines anderen, von meinem Ich verschiedenen Ich zum Ausdruck bringt; auf diese Weise erfahre ich, daß ich nur «ein» Ich unter anderen, mir fremden Ichen bin. Darauf hatte schon Lipps eingewandt, und Scheler schließt sich hier Lipps vollkommen an, daß ich ja, wenn ich nicht gerade einen Spiegel zu Hilfe nehme, nicht weiß, wie mein Gesicht aussieht, wenn ich zornig bin. Wohl habe ich bei Zorn ein deutliches Bewußtsein von einer Verzerrung meines Gesichts, aber der Inhalt dieses Bewußtseins besteht in Gesichtsmuskelempfindungen, die keinerlei Ähnlichkeit mit dem Aussehen eines zornigen Gesichts haben. Es gibt also entgegen den Annahmen der Analogieschlußtheorie überhaupt keine Bewußtseinsinhalte, die den von ihr behaupteten Analogieschluß motivieren und rechtfertigen könnten.

Zweitens weist Scheler darauf hin, daß der Glaube an fremde seelische Existenzen «zweifellos auch bei Tieren [besteht], die sicher keine ‹Analogieschlüsse› machen» (S. 232).

Drittens – und das ist der eigentlich entscheidende Einwand gegen die Analogieschlußtheorie – muß man sich folgendes klarmachen. Nehmen wir an, es würde wirklich ein solcher Analogieschluß vollzogen, wie diese Theorie annimmt, so führte er dennoch nicht zu dem in Frage stehenden Inhalt, nämlich zur Annahme eines fremden Ich. «Denn logisch richtig [...] wäre ja der Analogieschluß nur dann, wenn er dahin lautete, daß, wenn gleiche Ausdrucksbewegungen da sind, wie ich sie vollziehe [indem ich zum Beispiel ein zorniges Gesicht mache, B. R.], auch *mein Ich hier noch einmal* vorhanden sei – *nicht aber ein fremdes und anderes Ich.* Soll der Schluß ein fremdes, von meinem Ich verschiedenes Ich setzen, so ist er ein falscher Schluß, eine quaternio terminorum» (S. 234). Die *quaternio terminorum* besteht darin, daß der Begriff des Ich hier in zwei Bedeutungen gebraucht wird, zum einen in der Bedeutung «mein Ich» und zum anderen in der Bedeutung «ein anderes Ich», und so zu den drei im Schluß zugelassenen Begriffen ein vierter unzulässigerweise hinzugefügt wird. Auch diesen dritten Einwand übernimmt Scheler von Lipps, der ihn in seiner Abhandlung von 1907 zum ersten Mal gegen die damals noch unbestrittene Analogieschlußtheorie vorgebracht hatte.

Doch die sogenannte Einfühlungstheorie, die Theodor Lipps an die Stelle der Analogieschlußtheorie setzen wollte, ist in den Augen Schelers ebenfalls unhaltbar. Der Grundgedanke der Lippsschen Theorie ist, daß bei der Begegnung mit einem anderen Menschen das eigene Ich und seine seelischen Regungen in den Körper des anderen Menschen, der allein sinnlich wahrnehmbar ist, «eingefühlt» werden, wobei das Vermögen der Einfühlung eine nicht weiter ableitbare Grundfähigkeit des Menschen darstellt, die instinktiv betätigt wird. Diese «ästhetische» Einfühlung bildet das Fundament für alle weitere Wahrnehmung des fremden Ich. (Michalski 1997, S. 84)

Scheler entwickelt seine eigene Auffassung durch eine Kritik, die in zwei Schritten erfolgt. Zuerst bringt er zwei Einwände gegen die Lippssche Einfühlungstheorie, um dann in einem zweiten Schritt zwei Voraussetzungen aufzuweisen, die der Analogieschlußtheorie und der Einfühlungstheorie gemeinsam sind, die aber, wie Scheler dann zu zeigen bemüht ist, einer phänomenologischen Analyse nicht standhalten.

Es sind zunächst zwei Einwände, die Scheler gegen die Einfühlungstheorie vorbringt, wobei es sich dabei um eine sinngemäße Übertragung des ersten und dritten vorhin schon gegen die Analogieschlußtheorie geltend gemachten Arguments handelt. Wie dem Analogieschluß der Inhalt fehlt, den ein solcher Schluß benötigt, so «ist zu fragen: Bei welchen objektiven Daten ist die Einfühlung des ‹Lebensgefühls› berechtigt?» (Scheler 1973, S. 236). Dieser erste Einwand läuft darauf hinaus, der Lippsschen Theorie ebenfalls den Zirkel nachzuweisen, den schon Prandtl in einer Schrift aus dem Jahre 1910 aufgewiesen hatte. «Was dazu veranlaßt, diesen und nicht jenen Komplex von Linien und Farben als einen nachzuahmenden aufzufassen, kann nichts anderes sein als der Umstand, ‹daß in diesem bestimmten Komplex eben ein ‚Mensch' steckt›, und das heißt, daß die Einfühlung, die doch aus der Nachahmung erst abgeleitet werden soll, bei deren Beginn ihr Werk bereits getan hat.» (Michalski 1997, S. 84)

Und wie der Analogieschluß, und damit kommen wir zum zweiten Einwand Schelers, so führt auch die Einfühlung «nicht zum Inhalt jener Annahme, der Existenz *fremder* Iche» (Scheler 1973, S. 236).

Daß Scheler gegen die von Lipps entworfene Einfühlungstheorie dieselben Einwände vorbringen kann wie gegen die Analogieschlußtheorie, ist insofern nicht verwunderlich, als beide Theorien von denselben Voraussetzungen ausgehen und damit stärker miteinander verwandt sind, als Lipps angenommen hatte.

Ich gehe jetzt zum zweiten Schritt der Kritik Schelers über, der in der phänomenologischen Destruktion des gemeinsamen Ausgangspunktes beider Theorien besteht. «Doch fragen wir nun», schreibt Scheler, «ob der zweifache Ausgangspunkt beider Theorien denn *phänomenologisch richtig* ist: 1. es sei *uns zunächst immer nur das eigne Ich* ‹gegeben›; 2. was uns von einem anderen Menschen ‹zunächst› gegeben sei, das sei allein die *Erscheinung seines Körpers*, dessen Veränderungen, Bewegungen usw., und erst fundiert auf diese Gegebenheit komme es – irgendwie – zur Annahme seiner Beseeltheit, zur Annahme der Existenz des fremden Ich.» (S. 238)

Was Scheler hier als die erste, als selbstverständlich gültige Voraussetzung beider Theorien nennt, ist eine Grundannahme der gesamten bisherigen Philosophie des Psychischen und der metaphysischen Tradition. Was uns in innerer, auf seelische Gehalte bezogener Wahrnehmung zunächst gegeben sei, das ist, so wurde bis zu Scheler immer angenommen, das eigene Ich und seine Inhalte. Was scheint selbstverständlicher als die Annahme, daß ich nur meine Gedanken denken, nur meine Gefühle fühlen und mir nur meines eigenen Wollens unmittelbar bewußt sein kann? Scheler ist der erste Philosoph, der das Recht zu dieser Annahme explizit in Frage stellt. Wenn wir uns nicht an überkommene metaphysische Vorurteile halten, sondern an unsere eigene Erfahrung, dann, meint Scheler, ist nichts «gewisser als dies, daß wir sowohl unsere ‹Gedanken› als die ‹Gedanken› anderer denken, unsere Gefühle wie die anderer (im Mitfühlen) fühlen können. Reden wir denn nicht Tag für Tag davon? Unterscheiden wir nicht fortwährend zum Beispiel ‹unsere› Gedanken und diejenigen, die wir gelesen haben oder die man uns mitteilte? ‹Unsere› Gefühle von solchen, die wir nur ‹nachfühlen› oder von denen wir (in nachträglicher Prüfung unbewußt) angesteckt waren? ‹Unser› Wollen von dem Wollen, dem wir nur ‹gehorchen› und das uns dabei ‹als› fremdes Wollen vor Augen steht [...]?» (S. 239) «Wir finden schon», fährt Scheler fort, «in diesen sehr trivialen Beispielen eine Reihe ‹möglicher› Fälle dessen, was hier ‹selbstverständlich› unmöglich sein soll. Es kann sein, daß unser Gedanke uns auch ‹als› unser Gedanke gegeben ist; der Gedanke eines anderen ‹als› der Gedanke eines anderen, zum Beispiel beim bloßen Verstehen einer Mitteilung. Das ist der normale Fall. Es kann aber auch sein, daß der Gedanke eines anderen nicht ‹als› solcher, sondern ‹als› unser Gedanke gegeben ist. Das ist der Fall z. B. bei sog. ‹unbewußten› Reminiszenzen an Gelesenes oder Mitgeteiltes. Es ist auch der Fall, wo wir durch echte Tradition angesteckt fremde Gedanken, zum Beispiel die unserer Eltern, Erzieher, für unsere eigenen Gedanken halten; wir denken sie dann (oder auch fühlen gewisse Gefühle) ‹nach›, ohne uns dabei der Funktion des Nach-denkens und Nach-fühlens phänomenal bewußt zu sein. Eben hierdurch sind sie uns ‹als unsere› gegeben. Es kann aber auch sein, daß ein Gedanke oder ein Gefühl, das unser ist, uns ‹als› Gedanke oder Gefühl eines ‹anderen› gegeben ist. So pflegten die mittelalterlichen Schriftsteller gerne eigene oder doch Gedanken ihrer Zeit in die Quellen und Schriften des klassischen Altertums ‹hineinzulesen›, zum Beispiel in Aristoteles christliche Ideengänge hineinzuinterpretieren. Während die neuere historische Tendenz darin besteht, Gedanken, die unbewußt aufgenommen und tausendmal gedacht sind, ‹als› eigene und neue Gedanken zu erleben und auszugeben [...]» (S. 239f.).

Es ist aber auch möglich, und damit nähert sich Scheler einer These, die wohl am meisten zum Mißverständnis seiner Lehre beigetragen hat, daß ein Erlebnis einfach gegeben ist, «*ohne noch sei es als eigenes oder fremdes gegeben zu sein* – wie es z. B. immer da zunächst ist, wo wir zweifeln, ob das eine oder andere der Fall ist» (S. 240). Im Anschluß hieran formuliert Scheler seine These über das, was zunächst gegeben ist, und die er dann in das Bild eines Erlebnisstroms faßt, der noch indifferent ist gegen die Unterscheidung zwischen dem eigenen und dem fremden Ich: «Nicht so also verhält es sich, daß wir, wie jene Theorien [gemeint sind Analogieschluß- und Einfühlungstheorie, B. R.] annehmen, aus einem ‹zunächst› gegebenen Material ‹unserer› Eigenerlebnisse uns Bilder der fremden Erlebnisse aufzubauen hätten, um diese Erlebnisse [...] dann in die körperliche [sic!] Erscheinungen der anderen einzulegen; sondern ein *in Hinsicht auf Ich-Du indifferenter* Strom der Erlebnisse fließt ‹zunächst› dahin, der faktisch Eigenes und Fremdes ungeschieden und ineinandergemischt enthält; und in diesem Strome bilden sich erst allmählich fester gestaltete Wirbel, die langsam immer neue Elemente des Stromes in ihre Kreise ziehen und in diesem Prozesse sukzessive und sehr allmählich verschiedenen Individuen zugeordnet werden.» (S. 240)

Dieses Bild von einem gegen die Unterscheidung von Ich und Du indifferenten Erlebnisstrom rief in der zeitgenössischen Diskussion sogleich massiven Protest hervor. Man sah darin eine metaphysische Konstruktion eines ichlosen, durch alle Menschen hindurchfließenden Erlebnisstroms, also etwas, das eher an die mittelalterliche averroistische Lehre von dem einen Geist für alle Individuen erinnerte als an das Resultat einer phänomenologischen, von der eigenen Erfahrung ausgehenden Analyse. Beispielsweise meinte Edith Stein, die Schülerin Husserls, in ihrer Dissertation zum Problem der Einfühlung, das von Scheler behauptete «ichlose Erleben» sei als unvorstellbar zurückzuweisen.

Doch diesen Vorwurf konnte man nur erheben, weil man den Text Schelers nicht genau genug gelesen hatte. Denn unmittelbar im Anschluß an das Bild vom indifferenten Erlebnisstrom stehen bei Scheler die folgenden Sätze: «Was aber immer als Wesenszusammenhang in diesem Prozesse fungiert, ist allein der Satz, daß 1. jedes Erlebnis *zu einem Ich überhaupt* gehört und, wo immer ein Erlebnis gegeben, auch ein Ich überhaupt mitgegeben ist; 2. daß dieses Ich wesensnotwendig ein *Ichindividuum* sei, das in jedem Erlebnis selbst gegenwärtig ist, sofern es adäquat gegeben ist, das also nicht erst durch deren ‹Zusammenhang› konstituiert ist [wie Hume angenommen hatte, B. R.]; 3. daß es *Ichheit und Duheit überhaupt gibt.* Aber welches Ichindividuum es sei, zu dem ein ‹erlebtes› Erlebnis gehört, ob es unser eigenes oder ein fremdes ist, das ist in der primären Gegebenheit der Erlebnisse nicht notwendig mitgegeben.» (S. 240)

Es kann also keine Rede davon sein, daß Scheler einen ichlosen Erlebnisstrom annimmt. Vielmehr läßt er erstens nur die Möglichkeit offen, daß man sich darüber täuschen kann, ob zum Beispiel ein Gedanke, den man hat, ein eigener oder ein von einem anderen bloß übernommener ist. Zweitens aber, und das ist noch viel wichtiger, will Scheler mit seiner These nur darauf aufmerksam machen, daß die Sphäre dessen, was das eigene Individuum ausmacht, überhaupt erst entsteht, indem man sich von den Meinungen und Gefühlen der Gemeinschaft (Familie, Gesellschaft, Staat), der man zugehört, allmählich absetzt und seinen eigenen persönlich gefärbten Standpunkt und seine individuelle Lebensweise gewinnt. Mit anderen Worten: Die sogenannte «Eigenheitssphäre», von der zum Beispiel Husserls Theorie der Intersubjektivität ausgeht, muß sich *gegen* die Intersubjektivität überhaupt erst ausbilden. Scheler schreibt: «‹Zunächst› lebt der Mensch mehr in den *anderen* als in sich selbst; mehr in der Gemeinschaft als in seinem Individuum. Belege hierzu sind sowohl die Tatsachen des kindlichen Lebens als die Tatsachen alles primitiven Seelenlebens der Völker.» (S. 241) Und nur in dem Maße, in welchem das Selbsteigene sich ausbildet, wird das Nichteigene überhaupt erst zum «Fremden»! «Es ist», so resümiert Scheler diesen Teil seiner Betrachtungen, «*eben derselbe Aktus der Unterscheidung in einem zunächst wenig geschiedenen Ganzen,* durch den uns *gleichzeitig das Eigene und das Fremde* zum klaren Bewußtsein kommt» (S. 244).

Mit dem Hinweis auf die ursprüngliche Nichtunterscheidbarkeit von eigenem und fremdem Seelenleben und der Einsicht, daß die Unterscheidbarkeit von beiden auf einer Genesis beruht, ist aber die Frage nach der Möglichkeit der Fremdwahrnehmung noch nicht hinreichend beantwortet. Ist es überhaupt möglich, «das Ich und Erleben eines *anderen* innerlich ‹wahrzunehmen›?» (S. 242). Die selbstverständlich verneinende Antwort, die auf diese Frage bisher immer gegeben wurde, resultiert nun nach Scheler auf einer mangelnden Unterscheidung zwischen «innerer Anschauung» und «innerem Sinn» (S. 243). Was mit den Termini «innerer Sinn» und «innere Anschauung» hier gemeint ist, erhellt aus einer späteren Stelle seiner Untersuchung, an der innere Wahrnehmung (= innere Anschauung) und innerer Sinn nochmals einander kontrastiert werden. «Es ist [...] nicht», heißt es da, «der Akt der inneren Wahrnehmung, der es zu seinem Wesen hätte, immer nur auf das seelische Erleben des Wahrnehmenden selbst gehen zu können – als fiele ‹innere Wahrnehmung› und ‹Selbstwahrnehmung› zusammen. Vielmehr behaupten wir, daß, vom Akt der inneren Wahrnehmung und seinem Wesen aus gesehen [...], jeder das Erleben der Mitmenschen *genau so unmittelbar (und mittelbar)* erfassen kann wie sein eigenes.» «Das ist allein die unaustilgbare Verschiedenheit der Leibzustände, insofern sie auch auf die Auswahl dessen bestimmend wirken, was da vom rein seelischen Leben in innerer Wahrnehmung erscheint – und welche in dieser Funktion ‹innerer Sinn› heißen –, was macht, daß dem B, auch bei demselben faktischen Erlebnis wie dem des A, immer ein anderes ‹Bild› von ihm gegeben ist als dem A» (S. 250).

Wie wir sehen, wird dem inneren Sinn hier von Scheler eine Art Filterfunktion zugesprochen. Der innere Sinn, heißt es an der eben zitierten Stelle, trifft eine «Auswahl» von Daten, die zu inneren Wahrnehmungen gelangen. Scheler macht hier Gebrauch von seiner Lehre, wonach nicht notwendig alle seelischen Regungen auch wahrgenommen werden, beziehen sich diese Regungen nun auf die eigene oder auf eine andere Person. Dahinter steckt die Vorstellung, daß die Wahrnehmung solcher Regungen dadurch eingeschränkt werden kann, daß man stark in seinem Leib, in seinem Körper lebt. Personen, die vorwiegend in ihrem Körper leben, werden in dem Maße, in dem sie es tun, für seelische Regungen und Erlebnisse unempfänglich. Das ist der Grund, warum Scheler an der zitierten Stelle, den inneren Sinn mit «Zuständen des Leibes» identifiziert. Was von den seelischen Erlebnissen zur inneren Wahrnehmung gelangt, hängt von den Zuständen des Leibes ab, in denen der Wahrnehmende sich jeweils befindet.

Fragt man, was Scheler hier mit diesen Zuständen des Leibes meint, stößt man auf eine neuerliche Unterscheidung, nämlich die zwischen sinnlichen und geistigen Gefühlen. Zu den sinnlichen Gefühlen zählen allgemein alle Organempfindungen wie zum Beispiel körperliche Schmerzen oder leibliche Lustempfindungen. Geistige Gefühle sind Liebe, Haß, Freude und Trauer. Was uns nun vom fremden Ich trennt, das sind allein die sinnlichen, auf die eigene Leiblichkeit bezogenen Gefühle: «Was wir durch Fremdwahrnehmung niemals ‹wahrnehmen› können, das sind allein die fremden erlebten *Leibzustände*, das heißt vor allem die Organempfindungen und die mit ihnen verknüpften sinnlichen Gefühle. Diese sind es, welche *diejenige* Art von Scheidung von Mensch zu Mensch bewirken, welche die obengenannten Theorien für das *Ganze* der seelischen Erlebnisse annehmen.» (S. 249) In diesem Zusammenhang kritisiert Scheler die Auffassung des zeitgenössischen Psychologen Münsterberg, das Psychische sei im Gegensatz zum Physischen dasjenige, was nur *einem* gegeben sein könne: «Wenn man – sehr irrig – versucht hat, das Psychische überhaupt vom Physischen dadurch abzuscheiden, daß man sagte: ‹psychisch› sei, was jeweilig ‹nur einem› gegeben sein könne, so gilt dieser Satz faktisch allein für die Organempfindungen und die sinnlichen Gefühle.» (Ebd.) In der Tat: Zahnschmerzen zum Beispiel sind etwas, was jeweils nur einer haben kann. Es ist mir ganz unmöglich, die Zahnschmerzen eines anderen mitzuempfinden und dadurch zu leiden wie er. Dagegen ist es mir sehr wohl möglich, an der Trauer einer mir nahestehenden Person über einen verstorbenen Anverwandten unmittelbar teilzuhaben und mitzutrauern. Das Beispiel von der Trauer stammt von Scheler selbst, und er kommt darauf wiederholt zurück, um zu betonen, daß es eine und dieselbe Trauer ist, die mehrere an dem Grab eines Verstorbenen stehende Menschen erleben können. Mit anderen Worten: Geistige Gefühle sind im Gegensatz zu sinnlichen Gefühlen, Schmerzzuständen usw. intersubjektiv identifizierbar. Während ich höchstens ähnliche Zahnschmerzen haben kann wie ein anderer, ist es sehr wohl möglich, daß ich genau dieselbe Trauer empfinden kann wie eine andere Person. Die Trauer des anderen, so drückt Scheler sich aus, kann unmittelbar «nachgefühlt» werden. Überhaupt ist jedes Mitgefühl ein Fall unmittelbarer und innerer Fremdwahrnehmung.

Ich bin jetzt am Ende der ersten Hälfte des zweiten Schrittes der Kritik Schelers an den beiden inkriminierten Theorien gemeinsamen, unhinterfragten Voraussetzungen angelangt. Die bisher vorgetragenen Überlegungen Schelers betrafen die erste dieser Voraussetzungen, nämlich die Annahme, jedem sei in innerer Wahrnehmung zunächst das eigene Ich und dessen Erlebnisse gegeben. Gehen wir nun zu der zweiten, sowohl der Analogieschlußtheorie wie der Einfühlungstheorie gemeinsamen Voraussetzung über, nämlich zu der Annahme, was uns von einem anderen Menschen ‹zunächst› gegeben sei, das sei allein die Erscheinung seines Körpers, dessen Veränderungen, Bewegungen usw., und erst fundiert auf diese Gegebenheit komme es «irgendwie zur Annahme seiner Beseeltheit, zur Annahme der Existenz des fremden Ich» (siehe oben, S. 77). Scheler hält, nachdem er sehr ausführlich die Kritik an der ersten Voraussetzung in dem Teil C des Sympathiebuches ausgestattet hat, die Ausführungen zur zweiten unhinterfragten Voraussetzung sehr knapp. Entgegen der Annahme, von einem anderen Menschen falle zunächst nur sein Körper in die Wahrnehmung und erst von der Körperwahrnehmung aus werde das Seelische erschlossen oder in die Körpererscheinung eingefühlt, zeigen «sehr einfache phänomenologische Betrachtungen [...], daß wir im Lächeln die Freude, in den Tränen das Leid und den Schmerz des anderen, in seinem Erröten seine Scham, in seinen bittenden Händen seine Bitte, in dem zärtlichen Blick seiner Augen seine Liebe, in seinem Zähneknirschen seine Wut, in seiner drohenden Faust sein Drohen, in seinen Wortlauten die Bedeutung dessen, was er meint, usw. direkt zu haben vermeinen» (S. 254). «Wer mir sagt», fährt Scheler fort, «das sei aber keine ‹Wahrnehmung›, da es keine sein ‹könne›, es könne aber keine sein, da eine Wahrnehmung nur ein ‹Komplex sinnlicher Empfindungen› sei und es sicher für Fremdpsychisches keine Empfindung gäbe – und sicher erst recht keine Reize –, den bitte ich, sich von so fragwürdigen Theorien doch zum phänomenologischen Tatbestand zurückzulenken.» (Ebd.) Scheler fordert den Leser auf, doch einmal die angeführten Beispiele für unmittelbare, nicht durch irgendwelche Schlüsse vermittelte Fremdwahrnehmung mit solchen zu vergleichen, wo tatsächlich Schlüsse ins Spiel kommen. «So zum Beispiel kann ich durch eine Reihe von Handlungen des Menschen, der kurz vorher mit mir sprach und dessen Gefühle und Absichten ich wahrzunehmen meinte, zu dem Schlusse gedrängt werden, daß ich ihn entweder mißverstand und mich getäuscht habe, oder daß er mich angelogen, beziehungsweise simuliert hat.» (Ebd.) Auch die Hüte und Mäntel, die Descartes aus seinem Fenster sah, könnten zum Motiv für Schlüsse auf Fremdseelisches werden. Aber in all diesen Fällen dient der Schluß ja nicht dazu, mich zu vergewissern, daß ich nicht wie der fiktive Robinson allein auf der Welt bin, sondern nur dazu, in einer konkreten Situation sicherzustellen, daß ich mich nicht getäuscht habe in meiner Wahrnehmung. Und sollten in vielleicht absehbarer Zukunft tatsächlich Roboter gebaut werden, die das Aussehen von Menschen haben, dann kann ich unter gewissen Umständen ebenfalls nur durch ein verstandesmäßiges Urteil oder einen Schluß sicherstellen, ob ich einen Roboter irrtümlich auf den ersten Blick für einen Menschen gehalten habe. Aber das ändert nichts daran, daß die innere Fremdwahrnehmung im Regelfall nicht an der Wahrnehmung des Körpers eines anderen Menschen ansetzt, sondern gleichsam durch diesen hindurch ins Innere des anderen zu blicken vermag,

Um mit einem schönen Beispiel Schelers für unmittelbare Fremdwahrnehmung zu schließen: «So sehe ich [...] nicht nur die ‹Augen› eines andern, sondern auch, ‹daß er mich ansieht›, ja selbst, ‹daß er mich so ansieht, als wolle er vermeiden, daß ich sehe, daß er mich ansieht›!» (S. 254f.)

Literaturverzeichnis

Descartes, R.   *Meditationen über die Grundlagen der Philosophie*, Hamburg 1960.

Lipps, Th.   «Das Bewußtsein von fremden Ichen», in: *Psychologische Untersuchungen*, Band 1, Heft 4, 1907.

Michalski, M.   *Fremdwahrnehmung und Mitsein. Zur Grundlegung der Sozialphilosophie im Denken Max Schelers und Martin Heideggers*, Bonn 1997.

Scheler, M.   *Gesammelte Werke*, Band 7, «Wesen und Formen der Sympathie» (= 6., durchgesehene Auflage von «Phänomenologie und Theorie der Sympathiegefühle»), Bern 1973.

Steiner, R.   *Menschwerden, Weltenseele und Weltengeist*, Dornach 1991 (GA 206).

Die personale Wahrnehmung des anderen Menschen

Ernst-Michael Kranich

Jede Begegnung mit einem Menschen ist ein an Eindrücken reiches Geschehen. Man erlebt den lebendig wechselnden Ausdruck im Antlitz, in den Gebärden und im Klang der Stimme. In der Haltung empfindet man etwas von der Gestimmtheit und dem Charakter des anderen. Man begegnet ihm besonders im Blick. Und durch seine Worte erfährt man manches von dem, was ihn im Innern bewegt. In eine Begegnung spielt vieles hinein, was ihr eine bestimmte Färbung gibt: Gefühle, Stimmungen, Erwartungen und Wünsche. Meinungen und Urteile schaffen Nähe oder Distanz. Frühere Erfahrungen bestimmen die innere Einstellung zum anderen. Man kann auch wie Martin Buber fragen, bis in welche Tiefe eine Begegnung dringen kann. Objektives und Subjektives vermischen sich in vielfältiger Weise.

Es gibt aber etwas Elementares. Das ist die Wahrnehmung des anderen Menschen. Sie geht dem Urteil, der subjektiven Einstellung und der Empathie voraus, auch wenn man sie im Moment der Begegnung oft kaum von den eigenen Sympathien, Antipathien, Beurteilungen usw. zu trennen vermag. Man ist in die Begegnung verflochten. Dennoch kann man mit einiger Besonnenheit das Subjektive von dem Objektiven trennen. Was man dann in der Begegnung erfährt, ist die Grundlage des Sozialen, das heißt jener Beziehung, in der der andere in seiner Eigenheit ernstgenommen wird. Die Bedingung für eine solche Beziehung verlangt das, was Edmund Husserl Epoché nennt, unvoreingenommene Zuwendung.

Die noch immer vorbildlichen Analysen Max Schelers in den letzten Kapiteln seines Werkes *Wesen und Formen der Sympathie* haben die verworrenen Ansichten über jene Prozesse, die der Begegnung mit einem anderen Menschen zugrunde liegen sollen, beseitigt. (Scheler 1973) Man ist berechtigt, von personaler Wahrnehmung zu sprechen. Bei Scheler und andern, die sich mit der Wahrnehmung des anderen Menschen befaßt haben, bleiben aber zwei Fragen offen: die nach den Sinnesmodalitäten und die nach den Sinnesorganen der personalen Wahrnehmung.

Meines Wissens hat sich Rudolf Steiner als erster detailliert mit diesen Fragen auseinandergesetzt und im Bereich der personalen Wahrnehmung drei Modalitäten unterschieden. Die frühesten Darstellungen stammen aus den Jahren 1909 und 1910. Es folgen weitere zwischen 1916 und 1921, jeweils unter einem etwas anderen Aspekt. Es gibt allerdings von Steiner selbst keine ausführliche und systematische Ausarbeitung. Diese Aufgabe ist erst durch

Hans Erhard Lauer (1977) und Hans Jürgen Scheurle (1984) in Angriff genommen worden. Im folgenden werde ich in knappen Zügen die Modalitäten und Sinnesorgane der personalen Wahrnehmung skizzieren. Dabei werden sich an einigen Stellen Differenzen gegenüber den Darstellungen von Lauer und Scheurle ergeben.

*

Herbert Hensel hat schon vor längerer Zeit pointiert darauf hingewiesen, daß eine «Lehre von der Sinneswahrnehmung [...] ihrem Wesen nach [...] nur eine philosophische, im engeren Sinn eine phänomenologische sein» kann (Hensel 1962, S. 748). Sie ist durchaus auf empirische Untersuchungen angewiesen, kann aber nicht nur Gegenstand der naturwissenschaftlichen Forschung wie der Physiologie sein, weil an der Sinneswahrnehmung immer auch das empfindende Subjekt beteiligt ist. Das gilt in besonderer Weise für unser Thema. Und nur durch eine phänomenologische Betrachtung kann man im Bereich der personalen Wahrnehmung mit der nötigen Klarheit die Modalitäten und dann auch ihre Organe voneinander abgrenzen.

Bevor wir uns dieser Aufgabe zuwenden, ist es zweckmäßig, als Grundlage für die folgenden Betrachtungen kurz darzulegen, durch welche Eigenschaften ein Organ Sinnesorgan ist, das heißt zum Wahrnehmen bestimmter Modalitäten geeignet, und welcher Art die seelischen Vorgänge sind, durch die der Mensch zu einem Sinnenerlebnis kommt.

Zu diesen beiden Fragen hat sich Steiner in seinem Buch *Von Seelenrätseln* in knapper Form geäußert. «Was im Sinn geschieht ist etwas, das gar nicht unmittelbar dem Organismus angehört. In die Sinne erstreckt sich die Außenwelt wie in Golfen hinein in das Wesen des Organismus.» – In das Auge das Licht und die Farben, die von den Körpern der Umgebung ausgehen; in das Ohr die Töne und Geräusche im Medium der Schallwellen. Das ist nur möglich, weil in den Sinnesorganen das Eigenleben des Organismus so weit abgedämpft ist, daß Orte entstehen, in denen die aus der Umgebung stammenden Qualitäten als solche anwesend sein können. Im Sinnesteil des Auges und des Ohres zum Beispiel tritt das Eigenleben so weit zurück, daß die Sinnesorgane wie physikalische Apparate der Aufnahme der von außen kommenden Sinnesqualitäten dienen. Steiner fährt fort: «Indem die Seele das im Sinne vor sich gehende Geschehen umspannt, nimmt sie nicht an einem inneren organischen Geschehen teil, sondern an der Fortsetzung des äußeren Geschehens in den Organismus hinein.» (Steiner 1976, S. 158).

Der Begriff des Umspannens enthält folgende Qualitäten: Ein Sich-Anschmiegen an ein anderes – so wie man mit der Hand einen Gegenstand umfaßt und dadurch seine Form in der Gebärde der Hand empfindet; und ein Sich-Hinwenden zum anderen, bei dem es nicht um ein Selbsterleben des Subjektes wie im Gefühl von Freude oder Hoffnung geht. Es ist nicht das Gefallen an der roten Farbe, sondern das Empfinden der glühenden Aktivität dieses bestimmten Rots. Im Zustand der Selbstvergessenheit kommt die Seele zum Mitleben der in die Sinne aufgenommenen Qualität. Es handelt sich um eine innere Regsamkeit, die man wohl am besten als *mitvollziehende Regsamkeit* bezeichnen kann.

So geht es bei unserem Thema also um zwei Hauptfragen: Welches sind die Modalitäten der personalen Wahrnehmung? Wie verlaufen bei diesen Modalitäten die Vorgänge des Hereindringens in den Organismus und das selbstvergessene Mitleben mit dem Aufgenommenen?

*

Ein erster Bereich ist die Sprache des anderen. Ich meine die Sprache als solche; also nicht das Gesagte, sondern das Gesprochene: die Worte mit ihren Lauten und die Stimme, die den Worten und Lauten eine individuelle Färbung gibt. Man hört in der Stimme und dem Sprachrhythmus, der sogenannten Prosodie, die Überraschung, die sichere Behauptung, die Frage, innere Wärme, schneidende Kälte usw. Nun ist ein Laut etwas anderes als ein Ton oder ein Geräusch und ein Wort etwas anderes als eine Melodie oder eine Folge von Geräuschen. Ein Beispiel möge das in Kürze erläutern: Vor mehreren Jahre spielte sich zwischen einem achtjährigen Mädchen, seiner Mutter und dem jüngeren vierjährigen Bruder etwa folgendes Gespräch ab; am Morgen war das Mädchen in der Schule gewesen und hatte dort unter anderem eine Stunde Französisch gehabt. Die Mutter zu dem Mädchen: «Was habt ihr heute in der Französisch-Stunde gelernt?» Das Mädchen: «Lumière.» – «Weißt du, was *lumière* heißt?» – «Ja, *lumière* heißt Licht.» In diesem Moment werden Blick und Miene des kleinen Jungen unzufrieden und ablehnend. «Was meinst du?» fragt ihn die Mutter. Der Junge recht apodiktisch: «*Lumière* heißt nicht Licht!» Die Mutter geht auf diese unerwartete Äußerung ein. «Was heißt denn *lumière* – weißt Du das?» Die Antwort des Kindes: «*Lumière* heißt Schimmer.»

Dieser Junge hat das Wort *lumière* nicht als ein Bezeichnendes (Zeichen), sondern als Wort aufgefaßt, und zwar in seinem Unterschied zum Wort Licht: In *lumière* hört man nicht das helle i wie in Licht, sondern das ü, das in seinem Lautcharakter zwischen dem i und dem dunklen Vokal u steht. Lumière enthält nicht das kraftvoll strömende ch, sondern das verhaltene m. Und an die Stelle des hart auftreffenden, konturierten t in Licht empfindet man das etwas unbestimmt ausklingende -ière. Wenn *Licht* das hellstrahlende Licht ist, dann ist *lumière* etwas Gedämpftes, weniger Klares; es ist wie der Schimmer des Lichtes, in einem Nebel vielleicht. Ein Laut wie l, ch, m oder wie i und o ist im Gegensatz zu den Tönen der Musik eine tönende Gebärde beziehungsweise eine gebärdenhafte Bewegung. Wie eine Gebärde als Ausdrucksgestalt einen Anfang und ein Ende hat, sind Laute zeitlich begrenzt; die Töne der Musik haben eine beliebige Zeitdauer. Die Laute, vor allem die Vokale, haben wohl eine musikalische Komponente, unterscheiden sich aber von den Tönen der Musik deutlich durch das Fehlen der klaren Intervalle und ihre Formanten, die bei einer Frequenzanalyse sichtbar werden.

Ein Wort ist eine Gestalt, deren Glieder die tönenden Gebärden der Laute sind (siehe Porzig 1967, Kap. IV, 4). Man empfindet im Hören unmittelbar etwas von dem gebärdenhaften Charakter der Worte. Eine «schnelle Antwort» ist etwas anderes als eine «rasche Antwort». Ein Nashorn kann sich auf eine kürzere Distanz wohl *schnell,* nicht aber *flink,* bewegen: «schn...» ist eine andere Bewegungsgebärde als «fl...». Das «fl...» ist durch das «f» Ausdruck von leichter, ungehemmter Bewegung, durch das «l» Ausdruck von Beweglichkeit, die nicht nach außen geht, sondern in sich verläuft.

Laute und Worte sind eine andere Modalität als Töne, Melodien und Harmonien. Wenn es um die Modalitäten der personalen Wahrnehmung geht, muß man Musik und Sprache als zwei verschiedene Bereiche unterscheiden. So ist auch das Wahrnehmen von Sprache ein anderer Prozeß als das Wahrnehmen von Geräuschen. Das wird in den meisten Darstellungen nicht genügend berücksichtigt beziehungsweise überhaupt nicht bemerkt. In dem bekannten Werk *Die Lautgestalt der Sprache* von Roman Jakobson und Linda Waugh findet man in dem Kapitel über «Die Sprachwahrnehmung» Hinweise auf das in der Kindheit früh auftretende Vermögen, Sprache wahrzunehmen, und die Entwicklung dieser Fähigkeit. Was aber die dem Spracherwerb vorausgehende Sprachwahrnehmung selbst ist, wird nicht thematisiert. Das liegt wohl an der Auffassung, das Organ der Sprachwahrnehmung sei der Hörsinn. So behauptet Rainer Klinke in der neuesten Auflage eines bekannten Physiologie-Lehrbuches, daß das wichtigste Kommunikationsmittel die Sprache sei, und schreibt: «So ist der Hörsinn der wichtigste Sinn des Menschen.» (Klinke 1995, S. 313) Es wird zwischen den Modalitäten nicht unterschieden und dem Hörsinn neben dem Wahrnehmen von Tönen, Geräuschen usw. auch die Wahrnehmung von Lauten, Wörtern und Sprache zugeschrieben. Sicher kann man ohne den Hörsinn die Sprache eines anderen Menschen nicht wahrnehmen. Damit ist aber noch nicht gesagt, daß der Hörsinn auch das Sinnesorgan für die Sprache ist.

Nun kennt man seit den 60er Jahren Phänomene, die zeigen, daß der Hörsinn für das Wahrnehmen von Sprache nur eine vermittelnde Funktion hat.

Das geht aus Untersuchungen hervor, die vor allem William Condon durch-
geführt hat. Er hat Menschen beim Sprechen und beim Zuhören mit einer
schnell laufenden Kamera (48 Bilder pro Sekunde) gefilmt und die Serie der
Bilder in einem mühevollen Verfahren analysiert. Auf diese Weise konnte er
feststellen, daß der Mensch unentwegt winzige Bewegungen ausführt
(Condon/Ogston 1966), daß aber auch am zuhörenden Gesprächspartner
nach einer Latenzzeit von 50 Millisekunden die gleichen Bewegungen zu beobachten sind (Condon/Ogston 1971). Weder der Sprechende noch der
Zuhörende haben ein Bewußtsein von diesen mit der Sprache synchron verlaufenden Bewegungen ihres Leibes, die vom Kopf bis zu den Füßen reichen.
Ein kleiner Ausschnitt aus einem Gespräch zwischen zwei Erwachsenen
diene als Beispiel. Der eine spricht das Wort «why» aus. Als er den Anfang
«w» artikuliert, treten folgende Mikrobewegungen auf: «[...] his head moves
right, forward and down slightly, ‹while› his eyes begin to close for an eye
blink, ‹while› his brows move up slightly, ‹while› his mouth opens, ‹while› his
trunk moves forward and right, ‹while› his right shoulder is locked (no
detectable movement), ‹while› his elbow, right wrist and fingers also move in
given, sustained directions. Almost all these directions of movement are
sustained precisely across the ‹w›. (Some movements are sustained for a
slightly longer interval, but when they do change it is in concert with the other
changes then occurring.)» (Condon/Ogston 1971, S. 154f.)

Beim gleichen Laut sind die Bewegungen bei verschiedenen Menschen
gleich, auch bei Menschen aus verschiedenen Völkern und Kulturkreisen. Am
kleinen Kind kann man schon am ersten Lebenstag, wenn zu ihm gesprochen
wird, diese Bewegungen feststellen (Condon/Sander 1974). Kinder mit
schweren Störungen (Autismus, Schizophrenie, Legasthenie usw.) zeigen Abweichungen gegenüber der normalen Folge der Mikrobewegungen (Condon
1975).

Diese feinen, rasch wechselnden, mit der Sprache so eng korrelierten
Bewegungen stehen offensichtlich mit dem Wahrnehmen von Sprache in Be-
ziehung; denn auch derjenige, der spricht, muß seine Sprache hören, um die
Artikulation, Lautstärke und Modulation regulieren zu können.

Die Mikrobewegungen sind Gebärden, die im Ansatz stehenbleiben; sie
sind nichtausgeführte Gebärden. Das verdeutlicht, was beim Wahrnehmen
von Sprache, das heißt beim Wahrnehmen von Lauten und Worten geschieht.
Beim Hören nimmt man die Laute und Worte nicht nur in das Innenohr und
von dort in die Zentren der akustischen Verarbeitung auf. Es besteht offensichtlich eine intermodale Verknüpfung über das Rückenmark mit der gesamten Bewegungsmuskulatur. Und hier im Bewegungssystem vollzieht man
in den unwillkürlichen Gebärden der Mikrobewegungen die Lautgebärden

des Wortes mit. Würde man die Gebärden wie in den normalen Ausdrucksbewegungen ausführen, so würde man sich in dem Bewegungsvollzug erleben. Dieses Selbsterleben muß unterdrückt werden, wenn es zum mitvollziehenden Wahrnehmen der Laute und Worte kommen soll. Die Bewegungen und die Bewegungsaktivität sind so stark abgeschwächt, daß man nicht
sich als Akteur erlebt, sondern in den von außen angeregten Mikrobewegungen den gebärdenhaften Charakter der Laute und Worte erfaßt. Es
handelt sich also um eine unbewußt verlaufende Aktivität des hörenden
Menschen.

Dieses Herabdämpfen der Eigentätigkeit findet man auch in anderen
Sinnesbereichen. So nimmt man die Formen der Gegenstände dadurch wahr,
daß man sie durch die sakkadischen Augenbewegungen nachvollzieht, ohne
daß diese dem Betrachter bewußt werden. Das beruht darauf, daß der Aug-
apfel von der Tenonschen Kapsel weitgehend umschlossen wird und innerhalb der Tenonschen Kapsel in einer Flüssigkeit nahezu schwerelos und
praktisch reibungslos bewegt wird. So ist die Eigenaktivität bei der Augen-
bewegung so gering, daß sie zur unbewußt verlaufenden mitvollziehenden
Regsamkeit wird.

Ganz analog ist es beim Wahrnehmen der Laute und Worte. Dadurch, daß
die Gebärden ganz im Ansatz zurückgehalten sind, kommt es zu der Selbstvergessenheit, in der man nicht sich, sondern das andere miterlebt. Die
unbewußt bleibende Aktivität der Mikrobewegungen, in denen die Laute der
Sprache unbewußt mitgelebt werden, ist die mitvollziehende Regsamkeit des
Sprachsinnes.

Das entspricht ziemlich genau der Beschreibung des Sprachsinns von
Steiner. In seinen ersten Darstellungen (1909, 1910) hat er durch eine phänomenologische Analyse der Modalitäten den Sprachsinn vom Gehörsinn abgegrenzt. In einer späteren Darstellung (1916) heißt es: «Wir könnten keine
Worte verstehen, wenn wir nicht in uns einen physischen Bewegungsapparat
hätten. Wahrhaftig, insofern von unserem Zentralnervensystem die Nerven
zu unserem gesamten Bewegungsvorgang ausgehen, liegt darinnen auch der
Sinnesapparat für die Worte, die zu uns gesprochen werden. [...] der in sich
bewegbare Mensch: Sinnesorgan für die Worte.» (Steiner 1978, S. 243)

*

Die Wahrnehmung der Sprache und der Stimme ist eng verknüpft mit der
Wahrnehmung der Gebärden, der Miene und der Physiognomie. In den Gebärden erfaßt man unmittelbar den Ausdruck von Zuwendung, von Zurück-
haltung, von Zustimmung und Ablehnung, von Bedächtigkeit, Entschieden-

heit usw. Das ist eine intimere Wahrnehmung als die der bloß äußeren Armbewegung und Armhaltung. Äußere Bewegung und Haltung werden, wie das bereits erwähnt wurde, dem Menschen durch die Augen- beziehungsweise Blickbewegungen bewußt, mit denen er den Formen und Bewegungen nachgeht. Dieses unwillkürliche Mitvollziehen mit den Augen ist ein Teil des Bewegungssinnes. Dieser vermittelt nur die äußere räumliche Konfiguration, nicht aber die Wahrnehmung des Ausdrucks. Wenn ein Mensch die Armbewegung eines anderen wahrnimmt, kann man in seinem eigenen Arm im Elektromyogramm eine unbewußt bleibende Aktivierung der Muskulatur nachweisen, die nicht in eine äußere Bewegung übergeht (siehe Hommel und Stränger 1994, S. 572). Ähnlich wie bei dem Wahrnehmen von Sprache wirkt die Wahrnehmung von Geste und Gebärde in die Muskulatur der Arme und Hände hinein und löst hier eine mitvollziehende Regsamkeit aus, durch die man den Ausdruck wahrnimmt.

Bei der Wahrnehmung des menschlichen Gesichtes ist die Auffassung der äußeren Form und des beseelten Ausdrucks, das heißt die Differenz von zwei Modalitäten, deutlich unterscheidbar. Bei der Prosopagnosie, einer seltenen Störung, können Menschen diesen Ausdruck nicht mehr wahrnehmen. Für diese Menschen sind «alle Gesichter gleich und eigentümlich ausdruckslos». Die Patienten haben aber «keine Schwierigkeiten beim Erkennen von Objekten und können auch einzelne Personen visuell erkennen, wenn ihnen dabei andere als physiognomische Merkmale zu Hilfe kommen, zum Beispiel eine besondere Brille, Barttracht oder Kopfbedeckung» (Orgass 1982, S. 133). Prosopagnosie tritt bei Schädigung im rechten Parietallappen des Vorderhirns auf. Diese Gehirnregion hat eine zentrale Stellung in der Verknüpfung von drei Sinnesmodalitäten: dessen, was man sieht, was man hört und der eigenen Körperbewegung. Bei Prosopagnosie fällt offensichtlich der Zusammenhang von visueller Wahrnehmung und Bewegungsmuskulatur aus. Zu dieser gehört auch die mimische Muskulatur, mit der das Neugeborene schon am zweiten und dritten Lebenstag ganz unwillkürlich den Ausdruck im Antlitz seiner Mutter nachahmt: das Stirnrunzeln, die Überraschung, das Lächeln. Diese frühe Nachahmung weist darauf hin, daß eine intermodale Verknüpfung zwischen dem Sehen und der mimischen Muskulatur besteht (siehe Hommel und Stränger 1994, S. 570). So kommt es beim Betrachten eines Antlitzes in der eigenen mimischen Muskulatur zu einem selbstvergessenen Mitvollziehen, durch das man den physiognomischen Ausdruck im Antlitz des anderen Menschen wahrnimmt.

Bei der Wahrnehmung von Sprache, Gebärde und physognomischem Ausdruck des Antlitzes handelt es sich um ein unmittelbares Auffassen von Ausdruck in gebärdenhafter Gestaltung, das heißt um die gleiche Modalität in drei verschiedenen Manifestationen. Hierauf hat Steiner schon 1910 hingewiesen:

«Auch die Geste, Mimik, das Physiognomische führt zuletzt auf ein Einfaches, Unmittelbares, das ebenso in das Gebiet des Sprachsinnes gerechnet werden muß wie der Inhalt des hörbaren Lautes.» (Steiner 1970, S. 37)

*

Der Sprachsinn erschließt also einen differenzierten Bereich der personalen Wahrnehmung. Dieser erweitert sich, wenn man im Gespräch die Gedanken des anderen Menschen kennenlernt. Man äußert seine Gedanken in der Regel durch die Sprache, kann sie aber auch in einem gewissen Umfang durch Gesten ausdrücken. So führt die Frage nach dem Auffassen der Gedanken zu einem viel diskutierten Thema: der Beziehung zwischen Wort und Begriff beziehungsweise zwischen Sprache und Gedanke. Der bisherige Gang unserer Betrachtung enthält bereits eine erste Klärung. Er läßt deutlich zwischen dem Wort als Lautgestalt und der mit diesem Wort verknüpften Vorstellung beziehungsweise dem bei diesem Wort gedachten Begriff unterscheiden. Lew Semjonowitsch Wygotski beschreibt, daß die äußere lautliche und die innere semantische Sinnseite der Sprache sogar eigenen Entwicklungsgesetzen folgen (Wygotski 1969, S. 300ff.). Besonders klar zeigt sich die Grenze zwischen Sprachwahrnehmung und dem Verstehen der durch die Sprache geäußerten Gedanken an der sensorischen Aphasie. Menschen mit schwerer sensorischer Aphasie hören die Sprache des anderen, verstehen aber nicht, was gesagt wird. Das Auffassen der durch Sprache vermittelten Gedanken ist bekanntlich an bestimmte Regionen des Gehirns gebunden. Um die Aussage eines Menschen zu verstehen, muß man sich die Bedeutung der Wörter (Semantik) und die gedankliche Verknüpfung (Syntax) zum Bewußtsein bringen. Die neurologische Grundlage für das Sprachverstehen ist aber nicht, wie es vielfach dargestellt wird, das Wernicke-Zentrum. Dieses dient nach neueren Untersuchungen offensichtlich der semantischen Komponente des Sprachverstehens, das Broca-Zentrum der syntaktischen Komponente. (Friederici 1996) Es gibt bei der sensorischen Aphasie eine Anzahl von Phänomenen, die auf eine gestörte Beziehung zwischen Denken und Sprechen hinweisen. Der Patient kann seine Gedanken nicht mehr richtig in der Sprache ausdrücken. Sätze brechen ab oder werden nicht der Logik entsprechend gebildet. «Es war in der Nacht muß das gewesen sein.» (Huber, Poeck, Weniger 1982, S. 92) Zwischen dem Wahrnehmen von Sprache und dem Auffassen der Gedanken besteht offensichtlich ein ähnliches Verhältnis wie zwischen Hörsinn und Sprachsinn. Der Sprachsinn ist lediglich Medium, innerhalb dessen sich das unmittelbare Verstehen der Gedanken vollzieht. Bei konzentriertem Zuhören, das sich ganz auf den Inhalt richtet, kann man bemerken, wie das Bewußtsein gegenüber der Sprache zurücktritt. Das Wahrnehmen von Sprache und das der Gedanken haben eine unterschiedliche Intentionalität.

Was ist aber genau Gegenstand des Auffassens von Gedanken? Es ist nicht das Gleiche, ob man der Schilderung von Ereignissen folgt oder einem Gedanken. Man lese die beiden folgenden Texte, wie wenn man einer Rede folge, das heißt ohne Unterbrechung, bei der man über den Inhalt nachdenken könnte. Der erste Text ist der Beginn von Eduard Mörikes Novelle «Maler Nolten»:

«Ein heiterer Juniusnachmittag besonnte die Straßen der Residenzstadt. Der ältliche Baron Jaßfeld machte nach längerer Zeit wieder einen Besuch bei dem Maler Tillsen, und nach seinen eilfertigen Schritten zu urteilen, führte ihn diesmal ein ganz besonderes Anliegen zu ihm. Er traf den Maler, wie gewöhnlich nach Tische, mit seiner jungen Frau in dem kleinen, ebenso geschmackvollen als einfachen Saale, dessen antike Dekoration sich gar harmonisch mit den gewöhnlichen Gegenständen des Gebrauchs und der Mode ausnahm. Man sprach zuerst in heiterm Tone über verschiedene Dinge, bis die Frau sich in Angelegenheiten der Haushaltung entfernte und die beiden Herren allein ließ.» (Mörike 1981, S. 425)

Der zweite Text sind einige Sätze aus der «Summa theologica» von Thomas von Aquin.

«Es hat den Anschein, die Tapferkeit rage hervor unter allen Tugenden. Denn Tugend ist bezogen auf das Schwere und auf das Gute. In der Tapferkeit aber geht es um das Schwerste. Also ist sie die größte unter den Tugenden. – Darauf ist zu sagen: Das Wesen der Tugend liegt mehr im Guten als im Schweren. Die Größe einer Tugend ist daher mehr zu bemessen nach dem Begriff des Guten als nach dem des Schweren.» (*Thomas-Brevier*, S. 161)

Die Schilderung Mörikes regt vor allem die Phantasie an. Es entsteht eine Fülle innerer Bilder, die bei verschiedenen Menschen sicher recht unterschiedlich sind. Bei den Sätzen des Thomas von Aquin ist die Aufmerksamkeit eine andere. Man ist veranlaßt, ganz eng bei den Formulierungen zu bleiben. Es ist weder Anlaß noch Zeit für eigene Phantasiebilder. Man ist ganz auf das Auffassen des Gedankens konzentriert. Wenn man einer Schilderung folgt, lebt man weitgehend in der eigenen Phantasie- und Vorstellungswelt. Hört man einem Gedankengang zu, muß man das eigene Urteilen unterdrücken. Sonst verliert man den Gedankenfaden und lebt in der eigenen Gedankenbildung. Dem Gedanken des anderen kann man nur in wacher Aufmerksamkeit und im Zustand der Selbstvergessenheit gegenüber der eigenen Denktätigkeit folgen. Es handelt sich offensichtlich um einen Vorgang des Wahrnehmens.

In welcher Form tritt dem Zuhörenden der Gedanke des anderen entgegen und wie faßt er ihn auf? Man äußert Gedanken in Sätzen und Satzfolgen. In der Art, wie die Worte in den Sätzen gefügt und die Sätze miteinander verknüpft werden, ist der Gedanke enthalten. Der Gedanke ist weder neben der Sprache noch in ihr. In geringer Modifizierung einer Formulierung von Wygotski kann man sagen: Der Gedanke entfaltet sich in der aktuellen Fügung der Worte und Sätze (Wygotski 1969, S. 301). Dieser in der Zeit verlaufenden Fügung der Sprache folgt der Zuhörer mit voller Aufmerksamkeit. Die Sätze des Thomas von Aquin kann man nur verstehen, wenn in der eigenen Gedankenwelt die Begriffe Mut, Tugend, Gutes usw. vorhanden sind. Das Verstehen ist aber weit mehr als eine Folge von Assoziationen zwischen Worten und Vorstellungen beziehungsweise Begriffen, wie man früher meinte; denn ein Gedanke ist ein logisches Gebilde. Es trifft aber auch nicht zu, «daß die vorkonstruierten Beziehungen zwischen den Bedeutungen in unserer Auffassungsleistung aktiv nachkonstruiert werden» (Kainz 1965, S. 469). Denn in einem solchen aktiven Nachkonstruieren würde man sich aus der selbstvergessenen Aufmerksamkeit lösen. Beim Verstehen der Gedanken eines anderen kommt wohl der ganze Kosmos der eigenen Gedankenwelt in Regsamkeit. Nur mit ihm kann man die Gedanken eines anderen Menschen auffassen. Das geschieht aber nicht durch aktives Denken, sondern in einem weitgehend unwillkürlich verlaufenden Prozeß. Detlef Hardorp schreibt: Man muß «zwei Dinge klar auseinanderhalten: erstens, das eigene Denken, das als innere *Tätigkeit* unseres Seelenlebens Begrifflichkeit beim Erkennen der Welt entfaltet [...]; zweitens, der aus Denktätigkeit entstehende Begriffsorganismus, der gerade durch das *Zurückhalten eigener* Denktätigkeit sich momentan nach außen öffnen und so zum Organ für die Denkbewegung eines *anderen* Menschen werden kann» (Hardorp 1986, S. 838).

Scheurle bringt im Gegensatz zu dem hier Dargestellten Wort und Gedanke in eine unmittelbare Verbindung und spricht von einem Wortsinn oder Gedankensinn. Es ist sicher richtig, daß man beim Hören eines Wortes «durch gleichzeitiges Mitdenken von Gedanken und Vorstellungen» bereits «Wortinhalte und Bedeutungen» erfaßt (Scheurle 1984, S. 163). Wenn jemand das Wort *Vogel* hört, wird er sich einen Vogel vorstellen oder in aller Kürze einen entsprechenden Gedanken bilden. Dabei kann man aber zwischen dem Hören des Wortes, das heißt einer Wahrnehmung, und der eigenen Vorstellungs- oder Gedankenbildung, die gerade keine Wahrnehmung ist, unterscheiden. Bei dieser handelt es sich um das Bewußtsein des selbstgebildeten Inhaltes. Scheurle bezeichnet dieses Bewußtsein der eigenen Vorstellungs- oder Gedankenproduktion als «innere Wahrnehmung» (S. 163). Es ist aber unmöglich, dieser sogenannten «inneren Wahrnehmung» den Charakter einer Sinnesmodalität zuzusprechen. Auf die mangelnde Abgrenzung des Bewußtseins von der eigenen seelischen und geistigen Betätigung und der Wahrnehmung des anderen Menschen trifft man an verschiedenen anderen Stellen bei Scheurle (S. 171f., S. 173ff.). – Was Wahrnehmung von Gedanken oder Begriffen ist, beginnt nicht, wenn ein anderer nur ein Wort, sondern erst wenn er einen Satz, ein Satzgefüge oder eine Folge von Sätzen ausspricht.

Während man dem Gedankengang eines anderen folgt, lebt an seinen Wort- und Satzfügungen aus dem eigenen Gedankenorganismus ein Begriff nach dem anderen und eine Verknüpfung nach der anderen auf. Das geschieht mit großer Regsamkeit, ohne das Bewußtsein von einer Eigentätigkeit. Was da im Menschen beim Zuhören auflebt und sich zu einem Ganzen verknüpft, ist bestimmt durch die Wort- und Satzfügung, in der das Denken des anderen tätig ist. So bestimmt das Denken des anderen das lebendige Reagieren des eigenen Gedankenorganismus. Auf diese Weise entsteht beim aufmerksamen Zuhören im eigenen Bewußtsein ein Gedanke, von dem man unmittelbar weiß: In diesem Gedanken wirkt das Denken des anderen Menschen. Was ich wahrnehme, ist nicht mein Gedanke, sondern der seinige. In dem selbstvergessenen lebendigen Reagieren des eigenen Gedankenorganismus nimmt man in mitvollziehender Regsamkeit den Gedanken des anderen Menschen wahr. Diese Wahrnehmung hat Steiner in verschiedener Weise bezeichnet, als Gedankensinn (1916, 1919), als Begriffssinn (1909, 1910) und als Denksinn (1916, 1918). In seinem philosophischen Hauptwerk *Die Philosophie der Freiheit* weist er auf die Tiefe der personalen Begegnung beim Wahrnehmen der von einem anderen ausgesprochenen Gedanken hin. Indem der Mensch das Denken des anderen in seinem Denken als Erlebnis wie sein eigenes begreift, ist «die Trennung zwischen den beiden Bewußtseinssphären tatsächlich aufgehoben». Denn die Wahrnehmung kommt dadurch zustande, «daß sich an die Stelle meines Denkens das andere Denken setzt» (Steiner 1978, S. 260f.). So wäre ein echtes Gespräch eine Art geistiger Kommunion.

*

Nun nimmt man in der Sprache eines Menschen nicht nur den seelischen Ausdruck der Stimme, die Eigenart der Artikulation, den Sprachrhythmus usw. wahr und in den Gedanken nicht nur die Aussage und die Art der Gedankenfolge. Diese Äußerungen können dadurch eine besondere Prägnanz haben, daß das Ich des anderen Menschen mit seinen Intentionen und seiner individuellen Kraft und Bewußtheit in ihnen gestaltend wirkt. So sprechen Scheler und Steiner von der Ich-Wahrnehmung und Buber von der Du-Wahrnehmung. Was ist Gegenstand dieser Wahrnehmung? Scheler meint, daß man auch an den «Zeichen und Spuren seiner geistigen Tätigkeit [...] ohne weiteres ein tätiges individuelles Ich» (Scheler 1948, S. 261) erfasse. An einem Kunstwerk erlebt man wohl, daß es von dem Ich des Künstlers gestaltet wurde; man begegnet beim Betrachten des Werkes aber nicht diesem Ich selbst. Die Taten eines Ich sind Wirkungen ohne die Anwesenheit dieses Ich.

Wir müssen zunächst der Frage nachgehen: Wie wirkt und manifestiert sich das Ich durch seinen Leib? Denn die Begegnung mit dem Ich eines anderen Menschen ist ein konkretes Geschehen, das sich an einem bestimmten Ort und zu einem bestimmten Zeitpunkt ereignet. Sie ist leibhaftig und etwas anderes als die innere Erfahrung des eignen Ich zum Beispiel in der Selbstreflexion.

Wenn das Kind im ersten Lebensjahr Schritt um Schritt die vertikale Haltung erringt, dann ergreift es aus seinem individuellen Bemühen seinen Leib in der Auseinandersetzung mit der Schwere. Erwin Straus schreibt: «Immer ist die aufrechte Haltung Gegenrichtung gegen die niederziehenden Kräfte; sie sind stets mit am Werk; ohne sie wäre die aufrechte Haltung nicht, was sie ist. Sie ist ein Überwinden bis ans Ende.» (Straus 1980, S. 439). In diesem Überwinden ist der Mensch aus der Kraft seines Willens tätig, das heißt aus jener Kraft, die er in jedem Moment aus sich selbst erzeugt.

Dabei stellt er unentwegt durch feine Ausgleichsbewegungen die Gleichgewichtslage her. So ist mit der vertikalen Haltung eine doppelte Erfahrung gegeben: Ich bin ganz aus mir selbst tätig und ich bin – in der vertikalen Gleichgewichtslage – in mir zentriert. Die vertikale Haltung ist also die Manifestation eines Wesens, das sich ganz aus sich in seiner Mitte erfaßt. Dieses Wesen ist das Ich.

Man kann bis in Einzelheiten verfolgen, wie in der frühen Kindheit mit dem Erringen der aufrechten Haltung Umbildungen im Leib des Kindes einhergehen, in denen die Signatur des Ich sichtbar wird (Kranich 1993).

Wenn der Mensch steht, ist er aktiv und befindet sich zugleich im Zustand völliger Ruhe. Die Beine sind ganz durchgestreckt. So tragen vor allem die Knochen den Rumpf; die Muskulatur ist in den Beinen z. T. entlastet. Der Rumpf wird in der Hüfte mit einem Minimum an Kraft im Gleichgewicht balanciert. Und die Auseinandersetzung mit der Schwere im Bereich der Wirbelsäule wird partiell durch den Bänderapparat geleistet. Schließlich befindet sich der Kopf durch die Lage des Foramen magnum annähernd im Gleichgewicht zwischen vorn und hinten. So sind in der vertikalen Haltung Aktivität und Passivität in einer spezifischen Weise miteinander verknüpft.

Durch die Ruhe der vertikalen Haltung kann der Mensch den Impuls für eine Bewegung ganz aus sich setzen; und durch die Entlastung der Muskulatur beziehungsweise des Willens ist die Richtung der Betätigung nicht festgelegt, sondern frei von innen bestimmbar. Diese Offenheit und Bestimmbarkeit der Willensorganisation ist die Voraussetzung für die Wahrnehmung des anderen Ich. Das sei durch einige Beispiele erläutert.

Wenn ein Mensch aus einem bewußten Entschluß mit der Hand einen Gegenstand ergreift, ist er aus seinem Ich tätig. Durch das Gewicht kann dieser Gegenstand auf die Gleichgewichtshaltung einen Einfluß ausüben; er wirkt dann auf das in der Haltung tätige Ich. Nun ergreift der Mensch nicht nur Gegenstände, er gibt auch dem anderen die Hand zur Begrüßung. Er erlebt dabei, daß der andere auf den Willen in der eigenen Hand eine Wirkung ausübt. Er empfindet nicht nur den Druck, sondern den Zugriff, das heißt die innere Dynamik des tätigen Willens. In der Ich-Tätigkeit des eigenen Zugreifens erfährt er das Ich des anderen, das in dessen Hand wirkt. Man läßt beim Händegeben den Willen des anderen in den der eigenen Hand hineinwirken; in diesem Moment greift man selbst zu. Dadurch wirkt in meinen stärker werdenden Willen die zunehmende Willenskraft des anderen. So ist der Händedruck bei einer Begrüßung oder der Bekräftigung einer gemeinsamen Absicht eine gegenseitige Ich-Wahrnehmung. In solchen Situationen sind die Hände Organe des Ich-Sinnes.

Aber auch andere vom Ich durchwirkte Bereiche und Teile des Leibs können der Wahrnehmung des anderen Ich dienen. Im aufmerksamen Betrachten eines Gegenstandes ist das Ich im Blick tätig. Man ist mit dem Ich ganz dort, zum Beispiel beim Antlitz eines Menschen und beim seelischen Ausdruck. Eine völlig neue Situation tritt in dem Augenblick ein, in dem sich der andere mir zuwendet und mich anblickt. Ich nehme nun seinen Blick in meinem Blick wahr. Was ich da wahrnehme, ist nicht nur die Verwunderung oder Freundlichkeit, sondern auch die Intensität seines Blickens, das heißt sein Ich. Bei dieser Begegnung berührt ein Ich das andere.

Diese Begegnung hat in der menschlichen Entwicklung eine besondere Bedeutung. Sie ist für den Säugling die Brücke zur äußeren Welt. Das Interesse gilt zunächst dem, was seinem inneren Wesen am meisten verwandt ist: dem Antlitz der Mutter, ihrer Stimme und besonders ihrem Blick. «Noch sind bestimmte Grenzen für ihn [den Säugling] unüberwindbar, da er weder nach Dingen greifen, noch sie nehmen oder hergeben kann. Er kann auch noch nicht deuten oder zeigen, und er ist weder zu Fragen noch zu Erklärungen imstande. Statt dessen ist er gefangen in der unerschöpflichen Fülle und Intensität dieser vorsprachlichen Welt und der in ihr existierenden unverfälscht-spontanen Beziehungen zwischen ‹Ich› und ‹Du›. [...] Erst wenn das Kind den ‹reinen› zwischenmenschlichen Kontakt beherrscht, können andere Dinge dazukommen» (Stern 1991, S. 56, 57). Schon 1913 hat Scheler geschrieben, «daß unsere Überzeugung vom Dasein des fremden Ich tiefer und früher ist als unsere Überzeugung vom Dasein der Natur» (Scheler 1948, S. 281).

Die Wahrnehmung des anderen Ich im Blick verläuft ähnlich der beim Händegeben. Zunächst bin ich vom Blick des anderen betroffen. Ich erlebe nur das Ich in seinem Blick, das Angeschautwerden. Dann erwidere ich sofort den Blick, indem ich die Intensität meines Blickens steigere. Andernfalls, wenn ich den Blick nicht ertrage, wende ich mich ab.

Steiner beschreibt 1919 die Ich-Wahrnehmung in einem Vortrag mit folgenden Worten:

«Sie nehmen den Menschen wahr eine kurze Zeit; da macht er auf Sie einen Eindruck. Dieser Eindruck stört Sie im Inneren: Sie fühlen, daß der Mensch, der eigentlich ein gleiches Wesen ist wie Sie, auf Sie einen Eindruck macht wie eine Attacke. Die Folge davon ist, daß Sie sich innerlich wehren, daß Sie sich dieser Attacke widersetzen, daß Sie gegen ihn innerlich aggressiv werden. Sie erlahmen im Aggressiven, das Aggressive hört wieder auf.» (Steiner 1992, S. 126)

Man wendet nach kurzer Zeit unwillkürlich den Blick ab oder zieht die Hand zurück. In der kurzen ersten Phase befindet man sich im Zustand der Selbstvergessenheit und ist dadurch offen für die Wirkung des anderen Ich. Dann erfaßt man dessen Intensität in der zunehmenden eigenen Aktivität. Das ist wiederum eine Form der mitvollziehenden Regsamkeit: Das blickende Auge gehört wie die Hand zum Organ des Ich-Sinnes – nicht wenn es Farben und Formen der Dinge wahrnimmt, sondern wenn der Blick dem des anderen begegnet. Man muß zwischen dem Sehsinn für das Wahrnehmen von Farben, dem Bewegungssinn für das Wahrnehmen der Formen und dem Ich-Sinn unterscheiden.

Ein weiter Bereich der Ich-Wahrnehmung hat seine Voraussetzungen in der Wechselwirkung zwischen dem Wahrnehmen vertikaler Strukturen und der vertikalen Haltung. Wenn man eine vertikale Struktur wahrnimmt, hält man sich sicher im Gleichgewicht. Und die vertikale Richtung erfaßt man nur dadurch, daß man in der eigenen Haltung die Richtung der Gravitation im Erleben des Gleichgewichts empfindet. Im Zustand der Schwerelosigkeit gibt es die vertikale Richtung nicht mehr (Furrer 1987, S. 48f.). Diese Wechselwirkung beruht auf den intermodalen Verknüpfungen zwischen dem Auge, dem Gleichgewichtsorgan und der Wahrnehmung der Körperhaltung (Propriozeption).

Bei der Begegnung mit einem Menschen nimmt man dessen vertikale Haltung wahr. Wie bei der Wahrnehmung eines Baustammes wird das in der eigenen Körperhaltung tätige Ich aktiviert. Man empfindet aber nicht nur die vertikale Orientierung. Man erlebt, «daß das Stehen auch einen Ausdrucksgehalt haben kann, und zwar nicht nur den einer Stimmung oder Gemütsbewegung, sondern daß sich auch die Persönlichkeit als solche darin ausdrücken kann» (Buytendijk 1956, S. 83). Zu der üblichen Aktivierung der Ich-Tätigkeit im Halten des Gleichgewichts tritt noch etwas hinzu. Man erlebt in der eigenen Haltung, wie sich der andere Mensch aus der Kraft seiner Persönlichkeit, das heißt aus der Kraft seines Ichs, hält. Seine Haltung wirkt unwillkürlich in die eigene Haltung hinein. Dadurch nimmt man in der Tätigkeit des eigenen Ich wahr, wie sein Ich in seiner Haltung tätig ist. – In ähnlicher Weise erfaßt man, wie das Ich des anderen in seinen Bewegungen und Tätigkeiten anwesend ist.

An diesen wenigen Ausschnitten aus dem weiten Feld der Ich-Wahrnehmung wird deutlich, was das Organ dieser dritten Modalität personaler Wahrnehmung ist. Es ist der menschliche Leib, insofern dieser in seiner Konfiguration vom Ich geprägt und vom Ich tätig ergriffen wird.

*

Bei dem Gang unserer Betrachtungen sind wir verschiedentlich (S. 89, 91, 98) auf *intermodale Verknüpfungen* gestoßen. Sie verbinden im Leib des Menschen (durch das Nervensystem) die verschiedenen Sinnesbereiche und sind die Grundlage dafür, daß man das freundliche Antlitz und in der sicheren Haltung das Ich des anderen Menschen wahrnimmt. Diese Wahrnehmung sind *Synästhesien* wie der helle Ton oder das warme Rot; Synästhesien sind eine fundamentale Tatsache der menschlichen Wahrnehmung (siehe Böhme 1995, S. 85ff. und Rittelmeyer 1996 und 1997). Sie liegen im Gegensatz zu den intermodalen Verknüpfungen im Bereich des Bewußtseins beziehungsweise des seelischen Erlebens.

Wir haben bisher die drei Bereiche des Sprach-, Gedanken- und Ich-Sinns voneinander getrennt betrachtet. Das ist für eine phänomenologische Abgrenzung der Modalitäten und das Auffinden der Sinnesorgane notwendig. In der Begegnung mit einem Menschen vereinigen sie sich zusammen mit anderen Sinnen in der Wahrnehmung dieses Menschen. Nach der Analyse der zunächst etwas diffusen Wahrnehmung in die verschiedenen Modalitäten muß der Mensch nach Steiner «in die Lage kommen können, daß er sich die Dinge aus den Bestandteilen», den Wahrnehmungen durch die verschiedenen Sinne, «wieder zusammensetzt. Dadurch nimmt er teil an dem inneren Leben der Dinge» (Steiner 1992, S. 131). Das gilt besonders auch für die Wahrnehmung des Menschen. Durch den Sehsinn nimmt er alles, was Farbe ist, wahr; durch den Bewegungssinn die Formen und äußeren Bewegungen, durch den Gleichgewichtssinn die vertikale Haltung. Das ist die äußere Wahrnehmung des Leibs ohne das innere seelische Wesen. Dieses nimmt er durch den Sprachsinn in der Stimme, der Artikulation der Sprache, in den Gebärden und im Antlitz wahr. Durch den Gedankensinn begegnet er dem Denken des anderen Menschen und durch den Ich-Sinn dem vielfältigen Wirken seines Ich. Durch die Synthese der verschiedenen Sinne begegnet man dem ganzen Menschen: dem Menschen als leiblichem Wesen, das eine Seele in sich trägt; als Wesen, das geistige Zusammenhänge in einem Gedanken erfaßt und aus dem Zentrum eines Ich tätig ist. Durch diese höhere Form der «Synästhesie», das Zusammenwirken der Sinne, kommt man zu einer in sich differenzierten *Gesamtwahrnehmung* des Menschen.

Literaturverzeichnis

Böhme, G.	*Atmosphäre. Essays zur neuen Ästhetik*, Frankfurt/M. 1995.
Buber, M.	«Ich und Du», in: Martin Buber, *Das dialogische Prinzip*, Gerlingen 1994.
Buytendijk, F. J. J.	*Allgemeine Theorie der menschlichen Haltung und Bewegung*, Berlin/Göttingen/Heidelberg 1956.
Condon, W. S.	«Multiple Response to Sound in Dysfunctional Children», in: *Journal of Autism and Childhood Schizophrenia*, Vol. 5, 1975.
Condon, W. S./ Ogston, W. D.	«Sound Film Analysis and Pathological Behavior Pattern», in: *Journal of Nervous and Mental Disease*, Vol. 143, Nr. 4, 1966.
Condon W. S./ Ogston, W. D.	«Speech and Body Motion Synchrony of the Speaker-Hearer», in: D. L. Horton and J. J. Jenkins (Hg.), *Perception of Language*, Columbus/Ohio 1971.
Condon, W. S./ Sander, L. W.	«Synchrony Demonstrated between Movements of the Neonate and Adult Speech», in: *Child Development*, Vol. 45, 1974.
Friederici, A.	«Auf der Suche nach den neuronalen Grundlagen der Sprache», in: *Universitas*, Heft 6 1996.
Furrer, R.	«Raumerfahrung in der Schwerelosigkeit», in: *Spektrum der Wissenschaft*, 2/1987.
Hardorp, D.	«Denksinn oder Intuition», in: *die Drei*, 11/1986.
Hensel, H.	«Sinneswahrnehmung und Naturwissenschaft», in: *Studium Generale*, Heft 12, 1962.
Hommel, B./ Stränger, J.	«Wahrnehmung von Bewegung und Handlung», in: *Wahrnehmung*, Enzyklopädie der Psychologie, Göttingen/Bern/Toronto/Seattle 1994.
Huber, W./Poeck, K./ Weniger, D.	«Aphasie», in: K. Poeck (Hg.), *Klinische Neuropsychologie*, Stuttgart/New York 1982.

Jakobsen, R./ Waugh, L. R.	*Die Lautgestalt der Sprache*, Berlin/New York 1986.
Kainz, F.	*Psychologie der Sprache*, Band 3, Stuttgart 1965.
Klinke, R.	«Hören und Sprechen», in: R. Schmidt/G. Thews (Hg.), *Physiologie des Menschen*, Berlin/Heidelberg/New York 1995.
Kranich, E. M.	«Das Ich in der Entwicklung des Kindes», in: S. Leber (Hg.), *Waldorfschule heute*, Stuttgart 1993.
Lauer, H. E.	*Die zwölf Sinne des Menschen*, Schaffhausen 1977.
Mörike, E.	«Maler Nolten», in: E. Mörike, *Sämtliche Werke in vier Bänden*, 2. Band, München/Wien 1981.
Orgass, B.	«Agnosie», in: K. Poeck (Hg.), *Klinische Neuropsychologie*, Stuttgart/New York 1982.
Porzig, W.	*Das Wunder der Sprache*, Berlin, München 1967.
Rittelmeyer, Chr.	«Synästhesien. Entwurf zu einer empirischen Phänomenologie der Sinneswahrnehmung», in: K. Mollenhauer und Chr. Wulf, *Aisthesis/ Ästhetik*, Weinheim 1996.
ders.	*Der urteilende Leib. Empirische Materialien zu einer pädagogischen Ästhesiologie*, Göttinger Beiträge zur erziehungswissenschaftlichen Forschung 14, 1997.
Scheler, M.	*Gesammelte Werke,* Band 7, «Wesen und Formen der Sympathie», Bern 1973.
Scheurle, H. J.	*Die Gesamtsinnesorganisation. Überwindung der Subjekt-Objekt-Spaltung in der Sinneslehre*, Stuttgart/New York 1984.
Steiner, R.	*Anthroposophie. Ein Fragment*, Dornach 1970 (GA 45).
ders.	*Die Philosophie der Freiheit*, Dornach 1978 (GA 4).
ders.	*Das Rätsel des Menschen. Die geistigen Hintergründe der menschlichen Geschichte*, Dornach 1978 (GA 170).
ders.	*Von Seelenrätseln*, Dornach 1976 (GA 21).
ders.	*Allgemeine Menschenkunde als Grundlage der Pädagogik*, Dornach 1992 (GA 293).
Stern, D.	*Tagebuch eines Babys*, München 1991.
Straus, E.	«Die aufrechte Haltung», in: W. Bräutigam (Hg.), *Medizinisch-psychologische Anthropologie,* Darmstadt 1980.
Thomas-Brevier	Zusammengestellt, verdeutscht und eingeleitet von J. Pieper, München 1956.
Wygotski, L. S.	*Denken und Sprache*, Frankfurt/M. 1969.

Nach Fertigstellung des Manuskripts erschien das Werk *Der Sprachsinn* von Peter Lutzker, Stuttgart 1996. Es enthält keinen Gesichtspunkt, der einen Anlaß gäbe, das von mir Dargestellte zu modifizieren.

Kommunikative Atmosphären

Jochen Bockemühl zum 70. Geburtstag

Gernot Böhme

Das Allerbekannteste

Der Begriff der Atmosphäre hat sich inzwischen in der Ästhetik vielfältig bewährt. Auffällig ist dabei, daß in den Einzelanalysen zunächst Beispiele bearbeitet wurden, in denen die Atmosphäre gewissermaßen *draußen* begegnet. Die Atmosphäre kirchlicher Räume, die Atmosphäre der Dämmerung, die Atmosphäre, die auf Bühnen erzeugt wird, die Atmosphäre einer Stadt. (Vgl. Böhme 1998) Dabei wurde jedoch immer wieder davon Gebrauch gemacht, daß wir Atmosphären quasi hautnäher kennen, gewissermaßen *unter uns*, nämlich im zwischenmenschlichen Bereich. Wir reden von der gespannten Atmosphäre einer Sitzung, von der gedrückten Atmosphäre einer Versammlung, von der heiteren Atmosphäre einer Geburtstagsfeier. Ferner wurde mehrfach darauf hingewiesen, daß im Feld der Politik häufig von Atmosphären die Rede ist. Nämlich daß das Treffen zweier Staatsmänner die Atmosphäre verbessert habe, daß eine Unterredung in freundlicher Atmosphäre stattgefunden habe usw. Daß uns im zwischenmenschlichen Bereich das Atmosphärische so vertraut ist, trägt die Untersuchung bei Fällen, in denen das Atmosphärische eher von der Umgebung auszugehen scheint. Um so wichtiger wäre es, sich über die Erfahrung von Atmosphären im zwischenmenschlichen Bereich klar zu werden.

Nun kann ich durchaus sagen, warum ich zunächst die zwischenmenschlichen Atmosphären nicht untersucht habe. Die Atmosphären der genannten Beispiele haben alle noch etwas *Quasi-Objektives:* Man kann in sie hineingeraten, man kann sich ihnen entziehen. Zwar ist auch bei solchen *äußeren* Atmosphären gültig, daß sie immer durch das Subjekt mitbestimmt sind, aber das gilt doch nur, insofern das Subjekt gewissermaßen einen Resonanzboden für sie darstellt. Bei den zwischenmenschlichen Atmosphären ist das anders. Das Subjekt oder, besser gesagt, die beteiligten Subjekte produzieren die zwischenmenschliche Atmosphäre ständig mit. Daraus folgt, daß eine Objektivierung schwierig ist. Ferner ist für das partizipierende Subjekt selbst eine *Beschreibung* schwierig, weil ihm durch seine Eingelassenheit in die Atmosphäre die Situation überkomplex zu sein scheint. Dieser Eindruck rührt wohl daher, daß man sich als Beteiligter in einer zwischenmenschlichen

Atmosphäre selbst nicht als feste Instanz betrachten kann. Denn man ist in dem, was man ist, durch diese Atmosphäre beständig mitbestimmt. Zweifellos finden sich in der Literatur ausgezeichnete Schilderungen zwischenmenschlicher Situationen, und man wird sie auch sinnvollerweise zur Analyse mit heranziehen. Aber, wenn allgemein gilt, daß man nur erfahren kann, was Atmosphären sind, indem man sich ihnen aussetzt, dann sind literarisch dargestellte Atmosphären doch nur Spielmaterial, während es eigentlich auf den Ernstfall ankommt, nämlich herauszufinden, was zwischenmenschliche Atmosphären für diejenigen bedeuten, die von ihnen betroffen sind.

Wenn damit die Schwierigkeit der Untersuchung hinreichend klar sein sollte, wird man auch Verständnis dafür haben, daß ich im folgenden keine Beschreibungen von zwischenmenschlichen Atmosphären versuche, sondern eher danach frage, wie Atmosphären durch Verhalten verändert werden können. Die Atmosphären, in die man verstrickt ist, werden dabei immer schon vorausgesetzt.

Kommunikation

Ich habe im Titel die zwischenmenschlichen Atmosphären als kommunikative Atmosphären bezeichnet. Darin ist impliziert, daß sich Kommunikation zwischen Menschen immer in einer Atmosphäre vollzieht beziehungsweise daß es eine spezifische Kommunikationsform gibt, die in der Produktion der gemeinsamen Atmosphäre besteht. Damit habe ich bereits eine Stellung gegenüber den herrschenden Kommunikationstheorien bezogen. Ich möchte diese kurz charakterisieren, um das Besondere kommunikativer Atmosphären dabei schon deutlich werden zu lassen.

Die bedeutendste Theorie der Kommunikation dürfte heute die Habermassche Theorie kommunikativen Handelns sein. (Habermas 1982) Sie baut auf der Sprechakttheorie von Austin und Searle auf. Diese Theorien betrachten Kommunikation als sprachliche Interaktion, das heißt ein wechselseitiges und wechselwirkendes Sprachhandeln. In dieser Auffassung ist die heute weit verbreitete Ansicht, Kommunikation sei Informationsaustausch, *aufgehoben*, das heißt in einen weiteren Zusammenhang eingebettet. Zwar haben sprachliche Äußerungen auch immer einen Informationsgehalt, insofern sie in irgendeiner Weise einen Sachverhalt benennen. Aber es hängt eben vom Akt der sprachlichen Äußerung ab, ob ein solcher Sachverhalt behauptet wird, gewünscht wird, angedroht wird, befohlen wird usw. Sprachliche Äußerungen werden deshalb als Handeln in einem kommunikativen Geschehen verstanden, und sie heißen insofern illokutionäre Akte. An den Äußerungen selbst kann der Typ der Sprechhandlung mitartikuliert sein, in der Regel aber ergibt er sich aus dem Zusammenhang. Wenn ich etwa sage, *es regnet draußen*, dann kann das eine pure Mitteilung sein, wenn nämlich zuvor jemand gesagt hat: *Schau mal aus dem Fenster, wie ist das Wetter?* Es kann aber auch ein Ausruf des Bedauerns sein, es kann eine verstärkte Aufforderung sein, etwa in dem Sinne: *Zieh dir die Schuhe an.* Wenn der illokutionäre Charakter der Sprechhandlungen explizit gemacht wird, dann haben sie die Form *ich behaupte, daß es draußen regnet, ich befehle dir, die Schuhe anzuziehen, ich bedaure, daß so schlechtes Wetter ist* usw.

Es besteht kein Zweifel, daß die Theorien kommunikativen Handelns für die Frage nach den kommunikativen Atmosphären von Bedeutung sind. Aber man hat doch den Eindruck, daß sie als solche das Phänomen der zwischenmenschlichen Atmosphäre gerade ausblenden. Sie erwecken nämlich den Eindruck, daß die Subjekte sind, was sie sind, unabhängig von ihren Äußerungsformen und daß die Äußerungsformen der anderen sie in ihrem Sein auch nicht verändern. Das kommunikative Handeln für sich genommen wirkt wie ein Gesellschaftsspiel – und tatsächlich ist es ja auch die Theorie der Sprachspiele von Wittgenstein, die dahintersteht. Mit Recht hat deshalb Dieter Mersch jüngst in einer Kritik dieser Theorien festgestellt (Mersch, MS), daß sie einerseits die Sprecherperspektive betonen und andererseits aus der Sprecherperspektive dargestellt sind. Dagegen hat er gefordert, ernstzunehmen, daß man immer schon in ein Gespräch *verwickelt* ist und daß Sprechen Hören voraussetzt und ein Antworten ist. Deshalb hat er im Rückgriff auf Austin den Begriff der Perlokution wieder stark gemacht. Während Sprechakte als illokutionär bezeichnet werden, insofern man durch das Sprechen selbst handelt, werden Sprechakte als perlokutionär bezeichnet, insofern man durch sie etwas bewirkt. Diese beiden Aspekte lassen sich nicht scharf trennen, aber an Austins originalen Beispielen kann man den Unterschied doch verstehen. Für einen illokutionären Akt gibt er als Beispiel:

«*Indem* ich gesagt habe, ich würde ihn erschießen, habe ich ihm gedroht.» Für einen perlukotionären Akt gibt er als Beispiel:

«*Dadurch daß* ich gesagt habe, ich würde ihn erschießen, habe ich ihn in Aufregung versetzt.» (Austin 1972, S. 135)

Durch dieses letztere Beispiel, also das für den perlokutionären Akt, kommen wir dem Thema der kommunikativen Atmosphären schon näher. Man sieht, wie durch diese Äußerung die Stimmungslage des Partners modifiziert wird. Aber auch das erste Beispiel, das für den illokutionären Akt, erweist sich bei genauerer Betrachtung als atmosphärisch wirksam. Durch diese Äußerung wird nämlich die Konstellation zwischen den Sprechern verändert: Durch Äußerung einer Drohung entsteht zwischen ihnen eine gespannte

Atmosphäre. Wir sehen damit, daß der Vollzug von Sprechakten keineswegs bloß ein Zug in einem Sprachspiel ist, sondern immer einen, sagen wir, performativen Effekt hat, das heißt eine Wirkung auf das Gesprächsklima. Durch eine Äußerung kann das Gesprächsklima entlastet werden oder sich zusammenziehen, es kann ernst werden, bedrohlich, gespannt usw. Zugleich damit verändern sich die beteiligten Sprecher, insofern sie nämlich durch die jeweiligen sprachlichen Äußerungen unterschiedliche Rollen zugewiesen erhalten. Man wird zum Befehlsempfänger gemacht, oder es wird von einem erwartet, an einem Gefühl, etwa an einer Enttäuschung zu partizipieren, oder man wird in die Rolle gedrängt, etwas rechtfertigen zu müssen oder etwas wissen zu müssen. Mit Recht haben deshalb Sprachpsychologen den Unterschied zwischen dem Mitteilungsaspekt und dem Beziehungsaspekt von sprachlichen Äußerungen hervorgehoben. Dieser Unterschied liegt gewissermaßen quer zu dem zuvor genannten, weil er in dem Mitteilungsaspekt außer dem propositionalen Gehalt, also dem genannten Sachverhalt, auch den illokutionären Charakter unterbringt. Auch ein Befehl ist ja in gewisser Weise eine Mitteilung, insofern ich jemandem mitteile, daß ich ihm etwas befehle. Der Beziehungsaspekt dagegen ist der Aspekt der Äußerung, durch den mit der Äußerung eine neue Konstellation zwischen Sprecher und Hörer geschaffen wird.

Man sieht also, daß man die Theorie des kommunikativen Handelns sehr wohl nutzbringend zur Frage kommunikativer Atmosphären heranziehen kann, aber nur dann, wenn man – zum Teil gegen sie – die Perlokutionen und den Beziehungsaspekt von sprachlichen Äußerungen stark macht. Auf der anderen Seite wird man sagen, daß kommunikative Situationen immer schon vorausgesetzt werden müssen, damit überhaupt sprachliche Handlungen vollzogen werden können und illokutionäre Akte angemessen verstanden werden. Das läßt sich leicht an unserem obigen Beispiel demonstrieren. Daß eine Äußerung wie *es regnet* als eindringliche Mahnung, doch Schuhe anzuziehen, verstanden wird, setzt voraus, daß es schon vorher bestimmte Auseinandersetzungen gegeben hat, setzt beispielsweise ein Hierarchiegefälle zwischen Sprecher und Hörer voraus und ähnliches. Man wird andererseits Mühe haben, sich eine Situation zu denken, in der die Äußerung *es regnet* als eine Behauptung verstanden wird. Im obigen Beispiel habe ich sie als eine bloße Mitteilung in einer Nachfragesituation eingeführt. Daß *es regnet* aber als Behauptung verstanden wird, selbst wenn dazu gesagt wird: «Ich behaupte, daß es regnet», dürfte äußerst selten sein und wohl voraussetzen, daß keiner der Gesprächsteilnehmer einfach aus dem Fenster schauen kann. Man könnte sich etwa eine Situation in einem abgeschlossenen Raum denken, wo die Beteiligten ein Plattern hören. Die Behauptung würde dann eine Gesprächssituation voraussetzen, die durch unzureichende Information und insofern durch Unsicherheit gekennzeichnet ist.

Selbst wenn man also sagt, daß Sprechakte kommunikative Atmosphären und soziale Konstellationen von Beteiligten schaffen, so sind sie doch nur wirksam, wenn sie selbst schon kommunikative Atmosphären und soziale Konstellationen voraussetzen. Das führt zu der grundsätzlichen Frage, ob nicht kommunikative Atmosphären etwas Vorsprachliches sind. Wir wenden uns damit der zweiten Kommunikationstheorie zu, die gewissermaßen den Gegenpol zu Habermas' sprachspielorientierter Theorie darstellt, nämlich der Theorie leiblicher Kommunikation von Hermann Schmitz. Diese Theorie baut darauf auf, daß das eigenleibliche Spüren den Charakter eines Antagonismus von Engung und Weitung hat. Dieses Spüren hat keineswegs an der Oberfläche des sichtbaren Leibes sein Ende, sondern greift tendenziell auf die ganze Welt aus. Insofern können Gegenstände oder Menschen in dieses Spüren eingehen und es modifizieren. Dies ist eigentlich das, was Schmitz «leibliche Kommunikation» nennt. Dabei ist vorausgesetzt, daß das andere, das in die eigenleibliche Ökonomie eingreift, einem in irgendeiner Weise einen Eindruck macht, fasziniert.[1] Je nach Art der Faszination unterscheidet Schmitz Ausleibung und Einleibung. Von Einleibung redet er, wenn der Engepol gewissermaßen aus dem eigenen Leib herausverlagert wird, etwa in einen Gegenstand, der einen mitreißt (seine Beispiele sind Tennis oder Fußball), oder eine Person, die einen etwa durch ihren Blick bannt. Ausleibung liegt vor, wenn die Faszination durch etwas Äußeres eher zu einem diffusen Ausgleiten führt, also etwa einem Sichverlieren in einen Anblick. (Schmitz 1978, § 242; 1990, S. 135–140) Damit ist freilich nur ein formaler Rahmen einer Theorie leiblicher Kommunikation gegeben. Sicher ist, daß dadurch das leibliche Spüren der Anwesenheit von anderen Menschen oder Gegenständen erfaßt werden kann und darüber hinaus so etwas wie Bewegungsanmutungen und vielleicht noch die synästhetischen Charaktere der Umgebung, ferner alles, was man über Körpersprache, Blickkontakt und dergleichen weiß. Nur ist im Hinblick auf das, was uns hier interessiert, nämlich die kommunikativen Atmosphären, eine ähnliche Kritik anzubringen, wie sie Mersch als Kritik an der Sprecherperspektive an Habermas' Theorie formuliert hat. Die leibliche Kommunikation wird naturgemäß von den an ihr beteiligten – freilich leiblichen –

---

1   Da Phänomenologie nicht nach Ursachen fragt, wird diese Faszination nicht auf weiteres zurückgeführt. Entsprechend diskutiert Schmitz auch nicht den Fall, daß einem ein begegnendes Etwas vielleicht auch nichts sagen könnte. Unter dem Stichwort leibliche Kommunikation werden eben nur die Fälle diskutiert, in denen man von einem Etwas fasziniert wird.

Subjekten her gedacht und erschöpft sich in deren Wechselwirkung. Dem-gegenüber sind die kommunikativen Atmosphären als etwas zwischen den Subjekten aufzusuchen, obgleich freilich die Subjekte diese Atmosphären immer miterzeugen.

Ausstrahlung

Damit wird es Zeit, auf jenen Autor zurückzugehen, der das Thema der Atmosphären als einer zwischenmenschlichen Wirklichkeit ursprünglich ein-geführt hat, nämlich Hubert Tellenbach. Mit seinem Buch *Geschmack und Atmosphäre* hat er zum erstenmal Atmosphären zum Gegenstand wissen-schaftlicher Untersuchung gemacht. Dabei geht es ihm als Psychiater vor-nehmlich darum, ein Instrument zur Bestimmung psychischer Störungen zu entwickeln. Charakteristisch für seine Untersuchung ist, daß er das Spüren der Atmosphäre mit dem Geschmackssinn in Verbindung gebracht hat. Da-bei muß angemerkt werden, daß es phänomenal eher um den Geruchssinn geht, der aber für die Sinnesphysiologen mit dem Geschmackssinn eins ist. Atmosphäre ist deshalb für Tellenbach primär der Geruch, der von einem Menschen ausgeht – im wörtlichen und übertragenen Sinne – und er be-trachtet ihn als Basis für Kommunikation in dem Sinne, indem man davon redet, daß Menschen *einander riechen können* oder nicht. Atmosphäre ist also für ihn zunächst das, was ein Mensch ausstrahlt, seine persönliche Aura: «Ein Mensch hat und verbreitet Atmosphäre in mehr oder minder intensiver Weise als eine Wesensausstrahlung, die ihn in seiner Personalität kennzeichnet.» (Tellenbach 1968, S. 48). Man könnte gegen Tellenbach hier sogleich wieder den Einwand formulieren, den wir schon gegen Habermas und Schmitz vor-gebracht haben. Nennen wir ihn kurz den Vorwurf der Subjektzentriertheit. Aber er trifft Tellenbach schließlich doch nicht, insofern er bei diesem Konzept der Ausstrahlung nicht stehenbleibt. Es ist interessant zu sehen, daß ihm das offenbar gelingt, indem er produktiv den Einfluß eines japanischen Kollegen, nämlich Bin Kimura, aufnimmt, der gewissermaßen parallel zu ihm versucht hat, die japanischen Erfahrungen des Ki für die Psychiatrie nutzbar zu machen. Das Ki braucht keineswegs von Personen auszugehen, sondern kann etwas bezeichnen, was quasi in der Luft liegt, eine Intensität des Zwischen, an dem die einzelnen Personen nur teilhaben oder wovon sie er-griffen werden können. Tellenbach hat seinerseits dazu einen entwicklungs-psychologischen Zugang. Als Heranwachsender nämlich findet man in der eigenen Familie bereits eine Atmosphäre vor, schwimmt gewissermaßen mit ihr mit. «Das Kind nimmt zunächst die vorgegebene Atmosphäre der Familie an und ist angewiesen auf dieses Annehmen, weil hier noch keine *Abgren-*

zung der Person gegenüber der Umwelt[2] besteht.» (Ebd., S. 52) Tellenbach analogisiert die Familienatmosphäre dem Nestgeruch bei Tieren. Er entwickelt von daher den Gedanken, daß kommunikative Atmosphären die Grundlage zwischenmenschlichen Vertrauens und eine schützende Funktion für die Entwicklung des Individuums darstellen.

Die entwicklungspsychologische Perspektive Tellenbachs hat es ermöglicht, die relative Selbständigkeit zwischenmenschlicher Atmosphären gegenüber den beteiligten Subjekten und ihre Vorgängigkeit gegenüber ihrem jeweils eigenen Beitrag zu erkennen. Nur ist es ein Fehler, beides – relative Selbständigkeit und Vorgängigkeit der zwischenmenschlichen Atmosphären – auf das Kindesalter oder gar die frühkindliche Phase zu beschränken. Vielmehr gelten relative Selbständigkeit und Vorgängigkeit auch für die Kommunikation von Erwachsenen. Das bewahrt uns davor, zwischenmenschliche Atmosphären auf so etwas wie Wesensausstrahlung von Persönlichkeiten zurückzuführen. Zwar soll nicht bestritten werden, daß Individuen mehr oder weniger eine charakteristische Ausstrahlung haben, aber sie tragen doch damit nur etwas zu einer gemeinsamen Atmosphäre bei, selbst wenn sie sie gegebenenfalls dominieren. Ferner tragen sie zu dieser gemeinsamen Atmosphäre noch durch ganz andere Dinge bei als durch Ausstrahlung, nämlich durch ihr Verhalten, ihr Reden, Gestikulieren, durch ihre Aufmachung, durch ihre pure leibliche Anwesenheit, durch ihre Stimme und vieles mehr.

Aktualisierung und Störung zwischenmenschlicher Atmosphären

Der Charakter der zwischenmenschlichen Atmosphäre als Grundvoraussetzung von Kommunikation legt es nahe, sie eher vom Negativen, von Störungen her zu studieren und nicht so sehr den Versuch zu machen, ihre Konstitution selbst zu erfassen. Gleichwohl läßt sich auch über Atmosphären als etwas schon Vorausgesetztes einiges sagen, und zwar von den Verhaltensweisen her, durch die sich Beteiligte bemühen, die vorausgesetzten Atmosphären zu aktualisieren. Wir haben schon von Tellenbach gehört, daß die Atmosphären ein Basisvertrauen sichern und einen Grundton der Zusammengehörigkeit der Kommunikationspartner abgeben. Die einzelnen Kommunikationspartner, beispielsweise die Mitglieder einer Familie, spüren sehr wohl, daß sie auf die zwischenmenschliche Atmosphäre angewiesen sind. Sie machen beispielsweise die Erfahrung, daß man schwerlich alleine heiter sein kann. Man bedarf einer Resonanz für die eigene Stimmung und deshalb wird die eigene Heiterkeit

---

2 Die kursiv gesetzte Formulierung stammt von L. A. Spitz, «Über psychosomatische Epidemien des Kindesalters», in: *Psyche 4*, 1950/51, S. 17.

immer zu dem Versuch führen, die allgemeine Stimmung aufzuheitern. Sehr eindrucksvoll ist der umgekehrte Effekt, nämlich der Ansteckung von Stimmungen. So hat man immer wieder beobachtet, daß Kinder, die selbst keinen Alkohol trinken, im Kreise von Zechern einen *angeheiterten* Eindruck machen. Umgekehrt wirkt die Atmosphäre in einer Familie bedrückt, wenn ein Mitglied traurig oder depressiv ist. Selbst wenn die einzelnen sich individuell entziehen wollen, sie leiden doch unter der gedrückten Atmosphäre im Hause.

Bei der zwischenmenschlichen Atmosphäre einer Gruppe muß man einen Grundton, der eine Art Grundkonsens ist und das wechselseitige Vertrauen der Beteiligten ausmacht, unterscheiden von der je aktualisierten Atmosphäre. Hier kann man nun feststellen, daß der allergrößte Teil verbaler Kommunikation zwischen Menschen dieser Aktualisierung der Atmosphäre zwischen ihnen dient. Das ist die Funktion des Tratsches, des «small talk», des Geplauders. Alle sprachspieltheoretischen Erklärungen greifen hier zu kurz. Weder geht es hauptsächlich um Informationsaustausch, noch geht es um sprachliche Interaktionen, sondern es geht vor allem um das Sprechen selbst. Und dieses hat gewissermaßen eine prozessuale Funktion, das heißt sein Zweck besteht im wesentlichen in der Aktualisierung der zwischenmenschlichen Atmosphäre, die zugrunde liegt. Noch deutlicher wird das, wenn diese Atmosphäre geradezu beschworen wird. Bei Menschen, die sich lange nicht gesehen haben oder von wechselseitiger Entfremdung bedroht sind, ereignen sich solche Beschwörungsmanöver. So werden etwa Erinnerungen abgerufen, um geteilte Gefühle zu aktualisieren, Schlüsselworte eingesetzt, die die gemeinsame Atmosphäre gewissermaßen herbeizitieren sollen, oder es werden auch äußere Hilfsmittel wie Musik, Bilder, Orte benutzt, um zwischen den beteiligten Personen wieder etwas zum Schwingen zu bringen.

Diese Bemühungen um Aktualisierung von zwischenmenschlicher Atmosphäre zeigen bereits, daß es sich hier um ein empfindliches, um ein flüchtiges Gut handelt, dessen Verlust man fürchten muß. Und so läßt sich am meisten über die zwischenmenschlichen Atmosphären gerade dort lernen, wo sie bedroht sind oder gar zerstört werden, also durch negative Zugänge.

Die schwerste Störung ist wohl der Zerfall zwischenmenschlicher Atmosphäre. Diese Störung kann so katastrophal sein, daß man sie in der Ätiologie werdender Schizophrenie anführt. (Vgl. Huppertz 1998) Man kann diesen Verfall aber auch an ziemlich alltäglichen Ereignissen studieren, so am Auftauchen eines Verdachts. Der Verdacht kann je nach Typ in allen menschlichen Gruppierungen auftreten. Am bekanntesten ist der eifersüchtige Verdacht, der die zwischenmenschliche Beziehung zwischen Liebenden zerstört. Es mag sein, daß Tellenbach über diesen Typ der Zerstörung von Atmosphären zur Benennung der Grundfunktion von Atmosphären, nämlich Vertrauen zu sichern, gekommen ist. Eine zweite Möglichkeit des Zerfalls von Atmosphäre ist der Schreck. Hier handelt es sich zwar in der Regel um etwas Vorübergehendes, und der Schreck wird auch nicht unbedingt den Grundton zwischenmenschlicher Atmosphären tangieren, wohl aber deren aktualisierte Ausprägung. Ein Schreck kann sowohl die heitere Atmosphäre einer Party wie auch die ernste Atmosphäre eines Staatsaktes zerstören. Interessant ist, daß die Reaktionen aus dem Verfall der Atmosphäre häufig zum entgegengesetzten Gefühlsausdruck führen, also zu hysterischem Weinen in dem einen Fall oder zu hysterischem Lachen im anderen Fall.

Eine weitere Art der Zerstörung von Atmosphären ist der Bedeutungsverfall. Dies ist die bekannte Erfahrung der Entfremdung, in der einem die Welt nichts mehr zu sagen hat, die Menschen einem fremd werden, potentiell sogar dinglichen Charakter annehmen. Dieses sehr ernste und wieder ins Psychopathologische hinüberspielende Geschehen ist damit aber nur beschrieben, ohne daß schon ein Hinweis darauf gegeben wäre, wie es zu einer solchen Zerstörung von Atmosphären kommen kann. Das wird sich wohl auch nicht allgemein angeben lassen. Aber man nähert sich einer Antwort, indem man den Bedeutungsverfall auch als eine Entzauberung bezeichnet. Tatsächlich ist ja das Teilen einer Atmosphäre auch so etwas wie eine gemeinsame Verzauberung. Aus dieser Verzauberung kann man mehr oder weniger bewußt ausbrechen oder sie als etwas Gemeinsames zerbrechen. Bekannt ist für diesen Effekt der Ausruf des kleinen Kindes in Andersens Geschichte *Des Kaisers neue Kleider*, durch den alle Beteiligten von einer gemeinsamen Illusion befreit wurden. Ein anderes Beispiel wäre die bewußte Destruktion geteilter Bedeutungen, die Marc Aurel in seinen Selbstbetrachtungen durchführt, um sich selbst und anderen die Furcht zu nehmen. Wenn alles nichts bedeutet, so kann man auch nichts verlieren.

Diese Beispiele von zerfallenden Atmosphären zeigen, daß die zwischenmenschlichen Atmosphären etwas sind, das alle Beteiligten gewissermaßen in einen Bann zieht, unter Umständen in einer Illusion befangen sein läßt, aber jedenfalls eine unmittelbare Verbindung zu den anderen und der Welt sichert. Ihr Zerfallen wirft den einzelnen auf sich zurück, macht den Bezug zum anderen Menschen wie auch zur Welt fraglich.

Weniger dramatische negative Effekte auf Atmosphären könnte man als Störungen bezeichnen. Störungen lassen die Sache als solche bestehen, machen durch Irritation und aktuelle Gefährdung aber deutlich, was sie eigentlich ist. Ein charakteristisches Beispiel ist hier der Fauxpas. Ein Fauxpas ist eine Äußerungsform oder eine Äußerung oder eine Verhaltensweise, die in einem bestimmten Kreise aus dem Rahmen fällt, und wenn sie geschieht, diesen Rahmen momentan in Frage stellt, den *Täter* herausfallen läßt und alle

111

irgendwie irritiert, so daß die ungezwungene Kommunikation für einen Augenblick stockt. Es wäre zu wenig, einen Fauxpas einfach als Regelverletzung, die er natürlich auch ist, zu bestimmen. Denn Regelverletzungen könnten einfach konstatiert und notfalls bestraft werden. Der Fauxpas ist aber im Sinne von Austin ein performativer Akt, das heißt er hat dadurch, daß er geschieht, einen unmittelbaren Effekt auf die zwischenmenschliche Atmosphäre.

Ein ähnliches Störphänomen ist der sogenannte falsche Ton. Man könnte ihn in gewisser Weise als einen milderen Fauxpas ansehen. Aber der falsche Ton ist eben eigentlich gar kein Schritt oder ein Akt, sondern eben nur ein Mißgriff im Wie, in der Tonlage, in der Art der Formulierung. Wenn Kant von dem Ton, in dem der Ausdruck der Sprache hervorgebracht wird, sagt, «daß dieser Ton mehr oder weniger einen Affekt des Sprechenden bezeichnet und gegenseitig auch im Hörenden hervorbringt» (*Kritik der Urteilskraft*, B 219), dann hat er damit einen wichtigen Punkt sprachlicher Kommunikation getroffen: Durch den Ton, in dem eine Äußerung vorgebracht wird, modifiziert man die zwischenmenschliche Atmosphäre. In der Regel muß man, um erfolgreich kommunizieren zu können, sich auf diese Atmosphäre einspielen. Wenn man einen *falschen Ton* in seine Äußerung hineinbringt, so heißt das, daß man diese zwischenmenschliche Atmosphäre stört. Man wird dadurch, was immer man inhaltlich sagt oder sprachlich tut, auf Widerstand stoßen, weil eben die geteilte Atmosphäre die Basis ist, von der her die einzelnen Kommunikationspartner bereit sind, die Äußerungen aufzunehmen.

Als Störung der zwischenmenschlichen Atmosphäre muß man auch das Auftauchen eines Fremden bewerten, weil dieser auf die gemeinsame Atmosphäre nicht eingestimmt ist oder die Gemeinschaft nicht auf ihn. Dieser Fall ist insofern interessant, weil er moralische Perspektiven auf das Thema der geteilten Atmosphäre eröffnet. Denn man sieht an diesem Beispiel, daß die zwischenmenschliche Atmosphäre nicht in jedem Fall die Basis der Kommunikation abgeben kann und ihre Bewahrung auch nicht das letzte Ziel jeder Handlung sein darf. Es muß auch die Möglichkeit geben, sich rational von einer geteilten Atmosphäre abzusetzen und aus Vernunft zu handeln, auch gerade um vielleicht nach einer Störung wieder eine zwischenmenschliche Atmosphäre herzustellen, die dann alle teilen können. Das führt mich zu meinem letzten Beispiel von Störungen, die ich als *Aufreißen* der Atmosphäre bezeichnen möchte. Wenn die Atmosphäre aufreißt, ist sie auch nicht zerstört, wird aber in gewisser Weise als solche sichtbar und durchsichtig. Verhaltensweisen, die zu einem solchen Aufreißen führen, sind etwa Foppen und Ironie. Solche Verhaltensweisen setzen die zwischenmenschliche Atmosphäre zwar voraus, aber sie setzen sich gewissermaßen davon ab, erzeugen eine Distanz und Drohung, die Atmosphäre zu zerstören. Das kann im Einzelfall durchaus auch passieren, deshalb muß man mit solchen Verhaltensweisen ganz besonders in der Beziehung zu Kindern vorsichtig sein. Gerade aber diese Verhaltensweisen zeigen ein Potential des Umgangs mit zwischenmenschlichen Atmosphären, die den einzelnen nicht schlicht auf sie angewiesen sein lassen, sondern im Prinzip die Kompetenz enthalten, auch positiv etwas für sie zu tun. Von daher möchte ich in einem Schlußabschnitt nun doch noch einige Möglichkeiten nennen, in der man zwischenmenschliche Atmosphären erzeugen kann, wenn man so sagen darf, und nicht bloß die immer schon vorausgesetzte Atmosphäre in der einen oder anderen Hinsicht modifizieren.

Schluß: Beiträge

Die bisherige Untersuchung hat gezeigt, welche Bedeutung der zwischenmenschlichen Atmosphäre für die Möglichkeit der Kommunikation zukommt. Durch sie ist man mit dem Kommunikationspartner verbunden, bevor man ihn anredet. Sie gibt einem die Sicherheit, daß man sich in irgendeiner Weise schon auf geteiltem Grund bewegt. Man ist ferner angewiesen auf die zwischenmenschliche Atmosphäre als eine Art Resonanzboden für das eigene Empfinden. Dadurch, daß die eigene Stimmung die zwischenmenschliche Atmosphäre modifiziert, teilt man sie mit anderen. Andererseits ist die zwischenmenschliche Atmosphäre auch Quelle des eigenen Empfindens, man wird von ihr getroffen und eingehüllt, treibt in seinem Befinden gewissermaßen mit.

Angesichts dieser Bedeutung zwischenmenschlicher Atmosphären ist es merkwürdig, wie wenig ausdrückliche Aufmerksamkeit sie erfahren hat und wie wenig man sich um sie kümmert. Da ist schon bemerkenswert, daß man das ausgerechnet im politischen Bereich beobachten kann. Wenn hier vertrauensbildende Maßnahmen zur Verbesserung der Atmosphäre getroffen werden, dann fragt man sich, warum nicht ähnliches in der Alltagskommunikation praktiziert wird. Unser Bewußtsein von Alltagskommunikation und die dafür ausgebildeten Kompetenzen dienen dazu, diese Kommunikation möglichst zielgerichtet und sachlich zu halten. Das sind Tugenden, die in der technischen Zivilisation durchaus ihren Wert haben. Gleichzeitig muß man aber einen Verfall der Alltagskultur und des Rituellen beobachten. Das heißt, im Blick auf das Ziel und die Sachbezogenheit der Kommunikation wird die Pflege des Vollzugs der Kommunikation als solcher vernachlässigt und die Formen, die ihr Raum geben könnten, verfallen.[3] Daß so etwas wie zwischenmenschliche Atmosphäre wichtig ist, wird

---

3   Ich habe diesen Verfall der Alltagskultur ausführlicher kritisiert in meinem Buch *Briefe an meine Töchter*, Frankfurt/M. 1995.

uns im Grunde gerade erst durch die negativen Erfahrungen, also das, was ich Zerfall, Störung und Aufreißen von Atmosphären genannt habe, bewußt. Daß diese Modifikationen sich in der Analyse vordrängten, war ja nicht *nur* ein methodischer Schachzug. Aber immerhin zeigte sich doch eine Weise, in der die zwischenmenschliche Atmosphäre als solche gepflegt wird, nämlich der Klön, der Tratsch, der «small talk». Das ist zwar eine triviale Form der Pflege zwischenmenschlicher Beziehung, und man ist sich ihrer im Vollzug als solcher vielleicht gar nicht bewußt. Wenn man aber bedenkt, daß für einen so trockenen und logik- und sachbezogenen Autor wie Immanuel Kant die Kultivierung des Lebens gerade darin besteht, daß man andere an den eigenen Gefühlen teilhaben lassen kann, dürfte das nachdenklich stimmen. Man müßte hinzufügen, daß es geradezu eine Verantwortung für die zwischenmenschliche Beziehung gibt, insofern sie der geteilte Raum gemeinsamer Stimmung ist.

Deshalb soll wenigstens tentativ zum Schluß noch danach gefragt werden, inwiefern der einzelne zur zwischenmenschlichen Atmosphäre beitragen kann. Ich wähle mit Absicht den Ausdruck Beitrag, weil die Atmosphäre auch hier noch als gegenüber dem einzelnen vorauszusetzen ist. Nun, in gewissem Sinne sind wir heute nicht ungeübt in der Erzeugung von Atmosphären, nämlich von ihren äußeren Bedingungen her, was also Raumeinrichtung, Musik, Beleuchtung usw. angeht. Die zwischenmenschliche Atmosphäre lebt aber wesentlich von dem Verhalten der einzelnen, so wie diese auch umgekehrt in ihrem Verhalten von ihr leben. Hier geht es vor allem um das Wie dieses Verhaltens, weniger um die Intentionen oder den Inhalt. Der Ton macht die Musik, sagt man. Das heißt, es kommt auf die Stimme an, auf Intonation, Sprachmelodie, Tonhöhe. Es kommt auf die Haltung an, die man seinen Partnern gegenüber einnimmt, auf die Bewegungssuggestionen, die von einem ausgehen, die Nähe oder die Distanziertheit, die durch Körperhaltung und auch räumliche Nähe zum Ausdruck kommen; ferner natürlich das Spiel der Blicke, die Lebhaftigkeit. Das alles ergibt sich natürlich auch von selbst. Aber daß man dadurch bewußte Beiträge zur gemeinsamen Atmosphäre leisten kann, ist einem in der Regel nicht klar. Was muß man tun, um eine kreative Atmosphäre entstehen zu lassen; was kann man dazu beitragen, daß in einer Familie eine gesunde Atmosphäre herrscht; wodurch wird eine Atmosphäre beruhigend, gastlich, für Kinder gedeihlich? Das sind Fragen, die schwer zu beantworten sind. Aber eines kann man wohl generell sagen: Es gehört dazu eine Haltung, überhaupt diesem Zwischenmenschlichen als solchem Aufmerksamkeit zuzuwenden, und ein Kommunikationsverhalten, das selbst *verhalten* ist, nämlich indem man sich zurücknimmt in seinen expressiven wie auch aktiven Intentionen und sich darauf beschränkt, Beiträge zu leisten für etwas, das sich *entwickeln muß*.

Literaturverzeichnis

Austin, J. L.	*Zur Theorie der Sprechakte*, Stuttgart 1972.
Böhme, G.	*Anmutungen. Über das Atmosphärische*, Ostfildern 1998.
Böhme, G.	*Briefe an meine Töchter*, Frankfurt/M. 1995.
Habermas, J.	*Theorie des kommunikativen Handelns*, Frankfurt/M. 1982.
Huppertz, M.	*Zur Phänomenologie beginnender Schizophrenie*, Diss. Phil., Darmstadt 1998.
Kimura, Bin	*Zwischen Mensch und Mensch. Strukturen japanischer Subjektivität*, Darmstadt 1995.
Mersch, D.	*Überlegungen zur Performativität der Sprache*, unveröffentlichtes Manuskript.
Schmitz, H.	*System der Philosophie*, Bd. III, 5 «Die Wahrnehmung», Bonn 1978.
ders.	*Der unerschöpfliche Gegenstand. Grundzüge der Philosophie*, Bonn 1990.
Tellenbach, H.	*Geschmack und Atmosphäre*, Salzburg 1968.

Vorstellung und Verständnis – Betrachtungen über das Lesen

Thomas Kracht

I. Text und Leser – eine Fragestellung

Was ist wirklich «gegeben» beim Lesen von Texten, sieht man einmal von der Affektion der Sinne durch Schriftzeichen ab? Nichts, oder so gut wie nichts, kann behauptet werden: Das Lesen steht schon seit mehr als 2000 Jahren als Metapher für die synthetische Leistung, das «Ganze der Erfahrbarkeit» (Blumenberg 1981, S. 9) zu umfassen, den vielfältigen Erscheinungen der Natur einen zusammenhängenden Ausdruck zu verleihen und einen Sinnzusammenhang in der geschichtlichen Menschenwelt zu deuten.

Wird die Aufmerksamkeit allein auf das «Weber-Meisterstück» des Rezipienten gerichtet, wird vor allem beachtet, wie der «Text» beim Lesen (wieder-)entsteht, dann tritt das gewebte Bild in seiner eigenständigen Bedeutung ebenso zurück wie die einzelnen Fäden, aus denen es besteht; der Text erscheint als reines Konstrukt des Lesers. In der Sprachtheorie des radikalen Konstruktivismus findet diese Ansicht ihre konsequenteste Ausprägung: «In diesem Modell gibt es nicht mehr den Text als eine objektive Sinnkonstante, auf die man sich beziehen könnte, um Aussagen über seinen Sinn als wahr oder falsch zu erweisen [...]; sondern die Wahrnehmung eines Textes *als* Text ist immer gebunden an einen kognitiven Bereich und hängt ab von den kognitiven Strategien, über die ein Individuum verfügt [...].» (Schmidt 1987, S. 30)

In der empirischen Sprachverarbeitungsforschung wie in der Hermeneutik führt dieser Blick auf das Subjekt mit einer ihm eigenen Faszination zu einer immer differenzierteren Erforschung unabweislicher «Konstruktionen» des Verstehens. Das Subjekt, in seiner ganz persönlichen Prägung oder in seiner intersubjektiven, der Übereinstimmung in aller Kommunikation und Interaktion zugrundeliegenden Bestimmtheit, hat alle Wirklichkeit an sich gezogen. Der Blick auf dieses Subjekt ist in den Bann seines Gegenstandes geraten.

Völlig selbstvergessen erscheint dagegen die alltägliche Bemühung, einen Text, und sei es auch nur zum Zweck schlichter Information, «mit offenen Sinnen» aufzunehmen. Doch ist darin ein Verständnis des Lesens und des Lesers impliziert, das zumindest in seinem Anspruch ernstgenommen werden muß, obwohl es in wissenschaftlichen Reflexionen auf das Subjekt immer schon aufgehoben zu sein scheint. Es gibt gewiß die unterschiedlichsten Motivationen des Lesens, und sie sind in einer seit mehr als 100 Jahren entwickelten Leseforschung zum Gegenstand differenzierender Untersuchung gemacht worden.[1] Aber selbst diese Forschung, die die Abhängigkeit des Verstehens von Motiven und die konstruktive Leistung des Lesers ins Auge faßt, muß es zumindest als hartnäckige vorwissenschaftliche Meinung hinnehmen, daß etwa die Versuchsperson am Tachistoskop davon ausgeht, es gälte einen «objektiven Sinn» zu ermitteln und es sei ihr grundlegendes Motiv, diesen Sinn zu erfassen. Dieser Sinn könne, vielleicht bei einiger Anstrengung des Lesens erst, vielleicht auch unter Voraussetzung von Vorwissen etc., verstanden werden – selbst wenn er ungewöhnlich, unerwartet oder sogar unwillkommen sei.

Mit dieser Hoffnung auf einen irgendwie zu ermittelnden Sinn ist eine mehr oder weniger eingestandene Kritik des lesenden Subjekts auf den Plan gerufen, die einen grundlegenden Widerstand gegen das Verstehen enthüllen kann, wenn sie ernstgenommen wird. Und dieser Widerstand muß beachtet werden, wenn man die Frage nach einem «Gegebenen» beim Lesen stellt. Was Carl R. Rogers über das Verstehen im allgemeinen sagt, kann jeder auch beim Lesen erfahren: «Unsere erste Reaktion auf die meisten Feststellungen, die wir von anderen Menschen hören, ist eine sofortige Bewertung und Beurteilung, aber kein Verständnis. Wenn jemand ein Gefühl oder eine Einstellung oder eine Meinung ausdrückt, neigen wir beinah sofort zu der Empfindung: ‹Das ist richtig›; oder ‹Das ist albern›; ‹Das ist abnorm›; ‹Das ist unvernünftig›; ‹Das ist falsch›; ‹Das ist nicht sehr nett›. Ganz selten erlauben wir es uns, genau zu *verstehen*, was ihm die Aussage bedeutet. Ich glaube, es liegt daran, daß Verständnis voller Risiken steckt. Wenn ich mich einen anderen Menschen wirklich verstehen lasse, riskiere ich, durch das Verständnis verändert zu werden. Und alle fürchten wir die Veränderung. Es ist also [...] keine leichte Sache, sich zu erlauben, ein Individuum zu verstehen, in sein Bezugssystem völlig und vollständig und mitfühlend einzutreten. Und – es ist außerdem selten.» (Rogers 1973, S. 34)

In der Erwartung, man könne sich selber das Verstehen erlauben, spricht sich im kritischen Selbstverhältnis zugleich das dabei zugrundeliegende Selbstverständnis aus: das Subjekt sei, zumindest der Möglichkeit nach, mehr als die Einheit und Summe seiner Bestimmtheiten, zu denen es sich in ein bewußtes Verhältnis setzen kann. Und es gelte, diese Möglichkeit im Verstehen

---

1 Ein Überblick über dieses zunehmend interdisziplinäre Forschungsfeld, der einen Eindruck von der Breite und Differenzierung der Untersuchungen gibt, findet sich bei: Groeben, N. und Vorderer, P., *Leserpsychologie,* München 1988.

zu realisieren, das Risiko einer Selbstveränderung bewußt einzugehen und die Angst zu überwinden, sich selber dabei zu verlieren. Unter diesem Gesichtspunkt kann gefragt werden: Wie zeigen sich von ihm aus gesehen die zweifellos bestehenden vielfältigen Bestimmtheiten des lesenden Subjekts? Und was begegnet dabei am Text? Ob der Text sich als etwas Gegebenes ausspricht oder nur als reines Konstrukt erscheint, ist eine Frage des Verhältnisses, das der Leser zu sich selber einnimmt. Dazu soll der Beitrag über das Textverstehen Betrachtungen anregen. Die erkenntnistheoretische Frage, ob durch ein bestimmtes Verhalten auch die Grenzen einer intersubjektiven «Subjektivität» überschritten werden können oder ob dies eine Illusion bleibt, wird nicht thematisiert, sie muß im Rahmen dieser Betrachtung offenbleiben. Nur Voraussetzungen zur Erfahrung eines «Gegebenen» im Text werden beschrieben. Im Ausblick werden dann in der Reflexion auf das Ergebnis der Betrachtungen Fragen gestellt, die Perspektiven dieses erkenntnistheoretischen Problems des lesenden Verstehens entwerfen.

II. Das «Gegebene» beim Lesen

> *«... was es einem für Zeit und Mühe gekostet, um lesen zu lernen. Ich habe achtzig Jahre dazu gebraucht und kann noch jetzt nicht sagen, daß ich am Ziele wäre.»*
>
> (Goethe zu Eckermann, 25. Januar 1830)

1.

Eine bekannte Erfahrung sei zu Anfang hervorgehoben: wie wir unser Wissen beim Lesen einerseits immer bereithalten und aktivieren, andererseits anpassen, erweitern, verändern müssen. Eine gegensätzliche Art der Tätigkeit kommt also in Betracht: Etwas Erworbenes muß aktuell tätig gehandhabt werden, aber zugleich so, daß es zurückgenommen werden kann, daß Neues, Unbekanntes aufgenommen werden kann. Wir sind im lesenden Verstehen gleichsam Organbildner, und zwar so, daß wir das jeweils Gebildete umbilden können müssen nach Maßgabe eines Gegebenen, das aber nur erscheint, insofern diese beiden Fähigkeiten und Tätigkeiten ausgebildet und ausgeübt werden.

Wir kennen dieses Doppelte, achten gewöhnlich nicht darauf, wenn wir beispielsweise lesen: «etwas, das ...»; zwei Wörter der deutschen Sprache, durch ein Satzzeichen zugleich getrennt und in Beziehung gesetzt. Wir müssen die Sprache verstehen können, um beide zu «lesen»: Wir kennen die Wörter, ihre Stellung im Satz, hier ein unvollständiges Gebilde, das nach Ergänzung verlangt. Wir wollen den Relativsatz bilden, das Prädikat des Hauptsatzes fehlt. Weniger mag zunächst die Lautung ins Bewußtsein treten, obschon wir innerlich leise mitsprechend sogar die eigentümliche Ähnlichkeit der beiden Wörter am Rande bemerken. Immerhin meinen wir uns hier, auf der subsemantischen Ebene, noch auf sicherem Terrain zu bewegen. Wir kennen die Regeln und erwarten, daß wir darum auch leicht etwa zu erwartende Abweichungen davon erkennen würden.

Ganz anders ist es, wenn wir uns fragen: Was ist das «etwas», dessen Bestimmung wir im Relativsatz erwarten? Natürlich gehört es zur Sprache, daß die Wörter etwas bedeuten. Aber was bedeutet «etwas»? Wir geben uns auch nicht mit seiner möglicherweise definierbaren, allgemein-semantischen Funktionsbeschreibung zufrieden. Wir fragen: *Dieses* «etwas» muß doch *etwas* bedeuten, wir fragen nach seinem *konkreten* Inhalt in einem *bestimmten* Kontext. «Etwas» – nun können wir darüber nachdenken, das Wort im Zusammenhang mit anderen probeweise denken und vielleicht eine Bedeutung herausarbeiten. Wir werden gerade bei einer solchen Bemühung merken können, daß wir aus Gewohnheit beispielsweise erwarten, «etwas» sei ein Ding, ein Gegenstand. Wenn jemand dieses Wort versteht: «etwas, das ...», dann muß ein Etwas, irgendein noch ganz unbestimmtes Ding gemeint sein. Könnte es aber nicht auch ein Vorgang, könnte es nicht etwa auch eine Stimmung sein? Und ist es überhaupt etwas, das sich bestimmen läßt? Wir haben Bedeutungserwartungen an Wörter, die wir vielleicht mit anderen Lesern teilen, vielleicht auch nicht.

Auf der semantischen Ebene werden wir viel stärker und möglicherweise auch auf ganz andere Art als etwa in der Syntax auf uns selbst zurückverwiesen, auf unser Wissen, unsere kommunikative Erfahrung. In viel stärkerem Maße müssen wir tätig eine Wort- und Satzbedeutung entwerfen, vielleicht auch ganz bewußt aus der Erinnerung aktivieren. Aber wir müssen auch bereit sein, uns dabei vom Text korrigieren zu lassen, unser Angebot des Verständnisses wieder ganz oder teilweise zurücknehmen und verändern. Um die Bedeutung eines Wortes, Satzteiles, Satzes, einer Folge von Sätzen zu erfassen, müssen wir ganz beweglich im «Organbilden» werden, das aus dem eigenen Wissen, aus der Gewohnheit bereitgehaltene, aktivierte Verständnis jederzeit modifizieren, ergänzen, vielleicht sogar ganz umschmelzen können – ein anstrengender Prozeß. Dabei kann es sein, daß wir alle Ebenen des Sprachverstehens heranziehen müssen und immer in der Versuchung sind, aus diesem Prozeß herauszuspringen und abseits vom Text aus unserem Wissen etwas heranzuziehen, wie in diesem Beispiel unser Wissen, daß es sich bei dem gewählten Beispiel um den Anfang eines Gedichtes von Hans Magnus Enzensberger handeln könne, das er selbst interpretatorisch behandelte unter der Fragestellung, wie ein Gedicht entsteht. (Enzensberger 1962) Wer sich aber dazu bringt, wirklich mit der Aufmerksamkeit im Zusammenhang des Textes zu bleiben, der findet, will er nur darauf achten, im Text selber den Zusammenhang, in den sich das einzelne einfügt. Dieser Zusammenhang kann mehr oder weniger offensichtlich sein, verschlüsselt oder auch sehr weit gesteckt. Er darf aber bei jedem Text erwartet werden, der eben ein Text und keine sinnlose Aneinanderreihung von Lexemen ist. Bei allem Erleben eigener Aktivität in der «Konstruktion» des Sinnzusammenhanges beim Lesen bleibt dieser doch die Grenze für die scheinbare Beliebigkeit möglicher «Interpretation», wie Umberto Eco gegen radikale Theorien offener Interpretationen betont: «Ein Text indes ist ein Organismus, ein System interner Relationen, das bestimmte mögliche Zusammenhänge aktualisiert und andere unterdrückt. Bevor ein Text hervorgebracht wird, könnte noch jede Art von Text erfunden werden. Nachdem ein Text hervorgebracht wurde, kann man vieles damit anstellen – in manchen Fällen potentiell unendlich vieles –, doch ist es unmöglich – zumindest unter kritischen Gesichtspunkten illegitim –, ihn etwas sagen zu lassen, was er nicht sagt. Häufig sagen Texte mehr, als ihre Verfasser sagen wollten, aber weniger, als sie nach den Wünschen vieler maßloser Leser sagen sollten.» (Eco 1992, S. 144f.)

Wer nach dem «Gegebenen» fragt, muß die beiden oben am Beispiel hervorgehobenen Tätigkeiten des Entwerfens und Veränderns des Entworfenen ins Auge fassen. Man darf nicht unterschätzen, wie alle Aufnahme durch Vorgeprägtes geschieht. Aber man muß auch fragen, was durch eine Veränderung des Gewordenen möglich wird. Wie können die beiden Tätigkeiten in ihrem Zusammenhang verstanden und in ihrer Bedeutung für die Frage nach einem Gegebenen betrachtet werden? In seinen Büchern über das literarische Kunstwerk entwickelt Roman Ingarden eine Phänomenologie des Lesens, die die grundlegende Bedeutung dieser beiden entgegengesetzt gerichteten Tätigkeiten beleuchtet. Er bezeichnet sie als ein «Bilden» und «Umbilden»: Der Leser bildet für jedes Wort, für jeden Satz beziehungsweise deren Zusammenhänge ein «intentionales Korrelat», das er im Leseprozeß nach Maßgabe des Kontextes umbildet. (Ingarden 1960, S. 98 und bes. S. 105ff.; 1968, S. 16ff.) Ingarden will damit die offensichtliche Verwandlung von Wortbedeutungen und Sinneinheiten höherer Stufen beim Lesen erklären, ohne dabei in den Psychologismus zu fallen, oder eine unabsehbare Vielzahl idealer, unwandelbarer Bedeutungen für jedes Wort annehmen zu müssen. Beim Lesen entsteht nämlich eine eigene Art der Gegenständlichkeit, die weder nur psychisch «real» noch rein «ideal» ist: «Der Bewußtseinsakt *schafft* hier im eigentlichen Sinne etwas, was früher nicht vorhanden war, wenn er auch nichts zu schaffen vermag, was einmal geschaffen, *seinsautonom* existieren könnte.» (Ingarden 1960, S. 104) Der bedeutungs-verleihende Bewußtseinsakt ist eigentlich eine «diskrete Mannigfaltigkeit von Bewußtseinsakten» (ebd., S. 105), eben das genannte «Bilden» und «Umbilden», in dem sich die Bedeutung von Wörtern ebenso wie die Be-deutung höherer Sinneinheiten erst allmählich herausbildet. «Denkopera-tionen» nennt Ingarden diese bedeutungsverleihenden Akte und macht, gegen mögliche Einwände, im Zusammenhang einer Betrachtung von Satz-zusammenhängen, die aufschlußreiche Anmerkung: «Es kann natürlich be-zweifelt werden, ob es sich bei jeder Art solcher Satzzusammenhänge immer nur um reine *Denk*operationen handelt, als ob dabei keine anderen Fakto-ren, etwa gefühlsmäßiger Art, mitspielen könnten. Sicher ist aber, daß eine Denkoperation jedenfalls nicht fehlen darf, wenn sie auch selbst aus tieferen subjektiven Impulsen hervorgehen und sich ihnen anpassen sollte.» (Ebd., S. 109f.) Es wird noch zu betrachten sein, wie «tiefere subjektive Impulse» das Verständnis beeinflussen. Aber das *Denken* ist immer angesprochen im Verstehen. Für literarische Texte beschreibt Wolfgang Iser den Vorgang der Bildung und Umbildung mit besonderer Aufmerksamkeit für die durch den Text jeweils angeregten perspektivischen Einstellungen des Lesers: «Der Sinn literarischer Texte ist nur vorstellbar, da er nicht explizit gegeben ist und folglich nur im Vorstellungsbewußtsein des Empfängers vergegenwärtigt werden kann. Dabei kommt es im Verlaufe der Lektüre zu einer Sequenz solcher Vorstellungsakte, weil einmal gebildete Vorstellungen immer wieder preisgegeben werden müssen, wenn sie die geforderte Integration der perspektivischen Vielfalt nicht mehr zu leisten vermögen. Über diese Kor-rektur der Vorstellungen ergibt sich zugleich eine ständige Modifikation des Blickpunkts, der als solcher nicht starr vorgegeben ist, sondern über die modifizierte Vorstellungsfolge immer erneut justiert werden muß, bis er zum Schluß mit dem über die Vorstellungssequenz konstituierten Sinn zu-sammenfällt. Dadurch aber ist dann der Leser endgültig im Text bzw. in der Welt des Textes.» (Iser 1976, S. 63, vgl. auch S. 177ff.)

Wie ist im Leseprozeß das bereits Gebildete gegenwärtig, wie steht es der Veränderung, Umbildung zur Verfügung? In der Beschreibung dieses Prozesses führte Ingarden den Begriff des «Nachklangs» ein: «Die bereits ge-lesenen Sätze denken wir freilich beim Denken des darauffolgenden Satzes nicht mehr lebendig weiter fort. Trotzdem aber wird der Sinn des soeben ver-standenen Satzes (und in beschränktem Maße auch einiger vorangehender Sätze), sowie der Laut der soeben ausgesprochenen Worte noch peripher in der Gestalt eines ‹Nachklanges› erlebt. Dieser ‹Nachklang› hat unter anderem zur Folge, daß der eben jetzt gelesene Satz sich in seinem Sinn *konkretisiert*,

d. h., daß er gerade diesen nuancierten Sinn bekommt, den er als Fortsetzung der vorangehenden Sätze haben soll.» (Ingarden 1968, S. 32f.) Ebenso werden auf dieser Grundlage die weiteren Sinneinheiten vorausentworfen, der Leser bewegt sich immer im «Scheitelpunkt zwischen Protention und Retention», wie Iser im Rückgriff auf Husserls «Phänomenologie des inneren Zeitbewußtseins» hervorhebt. (Iser 1976, S. 181)

Verschiedene theoretische Modelle wurden entworfen, um diesen Sprachverarbeitungsvorgang zu beschreiben: Theorien über «Arbeitsspeicher» und die Funktion der notwendigen «Inferenzen» beziehungsweise «Interaktionen», die bei einem solchen «Nachklang» zwischen dem vorhandenen Weltwissen und kommunikativen Wissen des Lesers und dem aktuell vorgestellten intentionalen Korrelat eines Wortes, Satzes usw. sich ereignen. Man hat versucht, die Selektion und die Hierarchisierung in der gleichzeitigen oder dem aktuellen Lesen nachfolgenden Verarbeitung nachzuvollziehen. Die besondere Bedeutung, die Ingarden aus phänomenologischer Betrachtung der semantischen Ebene beim Lesen zuschreibt, wurde durch die empirische Sprachverarbeitungsforschung bestätigt. Die in der Vorstellung des Lesers bereitgestellte Bedeutung eines Wortes, von Wortverbindungen in Sätzen usw. spielt eine viel größere Rolle beim Lesen, als man am Beginn der Leseforschung zunächst meinte. Grapheme sind konventionelle Gebilde, die, anders als die Laute, Wörter usw. der gesprochenen Sprache, nicht unmittelbar als Sprachgesten wahrgenommen werden. Beim geübten Leser tritt die «phonologische Information» der Buchstabenschrift immer mehr zurück. Das zeigt sich u. a. auch beim «wörtlichen» Behalten, das nur kurzfristig verfügbar ist, dann aber rasch verblaßt. Von den ersten gestalttheoretischen Erklärungsversuchen bis zur Kognitionsforschung der letzten drei Jahrzehnte wird zunehmend beachtet, wie das Vorwissen des Lesers schon in diese scheinbar einfache Aufnahme des «buchstäblichen» Wortsinns hereinspielt – wie viel mehr dann in die weitere kognitive Erfassung des so Erdeuteten!

Wenn ohne das gekennzeichnete vorstellende Denken, das das festgehaltene Ergebnis einmal gefällter Urteile («Weltwissen») im gegenwärtigen Moment aktualisiert, selbst im elementarsten Sinne nichts «gelesen» werden kann, fällt dem Umgang mit diesem Denken eine grundlegende Bedeutung zu. Hier ist der Punkt, wo das lesende Subjekt zu sich selber in ein kritisches Verhältnis treten muß. Der Leser produziert im Akt des Lesens ein bloßes *Bild* (Ingarden nennt es: «etwas dem ‹Schein› Analoges», Ingarden 1960, S. 105), das mit der *Person* des Denkenden verknüpft ist: es ist aus seinem Vorwissen entstanden. In diesen beiden Eigenschaften des vorstellenden Denkens liegt die Chance der raschen Verfügbarkeit und Beweglichkeit, es liegt aber darin auch die Flüchtigkeit des Scheins, der gegenüber man immer in der Versuchung ist, den «bloßen Vorstellungen» willkürlich Gewicht zu verleihen: durch die Gewöhnung an das Bekannte, durch Emotionalisierung und Absichten, die unbewußt sich fest mit den Vorstellungen verbinden und ihnen mit der Durchschlagskraft zugleich Unbeweglichkeit verleihen. Wir erkennen darin solche «tieferen subjektiven Impulse», die, wie Ingarden hervorhebt, beim lesenden Verstehen immer mit Vorstellungen («Denkoperationen») verbunden sind.

Beweglichkeit des vorstellenden Denkens ist aber gerade eine grundlegende Qualität, die zum Lesen gebraucht wird und zwar sowohl im raschen *Aktualisieren* des festgehaltenen Wissens («Bildung»), wie andererseits in der Bereitschaft, eben dieses Festgehaltene auch wieder zu *modifizieren* («Umbildung»).

Wie man mit dem Erworbenen, mit dem aktualisierbaren Wissen umgeht, ist entscheidend. Man muß vor allem die Fähigkeit entwickeln, sich auf eine bewußte Umbildung des zunächst unwillkürlich Vorgestellten einzulassen. Hier ist der Punkt, wo die von der empirischen Sprachverarbeitungsforschung angemahnte «Objektivität» ins Subjekt fällt. Nicht durch Methoden, durch eine an naturwissenschaftlicher Forschung orientierte experimentelle Vorgehensweise in erster Linie, sondern durch die Art des Umgangs mit dem eigenen Vorwissen und den daraus zu belebenden Vorstellungen wird, wenn überhaupt, so etwas wie «Objektivität» möglich. Im leisen Bewußtsein des eigenen Ungenügens hat jeder Leser, der sich ernsthaft um Verständnis bemüht, schon diesen Widerstand in sich selbst entdeckt oder vielmehr in dem, womit er sich zunächst naiv identifizierte, ausgemacht. Eine Gegenüberstellung zu sich selbst, ja eine Umkehrung im Verhältnis zu den eigenen Seelenkräften bahnt sich an, wie sie Hegel für jedes erkennende Bewußtsein aufzeigt: «Von unseren Empfindungen, Trieben, Interessen sagen wir nicht wohl, daß sie uns dienen, sondern sie gelten als selbständige Kräfte und Mächte, so daß wir dies selbst sind, so zu empfinden, dies zu begehren und zu wollen, in dies unser Interesse zu legen. Aber wieder kann es vielmehr unser Bewußtsein werden, daß wir im Dienste unserer Gefühle, Triebe, Leidenschaften, Interessen ohnehin von Gewohnheiten stehen, als daß wir sie im Besitz haben [...].» (Hegel 1969, S. 24) Es ist die Identifikation mit etwas, von dem das um Verstehen bemühte Subjekt beherrscht wird, die den von Rogers gemeinten Widerstand gegen die Selbstveränderung bildet. Aber dieses «Selbst» ist noch kein wirkliches, eigenständiges Selbst, wenn es sich mit seinen Gewohnheiten etc. verwechselt. Wir sind es selbst, die uns hindern an der freien Sicht auf das Aufzunehmende im Text. Wir behindern uns selbst durch unsere Denkgewohnheiten, Absichten und Emotionen, die alle in die Vorstellungsbildung hineinwirken. Ein *kritisches Verhältnis* zum Umgang mit dem eigenen vorstellenden Denken ist also gefordert.

2.

Befreiung des Blicks von subjektiven Befangenheiten zur Aufnahme der Welt, die unverstellt durch «Beobachtung» gegeben sei, war die später nur noch belächelte Sehnsucht und Erwartung der im 19. Jahrhundert aufblühenden Naturwissenschaften. Auf der Grundlage eines heute naiv anmutenden Vertrauens auf das Gelingen der Erkenntnis wurde gerade darin die Befreiung von der «selbstverschuldeten Unmündigkeit» gesehen, eine Befreiung des Subjekts von seiner historisch gewachsenen Selbstverdeckung. Das wirklich Eigene dagegen, so muß man im Sinne dieser Erwartung ergänzen, zeigt und entwickelt sich erst in der Erkenntnis, die immer auch die auf das Subjekt zurückgerichtete Absicht der Befreiung von den Eigenheiten hat. Das zeigt sich in der Sehnsucht, an der Wahrnehmung «Voraussetzungslosigkeit» zu üben, sich am Gegebenen zu befreien von allem, was man als Ballast der Vergangenheit und als Voreingenommenheit, Fremdbestimmung verstehen wollte. Daß in der Praxis diese Wissenschaft ihr Ziel gerade verfehlte, daß eine alles andere als «voraussetzungslose» materialistische Theoretisierung die Sehnsucht nach «Erfahrung» konterkariert hat, kann heute leicht gesehen werden, wo sich im «Trivialisierungsprozeß der Wissenschaften» (Tenbruck) der Abstand zum ursprünglichen Erkenntnisversprechen aufdrängt. Um so mehr muß man sich hüten, die Ausführung mit der Absicht zu verwechseln. Etwas von dieser Differenzierung hat Friedrich Nietzsche geahnt, der mit einer Bemerkung in *Götzen-Dämmerung* (1889) die Intention der Suche nach dem «Gegebenen» im Kern trifft: «Man könnte sagen, dass in gewissem Sinne das neunzehnte Jahrhundert Das alles *auch* erstrebt hat, was Goethe als Person erstrebte: eine Universalität im Verstehn, im Gutheissen, ein An-sich-heran-kommen-lassen von Jedwedem, einen verwegnen Realismus, eine Ehrfurcht vor allem Thatsächlichen. Wie kommt es, dass das Gesammt-Ergebniss kein Goethe, sondern ein Chaos ist, ein nihilistisches Seufzen [...]?» (Nietzsche 1980, Bd. 6, S. 152)

Nietzsche formuliert die positive Seite: Den *Willen* zum «Tatsächlichen». Dazu gehört eine negative: Daß die Begegnung mit dem Gegebenen überhaupt gelingt, hat zur Voraussetzung, was man nach Goethe die «Entäußerung des Menschen» nennen kann, die bewußte Befreiung von der Subjektbefangenheit und Öffnung der Augen zum «Objekt». Bei Goethe begegnet ein differenziertes Bewußtsein von dieser Befangenheit. An den Anfang seines Aufsatzes über den «Versuch als Vermittler von Objekt und Subjekt» stellt Goethe die Beobachtung, wie das durch die Sinne Gegebene immer schon durch das Subjekt verstellt ist, das von der Welt lebt und sich der Welt bedient. Das ist der erste Befund eines kritischen Bewußtseins, das sich bemüht, zwischen Mein und Dein, zwischen dem subjektiv tingierten Umgang mit der Welt und deren unverstellter Erfahrung zu unterscheiden. Aber der dort von Goethe geltend gemachte «Trieb nach Kenntnis» fällt ebenfalls ins Subjekt und zielt andererseits gerade darüber hinaus, «die Gegenstände der Natur an sich selbst und in ihren Verhältnissen unter einander» zu erkennen. (Goethe 1998, S. 380) Diese Verbindung mit der Welt liegt als inneres Ziel, nicht als ein von außen kommender Zwang im Subjekt, das sich damit über sich selbst hinaus entwickeln will. Zu dieser Entwicklung gehört die Auseinandersetzung mit einer in sich selbst beharrenden Subjektivität, die diesen Platz usurpiert, indem sie Gegebenes und Eigenes ununterscheidbar und untrennbar vermischt. Das Gegebene kommt in den Blick in dem Maße, in dem diese unbewußt selbst geschaffene Befangenheit überwunden wird, in dem die Entmischung gelingt.

Goethes besondere Art, sich zur Wahrnehmung zu verhalten, impliziert ein besonderes Verhältnis zum Denken. Dazu gehört auch, jene Befangenheit zu überwinden, von der in den ersten Sätzen des Aufsatzes die Rede ist. Von einer dreifachen Art ist die Befangenheit des die eigene Erfahrung, das erworbene Weltwissen festhaltenden Denkens, das sich, wie Goethe es charakterisiert, als «Vorstellung» zwischen «die Sache» und das erkennende Subjekt schiebt: «Der Mensch erfreut sich nämlich mehr an der Vorstellung als an der Sache, oder wir müssen vielmehr sagen: der Mensch erfreut sich nur einer Sache, in so fern er sich dieselbe vorstellt, sie muß in seine Sinnesart passen, und er mag seine Vorstellungsart noch so hoch über die gemeine erheben, noch so sehr reinigen, so bleibt sie doch gewöhnlich nur ein Versuch, viele Gegenstände in ein gewisses faßliches Verhältnis zu bringen, das sie, streng genommen, unter einander nicht haben; daher die Neigung zu Hypothesen, zu Theorien, Terminologien und Systemen, die wir nicht mißbilligen können, weil sie aus der Organisation unsers Wesens notwendig entspringen.» (Goethe 1998, S. 385) Was Goethe hier «Vorstellung» nennt, ist das im Laufe des Lebens ausgebildete, subjektiv organisierte Weltwissen, das in seiner Aktivierung am Objekt nur dazu benutzt wird, das Subjekt zu spiegeln und es damit in sich gefangenhält. Es erhält seine Macht durch Gewohnheit: in der Gleichartigkeit des Gewohnten bestätigt sich das Subjekt. Aber noch zwei andere Mächte werden gleich am Anfang des Aufsatzes genannt, die geeignet sind, diese «Vorstellung» festzuhalten und ähnlich wie die Gewohnheit die Sicherheit des «Maßstabs» für jedes Urteil über die Welt zu geben: im

«Maßstab des Gefallens und Mißfallens, des Anziehens und Abstoßens» (ebd., S. 380f.) wirkt *Gefühl*, das sich mit dem Denken verbindet, ebenso egoistisch, wie im Maßstab des «Nutzens und Schadens» der *Wille*. Auch sie geben der bloßen «Vorstellung» Kraft, indem sie diese zugleich binden: sie binden das Denken ans Subjekt. Aus diesen drei Befangenheiten entsteht für jeden Einzelnen die Schein-Welt eigener Konstruktionen, die der eingangs gekennzeichnete einseitige Blick auf das Subjekt für unübersteigbar hält.

Der Aufsatz skizziert, wie die Hinwendung zur Sinneswahrnehmung und die entsprechende Begriffsbildung unter Beibehaltung und Vertiefung der kritischen Haltung gegenüber sich selbst (Goethe nennt es: «sein eigener strengster Beobachter sein») ausgebildet werden soll. Dazu gehört auch die Selbstprüfung im Austausch mit anderen, wobei die Kommunikation sogar die Geschichte der Erkenntnis umfassen soll: Es gehört alles dazu, was andere erforschen und erforscht haben, um die eigene Forschung mit kritischem Abstand von außen, und zwar auch in ihrem intersubjektiven und historischen Zusammenhang, sehen und bewußt ausbilden zu können. Auch das Verhältnis zur Wahrnehmung soll im Versuch einer dauernden Prüfung unterworfen werden, dessen Ergebnisse ihrerseits wieder durch die Publikation sich der Kritik anderer Forscher zu stellen haben.

In der Begegnung mit anderen Menschen wie im Umgang mit der Wahrnehmung soll also die Fähigkeit ausgebildet werden, nicht nur sich intensiv der Sinneswahrnehmung zuzuwenden und Begriffe zu bilden, sondern das Gebildete auch wieder lösen zu können aus den erwähnten Befangenheiten. Jede «Erfahrung» ist daher doppelte Bemühung, zur Sache selbst zu kommen und die «Entäußerung des Menschen» zu üben. Das «Gegebene» erscheint erst in dem Maße, in dem die Entäußerung gelingt. Damit ist eine ständige Übung in Erfahrung und Selbsterfahrung in Gang gebracht. Der einfache Entschluß zur Überwindung der Befangenheit bliebe Illusion, würde nicht mit jeder Erfahrung auch neue Selbsterfahrung der eigenen Befangenheit möglich gemacht, denn: «Ruckartige Auflösung aller naiven Befangenheit ist schon deshalb unmöglich, weil kein Mensch je ganz weiß, was er glaubt.» (Schmitz 1980, S. 21)

3.

In der fortgesetzten Übung des Urteilsverzichts an der Sinneswahrnehmung wird in der Naturbeobachtung die Fähigkeit geübt, die Vorstellungsbildung zu befreien von der dreifachen Befangenheit zur Aufnahme eines Gegebenen und, nach Goethes Auffassung, das in der Vorstellung neu Gebildete geprüft in der Kommunikation und im Versuch – auch dies eine Übung zur freien, gegenstandsbezogenen Vorstellungsbildung. Gibt es Entsprechendes beim Lesen? Gibt es die Möglichkeit einer Übung zur Befreiung der Vorstellungen aus der Befangenheit bei einer Erkenntnistätigkeit, wo der Gegenstand überhaupt erst durch das Vorstellen gegeben ist? Die Vorstellungsbildung wird beim Lesen in einem eminenten Maße gebraucht, aus Erinnerung und Phantasie das Verständnis gebildet. Aber gerade darum ist der Begriff der Umbildung so wichtig, weil er aus der Alternative entläßt, entweder naiv das Vorwissen zu vernachlässigen oder sogleich gebannt auf eine unaufhebbare und vollständige, subjektive oder intersubjektive Eingebundenheit jedes Verstehens zu sehen; wie es sich damit verhält, mag noch offenbleiben. Die Umbildung findet ihren Widerstand in den drei Befangenheiten, die in der Leseforschung unter den drei Gesichtspunkten «kognitiver», «emotionaler» und «motivationaler» Prozesse beschrieben werden. Besonders die Rolle der «Zielvorstellungen» und des «Vorwissens» sind Gegenstand der Sprachverarbeitungsforschung gewesen.

Um uns dem Gesuchten zu nähern, denken wir uns einmal, wie wir idealerweise einen Gedankengang eines Textes aufnehmen könnten, und zwar im Sinne der alten hermeneutischen Unterscheidung des «percipere prius, post iudicare». Zwei Qualitäten beziehungsweise Tätigkeiten seien hervorgehoben:

1. Ich verhalte mich so zum Gedanken des Textes, daß ich das Zusammenhängende aktiv suche und das mir unzusammenhänglich Erscheinende sogar zu ergänzen suche, wobei ich mich möglichst an den Kontext halte und die Kritik am Unzusammenhänglichen zunächst unterdrücke. In der Trennung von Verstehen und Kritik in der traditionellen Hermeneutik spiegelt sich dieses Bemühen ebenso wie noch im Gegensatz «autonomer» und «interaktiver» Modelle, wie er der modernen kognitiven Sprachverarbeitungsforschung geläufig ist.

2. Die in der immanenten Interpretation literarischer Texte gebrauchten Ausdrücke der «voluntas auctoris» beziehungsweise – in einem engeren Sinne – der «intentio operis» können auch in einem solchen Lesen des Gedankenzusammenhangs in einem bestimmten Sinne herangezogen werden: Wenn ich mich in dem oben beschriebenen Sinne zu lesen bemühe, so muß ich die Gedankenzusammenhänge wirklich bewußt herstellen *wollen*, «Rezeptionsenergie» und («momentane») Rezeptionsmotivation müssen stark, aber unbestimmt-bestimmbar sein. Das wird am deutlichsten, wenn mit «gutem Willen» ergänzt werden muß, was durch die Unzulänglichkeit des Textes nicht *expressis verbis* erscheint, von dem aber vermutet werden kann, daß man es im Sinne des Autors so denken müsse. Man kann einen Willenswiderstand bemerken, einen Un-

willen, fremde Gedanken und gerade diese noch aus eigener Anstrengung zu ergänzenden Gedanken zu denken. Wer sich selbst beobachten kann, kennt diesen Widerstand beim Lesen und weiß, was es für eine Mühe kosten kann, ihn zu überwinden. Der Widerstand trägt Masken. Eine davon heißt: Ich will doch nicht einfach glauben, was der Autor sagt. Aber es geht nicht um «Glauben» oder «Unglauben», sondern um das wirkliche Denkenwollen dessen, was der Text zu denken anleitet, oder, wenn er es unvollständig tut, sogar mit gutem Willen zu verstehen, vielleicht in der in einem unvollständigen Ausdruck nicht ganz verwirklichten Absicht des Autors beziehungsweise des Textes weiterzudenken. Für die oben skizzierte Organbildung der Vorstellungen beim Lesen ist dieser Wille grundlegend. Wird er vernachlässigt, kann sich das Vorstellen gar nicht ausbilden, nicht weil die einzelnen Vorstellungen fehlten, sondern der Wille, mit ihnen umzugehen. Es ist wie beim Gebrauch von Sinnesorganen. Oliver Sacks schildert den Fall einer blinden Frau, die ein Leben lang ihre Hände nicht richtig gebrauchte; obwohl ihr Tastsinn richtig funktionierte, erspürte sie nichts durch die Hände. Erst als sie sich, durch kleine Erfahrungen angeregt, bewußt anstrengte, *etwas* zu fühlen, da erwachte das Sinnesorgan. (Sacks 1987, S. 88ff.) Von dieser Kraft spricht in seiner Autobiographie *Das wiedergefundene Licht* auch Jacques Lusseyran, der mit acht Jahren blind wurde und es als Glücksfall erlebte, daß er nicht als Erwachsener das Augenlicht verlor. Als Kind konnte er mit der Situation fertigwerden, denn Kinder haben noch die Kraft der Unbefangenheit: «Für ein Kind ist Mut die natürlichste Sache der Welt, eine Sache, die man zeigen muß, und das zu jeder Minute des Lebens. [...] Es vertraut sich dem Strom der Dinge an, und dieser Strom trägt ihm in jedem Augenblick Glück zu.» (Lusseyran 1981, S. 17) Das Kind war noch nicht gelähmt durch die Projektion seiner Vergangenheit in die Zukunft: es war noch nicht befangen in seinen Vorstellungen, die seinen «Mut» gelähmt hätten.

Schwerer noch als in der Naturerkenntnis ist der Widerstand des gebundenen Denkens im Verstehen zu durchbrechen. Was Goethe mit dem Spiegel des Subjekts, der gewordenen Persönlichkeit in der Liebe zu den eigenen Vorstellungen meint, wird beim Verstehen eines Textes zu einem beinahe unüberwindlichen Problem. Der Text hat einen Sinn, eine Intention, die ihm ein anderes Subjekt gegeben hat. Auf den Sinn ist die Rationalitätserwartung des Lesers gerichtet, aber darin liegt auch das Problem: Die Spiegelung der eigenen Persönlichkeit in der Begegnung mit der Sinneserfahrung der Natur aufzugeben ist leichter, als sich in einem fremden sinnvollen Zusammenhang wiederzufinden. Dieses Wiederfinden kann nur geschehen durch Verabschiedung von möglicherweise sogar tragenden Konstituenten einer eigenen, auf die eigene Persönlichkeit gerichteten sinnvoll gedeuteten Welt. So müßte man sich selber in der Welt eines anderen wiederfinden können oder sich bei diesem Versuch verlieren. Was dem unerfahrenen Kind die, wie Jacques Lusseyran sagt, «natürlichste Sache der Welt» ist, der Mut, unbefangen auf neue Erfahrungen zuzugehen, ist für den in seiner Persönlichkeitswelt stabilisierten Erwachsenen das Schwerste.

Zur Voraussetzung hat die Übung dieser beiden genannten Qualitäten beim Verstehen eines Gedankengangs die Befreiung der Vorstellungen aus den gekennzeichneten Befangenheiten. Man muß die dreifache Fähigkeit entwickeln, nicht nur in eigenen (Denk-)Absichten vorstellen zu können, sich von der emotionalen Besetztheit bestimmter Vorstellungen lösen zu können und dadurch die Freiheit gewinnen, an ungewohnten Gedankengängen ganz neue emotionale Erfahrungen zu machen. Außerdem braucht es die Lösung von Denkgewohnheiten.

Ist es möglich, die genannten Qualitäten und ihre Voraussetzungen beim Lesen eines Textes zu entdecken und zu üben? Bei der Naturerfahrung ist es die Grenze zur Wahrnehmung, die den Prüfstein und Widerstand zur Ausbildung entsprechender Fähigkeit darstellt: sie erscheint erst, wenn man sich ihr mit der entsprechenden Einstellung nähert. Das Gegebene ist nichts Auffindliches, aber ebensowenig etwas Ausgedachtes. In Analogie zur Naturerfahrung kann gefragt werden: Könnte es sein, daß man eine ähnliche Erfahrung auch bei Texten machen kann, daß etwas der reinen Wahrnehmung Analoges sich als Widerlager der eigenen Tätigkeit des Verstehens zeigt, wenn man bewußt im Sinne der genannten Einstellung an den Text herantritt?

4.

Nur eine solche Einstellung vorausgesetzt – sagt dann der Text selber, wie er gelesen werden muß? Nicht einfach Urteilsverzicht gegenüber einem Gegebenen wie bei der Naturwahrnehmung kann geübt werden, weil der Text nur entsteht, wenn urteilend Vorstellungen gebildet und umgebildet werden. Nur die, nach drei Seiten differenzierte, Bereitschaft, gebildete Vorstellungen leicht umbilden zu können, wurde als subjektive Voraussetzung ins Auge gefaßt. Was kommt ihr entgegen?

Drei Arten des Lesens unterscheidet Walther Killy, die beim Lesen von Texten mit künstlerischem Gestaltungsanspruch begegnen können. Im Anschluß an eine Bemerkung von Friedrich Schlegel stellt er zunächst gegenüber ein Lesen aus «reiner Poesie» und ein Lesen aus «reiner Philosophie». Zwischen beiden besteht eine Gegensätzlichkeit: Das Lesen aus «reiner Poesie» «[...] ist eine noch ungebildete Form der Lektüre, die allein die Möglichkeit des Textes, das Gemüt zu erregen, in Anspruch nimmt; noch ungebildet nicht nur, weil sie von den anderen Möglichkeiten absieht, sondern auch, weil sie von sich selbst nicht absehen kann». (Killy 1982, S. 13f.) Der «philosophische Leser» dagegen fragt geradewegs nach der «Bedeutung», ohne zu beachten, *wie* diese sich aussprechen will. Vergleichbar an beiden Einstellungen ist, daß sie beide den Text verfehlen, die Subjektivität im zweiten Fall also nur ein anderes Gewand trägt. Killy faßt Texte ins Auge, die ein anderes Leseverhalten fordern und von den beiden genannten unbedingt verfehlt werden müßten. Man kann aber sagen: Das geforderte Leseverhalten enthält die beiden Extreme subjektiver Aneignung in verwandelter Form als ästhetisches Genießen und Verstehen.[2] Killy weist hier auf die Kunstauffassung Goethes und zitiert eine briefliche Äußerung Goethes, die diese Vereinigung der Gegensätze auf einer höheren Stufe knapp umreißt: «Es gibt dreierley Arten Leser: Eine, die ohne Urtheil genießt, eine dritte, die ohne zu genießen urtheilt, die mittlere die genießend urtheilt und urtheilend genießt; diese reproduciert eigentlich ein Kunstwerk auf's neue».[3] Nur ein «mittleres Lesen», in dem Denken und Erfahrung nicht auseinanderfallen, würde Texten, wie sie Goethe dabei im Auge hat (er spricht in diesem Brief von seiner eigenen Erfahrung als Autor), keine Gewalt antun.

In jeder Begegnung mit einem Text – und hier muß man keine Vorentscheidung treffen, welcher etablierten Kategorie dieser angehören soll, nicht einmal, ob er ein künstlerischer oder etwa ein wissenschaftlicher sei – kann man sich fragen, ob er einer ist, der eine solche «Lesekunst» (Killy) herausfordert. Warum sollte nicht ein «wissenschaftlicher», vielleicht ein «philosophischer» Text auch so gelesen werden müssen, daß die *Sprache*, wie es in einem poetischen Text selbstverständlich erscheint, mitgelesen werden muß? Gehört es nicht gerade zur Ausbildung einer «Lesekunst», die Entscheidung über die Art, wie zu lesen sei, aus der Auseinandersetzung mit dem Text erst zu treffen?

Wir sind es gewohnt, bestimmte Arten des Lesens aus vorgestellten funktionellen Unterscheidungen von Texten zu erwarten. In seinem Werk *Vom Erkennen des literarischen Kunstwerks* versucht Roman Ingarden

---

2 Zur Rechtfertigung des Begriffes «ästhetisches Genießen» s. Groeben, 1988, S. 203 u. 209f.

3 Aus einem Brief Goethes an J. F. Rochlitz vom 13. Juni 1819, zitiert nach Killy, S. 15.

Grundzüge einer Phänomenologie des Lesens wissenschaftlicher und literarischer Texte herauszuarbeiten. Er hebt die funktionellen Unterschiede hervor: «Die Funktion des wissenschaftlichen Werkes besteht darin, die Intention des Lesers, welche von ihm im Verstehen der Sätze (Urteile) vollzogen wird, auf die dem Werk *transzendenten* Gegenstände zu lenken; diese Gegenstände sollen an sich unabhängig vom Werk existieren und so bestimmt sein, wie es sich eben aus dem Sinn der im Werk auftretenden Urteilssätze ergibt.» (Ingarden 1968, S. 153f.) Anders beim literarischen Lesen. Hier findet keine Transzendierung statt, die Aufmerksamkeit ist gerade auf das intentionale Korrelat gerichtet, das für den wissenschaftlichen Leser als solches nur ins Blickfeld gerät, wenn der Lesevorgang unterbrochen wird, weil man eben nicht versteht oder kritisch zurückfragt – aber auch dann nur mit dem Ziel, wieder zum «Gegenstand» des Textes zurückzukehren. Daran zeigt sich aber, wie eine Einstellungsänderung auch beim Lesen beispielsweise «wissenschaftlicher» Texte durchaus zur täglichen Erfahrung gehört. Die Sprachverarbeitungsforschung hat gezeigt, wie beim Lesen solcher Texte beispielsweise die Syntax nur so weit berücksichtigt wird, «wie es für die konstruktive semantische Integration eines Satzsinnes nötig ist [...].» (Groeben 1982, S. 39) Aber der Leser kann sich flexibel verhalten, er kann zwischen verschiedenen «Verarbeitungsstrategien» wählen, was nachhaltige Folgen bis hin zur Repräsentanz des Gelesenen im Gedächtnis hat: «Das spricht dafür, daß sich der Leser von zum Beispiel literarischen Texten auch durchaus auf formale (ästhetische) Textdimensionen einstellen kann und dann eine entsprechende Verarbeitungstiefe einschließlich mnemonischer Speicherung erreicht.» (Ebd., S. 39) Ist denn auszuschließen, daß selbst in einem wissenschaftlichen Text die Sprache ästhetisch erlebt werden kann? Könnte es nicht sein, daß auch hier die sprachliche Form für das Verstehen wesentliche Bedeutung hat? Also muß man auch solche Einstellungen zu Texten überprüfen, ob sie für die Eigenart eines Textes wirklich offen sind. Ob man von einem Text einen «wissenschaftlichen» oder einen «künstlerischen» Anspruch erwartet, ob er ihn selber als Anspruch vor sich herträgt, kann nicht über die Art des Lesens entscheiden, sondern nur die konkrete Erfahrung am Text.

Es kann nun sein: Man bemerkt, daß ein Text nur in einem sehr eingeschränkten Sinne sich der Sprache bedient, wie beispielsweise ein Lehrbuchtext. Er ist dann ein guter Text, wenn er den Prozeß der Bildung und Umbildung von Vorstellungen auch ohne ein umfassendes Erleben der Sprache für denjenigen ermöglicht, der sich im Sinne der genannten Einstellung wirklich verstehen zu wollen verhält (und vielleicht auch vorausgesetztes Vorwissen mitbringt). In der Forschung wurde viel Mühe darauf verwendet der Frage nachzugehen, wie ein solcher Text am besten zu gestalten sei. Ist der Leser auf «Inferenzen» zu seinem Welt- oder kommunikativen Wissen angewiesen, muß auch dies aus dem Text und seiner Kennzeichnung deutlich werden (Voraussetzung). Ansonsten muß im Prozeß der Bildung und Umbildung der Vorstellungen beim Lesen der Sinn möglichst genau und möglichst rasch zu ermitteln sein. Die so durch Bildung und Umbildung entstehenden Vorstellungszusammenhänge können dann bewußt vom Leser in bezug auf sein Vorwissen betrachtet oder einfach nur logisch geprüft werden. Besondere Anstrengungen in Theorie und Detailforschung wurden aufgewendet, um beispielsweise Lehrtexte «besser» (das heißt der pädagogischen Absicht entsprechend in möglichst kurzer Zeit lesbar) zu gestalten. Um sich von solchen Bemühungen und Ergebnissen ein Bild zu machen, hier eine typische Empfehlung als «praktische Konsequenz» einer Sprachverarbeitungs-Untersuchung. Der Autor favorisiert ein Modell der «holistischen Theorie» zum Textverstehen, bei dem angenommen wird, daß beim Lesen auch in der Aufnahme von Einzelheiten immer schon umfassende «Modellkonstruktionen» mitwirken, die durch den Leser konstruiert werden. Texte müssen dann so gestaltet werden, daß diese Konstruktionen möglichst effektiv im Sinne der pädagogischen Absicht angeregt werden. Das klingt theoretisch-allgemein, hat aber, besonders für den Aufbau des Textes, konkrete Folgen: «Ein guter Textaufbau muß die zeitlichen Informationserfordernisse beziehungsweise die Eigendynamik des Verstehensprozesses berücksichtigen, indem die für den Aufbau des mentalen Modells erforderlichen Informationen jeweils rechtzeitig dargeboten werden. Der Autor eines Textes lenkt den mentalen Konstruktionsprozeß des Lesers in eine bestimmte Richtung und muß dann mit dem Aufbau seines Textes den Leser auf diesem Weg gewissermaßen begleiten. Er muß berücksichtigen, welche Fragen sich dem Leser im Augenblick aufgrund des bisherigen Texts vordringlich stellen und auf diese Fragen möglichst bald eine, zumindest vorläufige, Antwort geben. Es muß durch den Textaufbau im Verstehensprozeß eine Art Fließgleichgewicht zwischen dem Informationsbedarf des Lesers und dem Informationsangebot des Textes hergestellt werden.»[4] Die Sprache solcher Texte verlangt möglichst exakt definierte Ausdrücke, die unter Umständen sogar durch Symbole ersetzbar sind. Auf jeden Fall aber muß ihre sachliche Angemessenheit einer strengen semantischen Analyse standhalten, wie etwa Th. Herrmann für die Sprache der Kognitionsforschung selber anmahnt. (Herrmann 1980)

---

4 Schnotz 1985, S. 48; weiter ausgearbeitet und in einen größeren Zusammenhang gestellt ist dieser Ansatz in: Schnotz 1993.

Bei einem Lesen wie dem hier angedeuteten bleiben viele verschiedenartige Erfahrungen unberücksichtigt, die «nebenbei» gemacht werden. Vielleicht können sie auch unberücksichtigt bleiben und der Prozeß von Bildung und Umbildung der Vorstellungen kann zu einem in sich kohärenten Resultat führen, in der Art wie oben beschrieben, so daß schließlich ein eigenes Urteil des Lesers nach dem Mitvollzug des fremden Gedankengangs möglich ist. Wer eine kritische Haltung zu sich selber im Sinne der Offenheit für eine möglicherweise sogar ganz ungewohnte Erfahrung einzunehmen bemüht ist, wird sich – und zwar ohne Rücksicht auf eine vorgegebene Etikettierung des zu lesenden Textes – vom Text belehren lassen müssen, wie weit auch für unsere Lesegewohnheiten heute meist unberücksichtigt bleibende Erfahrungen am Text zur Bildung des «intentionalen Korrelats» beitragen: Die Sprache des Textes könnte sich in ihrer sinnlichen Mannigfaltigkeit als vorstellungsleitend erweisen. Das «Gegebene» hätte dann einen viel größeren Umfang bekommen.

Im Laufe der Zeit haben sich die Lesegewohnheiten so entwickelt, daß dieses Gegebene beim «stillen Lesen» immer mehr in den Hintergrund gedrängt worden ist. Die flüchtige sinnliche Wahrnehmung der Schriftzeichen wird von Roman Ingarden mit der flüchtigen Wahrnehmung anderer Dinge verglichen: man «sieht» dabei zunächst das Typische, das Abstrakte. Man «sieht» nicht ein Ding, sondern der Eindruck ist nur Anlaß zur Vorstellungsbildung, zum flüchtigen Wahrnehmungsurteil, das ganz aus dem Vorwissen und der darauf gründenden Erwartung bestimmt wird. Es entsteht zunächst ein *Bild*, das *in abstracto* zutreffend sein kann oder nicht. «Erst ein weiteres, aufmerksameres Wahrnehmen führt zu einem genaueren Erfassen des Einmaligen, Einzigen in vielen Einzelheiten, so daß wir dann seine Verschiedenheit von anderen ‹ähnlichen›, ‹gleichartigen› Gegenständen erfassen.» (Ingarden 1968, S. 17, Anmerkung) Man muß sich diese Dürftigkeit der flüchtigen Wahrnehmung zum Bewußtsein bringen, um beim Vergleich mit der bewußten, wirklich zum Detail vordringenden Wahrnehmung darauf aufmerksam zu werden, wie sehr zunächst das Lesen ganz in die abstrakte Vorstellung führt. Dennoch wird über die Vorstellung, in der einzelne Wörter und ihre Zusammenhänge als bestimmte Wörter, Sätze usw. einer bestimmten Sprache identifiziert werden, zugleich auch wieder eine *Wahrnehmung* angeregt: eine *Wahrnehmung an der Sprache*. Und diese, durch die Vorstellung evozierte Wahrnehmung, bleibt durch Gewohnheit mit der primären sinnlichen Erscheinung verbunden, bildet mit ihr zusammen einen «Wortleib», wie Ingarden es ausdrückt: «Bei normalen Menschen, welche die betreffende Sprache in ihrer lautlichen Gestalt wirklich kennen, ist mit dem stillen Lesen sofort ein imaginatives Hören der entsprechenden Wortlaute und auch der

Sprachmelodie verbunden, ohne daß sie darauf besonders achtgeben. Wo der Wortlaut eine größere Bedeutung hat, kann sich sogar ein unwillkürliches, leises effektives Mitsprechen dieser Laute einstellen, wobei auch zugleich gewisse motorische Phänomene auftreten können. Die auditive Erfassung der lautlichen Gestalt der Worte ist mit der visuellen Erfassung des Niedergeschriebenen so eng verbunden, daß auch die intentionalen Korrelate dieser Erlebnisse eine besonders innige Verbindung einzugehen scheinen. Die lautliche und visuelle Gestalt des Wortes scheinen gleichsam nur zwei verschiedene Aspekte desselben ‹Wortleibes› zu sein.» (Ingarden 1968, S. 18). «Wortlaut» und Bedeutung eines Wortes usw. bilden, wenn man sie auch unterscheiden kann, eine Einheit, wobei der Wortlaut, selbst bei literarischen Werken, ganz zurücktreten kann. Er kann aber auch von Bedeutung sein – dann wird das nur nebenbei Wahrgenommene ins Bewußtsein treten müssen, wenn der Text wirklich ganz gelesen werden soll. Was für die Lautung gilt, gilt auch, sogar in größerem Maße noch, für andere Qualitäten der Sprache, deren Funktion Ingarden durch verschiedene «Schichten» des literarischen Kunstwerkes verfolgt. Es kommt auf die Sensibilität des Lesers an, die Bedeutung der Sprache für die Bildung des intentionalen Korrelats zu bemerken und das nebenbei Wahrgenommene dementsprechend in die Aufmerksamkeit zu rücken.

Es entspricht noch unseren Lesegewohnheiten, eine entsprechende Sensibilität bei Texten zumindest zu fordern, die nach unserer Auffassung einen Anspruch machen, «literarische Kunstwerke» zu sein. Die Probe aufs Exempel unserer Offenheit für das Gegebene könnten wir aber machen, wenn wir auch offenlassen, ob derartige Erfahrungen eventuell auch an anderen Texten gemacht werden können. Immer wäre also zu fragen: Welche Rolle spielt hier, an diesem Text, die Sprache? Was ergibt sich für den Sinn selbst eines wissenschaftlichen Textes, wenn damit gerechnet werden muß, daß die Sprache eventuell sogar bis in die von Ingarden in die unterste Stufe versetzte Lautung hinein vorstellungsleitend sein kann? An der Erfahrung des einzelnen Textes muß diese Frage geprüft werden. Die Sprache kann in ihrer Bedeutung ganz zurücktreten wie in dem Lehrbuchtext-Beispiel. Es könnte aber auch sein, daß ein gedanklicher Text erst die von ihm erwartete präzise Kohärenz zeigt, wenn seine Sprache, bei verschiedenen Texten wiederum in verschiedener Weise, ernstgenommen wird als konstitutiv für die Anregung des Bildungs- und Umbildungsprozesses der Vorstellungen. Ein Beispiel dafür ist Elisabeth Wilkinsons Interpretation der philosophischen Prosa von Friedrich Schiller: Sie zeigt, wie Lücken im Gedankengang einer rein analytischen Lektüre, eine scheinbar völlig willkürliche Verwendung von sprachlichen Ausdrücken zur Bezeichnung wichtiger Begriffe und

Theoreme, sich als Spiegel einer unvollständigen Lektüre erweisen, die die ästhetische Erfahrung des Textes willkürlich ausklammert. (Wilkinson 1959, S. 389–418;1964) Ein anderes Beispiel für die Bedeutung dieser Erfahrung gibt Uwe Pörksen mit seiner Analyse der Wissenschaftssprache Goethes. Er zeigt, wie sich Goethe etwa in seinem Aufsatz «Versuch die Metamorphose der Pflanzen zu erklären» einer dem sich wandelnden Gegenstand ange-messenen, aspektiv-charakterisierenden Sprache bedient: «Die verschiedenen Ausdrücke stützen und verdeutlichen einander also, zugleich wird aber durch das Variieren jeder einzelne relativiert, als nicht endgültig abgelöst, ergänzt. Dadurch bleibt der Begriffsinhalt zugleich unbestimmt, offen. Der Eindruck eines vagen, die Sache offenhaltenden Sprechens entsteht. Die Sprache wird als Annäherungsinstrument sichtbar und relativiert. Der ein-zelne Ausdruck wirkt fixierend und verführt zum Wortrealismus, zum Iden-tifizieren von Wort und Sache. Das Variieren des u. U. auch metaphorischen Ausdrucks, des Aspekts, schafft ‹Sprachbewußtsein›, d. h., das Bewußtsein der Unterschiedenheit von Wort und Sache.»[5] Mit Absicht verfaßt Goethe seine wissenschaftlichen Texte so, daß der Leser seine Vorstellungsbildung und -umbildung ganz nahe an der ästhetischen Erfahrung vollziehen muß, wenn der Text für ihn einen kohärenten Sinn machen soll.

Es geht also nicht um die gefällige Form des irgendwie Gemeinten, nicht um Texte, die der besseren Wirkung wegen sich ein besonderes Sprachkleid angelegt haben, wie das zu allen möglichen Überredungszwecken praktiziert wird. Es geht um den sachlichen Beitrag der Sprache zur bewußten Bildung des «intentionalen Korrelats», um die Erfahrung des Gegebenen, das eben nicht unbewußt aufgenommen und unentwirrbar vermischt ist mit irgend-einer «Botschaft» oder Handlungsanweisung des Textes. Es geht um ein Ge-

---

5 Zu dieser Differenzierung von «Wort» und «Sache» bei Goethe bemerkt Pörksen: «Dieses Bewußtsein, daß Wort und Sache auseinanderzuhalten sind und das Wort als Träger einer ‹Vorstellung› nur einen begrenzten Erfassungsversuch darstellt, ist eine Voraussetzung von Goethes Denken und der wohl wichtigste Bestandteil seiner Er-kenntnis- und Sprachtheorie.» (Beide Zitate: Pörksen 1986, S. 82f.) An dem Unterschied zu Linnés Wissenschaftssprache wird dabei die scheinbare Paradoxie greifbar, daß ein wissenschaftlicher Text, der wegen seiner sachlichen Nüchternheit klar definierter Aus-drücke keine besondere Beachtung der Sprache erfordert, um so stärker an die Sprache binden kann. Die «Transzendierung» (Ingarden) der Sprache kann dieser gerade in solchen Texten nicht entgehen. Die Blicklenkung geschieht nur um so sicherer, weil unbewußter. Es ist aber eine Handhabung der Sprache möglich, die, wenn sie ernst-genommen wird, eine Transzendierung erlaubt. Durch die genaue Beachtung der Spra-che bis in die Gliederung des Textes hinein (ebd., S. 88f.), die ganze Komposition, die Wiederholung etc. öffnet sich der Blick auf einen Gegenstand, der gerade durch die ge-wohnte identifizierende Art des wissenschaftlichen oder alltagsprachlichen Benennens verdeckt werden kann.

gebenes, bei dem der Leser einerseits in wachem Bewußtsein bei sich selber ist, indem er sich andererseits um die Sache des Textes bemüht.[6]

III. Ausblick: Textverstehen und Menschenerkenntnis

Was ist das «Gegebene» beim Lesen? Kurz zusammengefaßt: Ohne Vorstellungsbildung erscheint kein «Gegebenes», aber das Vorstellen findet seine Bestätigung oder den Anstoß zur Umbildung in den Worten, Sätzen und größeren Zusammenhängen im Text. Das geschieht in unterschiedlicher Weise. Der Differenzierung liegt die Handhabung der Sprache im Text zugrunde. Der Leser muß seinerseits in der Lage sein, sich auf die Sprache des Textes einzulassen. Nur eine, allerdings grundlegende Voraussetzung dazu wurde hervorgehoben: die Befreiung von den drei Gefangenschaften des Denkens, die Befreiung des Denkens zur beweglichen Bildung und Umbildung der Vorstellungen, welche, einmal bewußt gemacht, beim Lesen immer weiter geübt werden kann. Die Erfahrung wird dann zeigen, ob die ganze sinnliche Fülle der Sprache sachlich zum Text gehört, also zur Bildung und Umbildung der Vorstellungen genau zu beachten ist. Es kann sich aber auch zeigen, daß der Text eine «Transzendierung» erlaubt oder daß die Sprache des Textes sogar eine wache Vorstellungsbildung behindert, indem sie, als überredende Sprache, die drei Gefangenschaften der Vorstellungen zu manipulierenden Absichten benutzt. Das Gegebene des Textes wird also nicht einfach vorgefunden. Es kann sich nur unter der Voraussetzung einer bestimmten Einstellung und Tätigkeit zeigen und ist nur präsent in dieser Tätigkeit. Aber es ist darin keine Einbildung, sondern Erfahrung an der Sprache.

Wer sich die Frage nach dem Gegebenen stellt und sie offenhält, hat also damit schon einen ersten Schritt in die Richtung der von Rogers angemahnten Bereitschaft zur Selbstverwandlung im Verstehen getan. Die starren Fesseln der eigenen Befangenheit werden erst erlebt beim Bemühen, sich

6 An dieser Stelle sei hingewiesen auf ein Essay von Derek Attridge, das nach dem hier wiedergegebenen Referat erschienen ist: *Innovation, Literature, Ethics: «Relating to the Other»*. Darin wird die ästhetische Dimension des Textverstehens im allgemeinen hervorgehoben. Attridge betont die Relativität des «Anderen» zum Eigenen. Sie wird durchsichtig im Prozeß des Verstehens, wenn die prinzipielle Bereitschaft besteht, sich selber nach Maßgabe des Anderen zu ändern. Aus der ethischen Einstellung, den Anderen, das Andere verstehen zu wollen, entspringt die Verantwortung für den Text und damit die Notwendigkeit, den Text in seiner wirklichen Erscheinung ernst zu nehmen über die Grenze der konventionellen Einteilung in «literarische» und «nicht-literarische» Texte hinaus. Ein solches Lesen ist ebensosehr eine aktive Hinwendung zu einem Ungewohnten, wie eine bewußte Auseinandersetzung mit der eigenen Neigung, an die Stelle des Unbekannten das Angeeignete, Bekannte zu setzen.

dem «Gegebenen» zu stellen. Es öffnet sich gerade dadurch ein Weg, sie nach und nach zu lockern zum freieren Blick auf den Text. Durch die eigene (Vorstellungs-)Tätigkeit, in der «Konstruktion» zeigt sich ein Inhalt, der um so gegenständlicher und konkreter erscheint, je mehr die Bereitschaft wächst, ihm Raum zu geben. Das andere, der fremde Sinn, kann in seiner eigenen Art auftreten.

Bedenkt man diese Möglichkeit der Selbstverwandlung durch das Textverstehen, wie man sie in der täglichen Praxis erlebt und phänomenologisch untersuchen kann, dann läßt sich die Frage nach dem Lesen *anthropologisch erweitern. Welche menschlichen Tätigkeiten und Fähigkeiten liegen den Erfahrungen des Lesens zugrunde?* Dazu sollen abschließend zwei Fragen vorgestellt werden:

1.

Wie kann man die besondere Art der Erfahrung von Sprache beim Lesen verstehen?
Diese Erfahrung unterscheidet sich doch offensichtlich vom Hören des gesprochenen Wortes, schon weil der Leser im vorstellenden Identifizieren der Wörter, Sätze usw. in ganz anderer Weise aktiv werden muß als beim Zuhören. Eine der Wahrnehmung vorausgehende oder zugrundeliegende Eigenaktivität liegt ferner vor bei der «Wahrnehmung» der Lautung usw., wie sie als begleitende, meist übersehene, aber elementare Erfahrung beim «imaginativen Hören der entsprechenden Wortlaute und auch der Sprachmelodie» (Ingarden) gemacht werden bis hin zur vorstellenden Eigenaktivität, die eine Erfahrung des schon gebildeten Textkorrelats ermöglicht. Wir haben nicht die Wahrnehmung der durch einen anderen lebendig gesprochenen Sprache, wir müssen selber aktiv werden und das Selbsthervorgebrachte wahrnehmen. Auch für die Wahrnehmung der Sprache gilt, was vom Erleben des in Bildung und Umbildung der Vorstellungen entstandenen Textsinnes gesagt werden kann: «wir reagieren im Lesen auf das, was wir selbst hervorgebracht haben [...]» (Iser 1976, S. 210). Und anders als beim Zuhören, können diese Erfahrungen wieder und immer wieder aufgesucht werden, gleichsam wie in der Erfahrung des Sinnesgegenstandes für das geduldig wiederholte und prüfende Beobachten. Was geschieht mit diesen Erfahrungen bei wiederholter Lektüre? Wie unterscheiden sie sich von den Wahrnehmungen gesprochener Sprache? Offenbar sind beim Lesen viele Sinne durch das Vorstellen angesprochen. Aber wie unterscheidet sich eine solche Affizierung der Sinne von unmittelbarer Wahrnehmung?

2.

Zwei Arten des Lesens wurden oben unterschieden, die man als Lesen «in» der Sprache beziehungsweise «jenseits» der Sprache charakterisieren kann:

1. Wir sind daran gewöhnt, die Sprache beim Lesen sofort zu transzendieren, die geschriebenen Wörter, Sätze usw. der natürlichen Sprache genauso rasch und sicher auf ihre Bedeutung hin aufzufassen, wie wir die einzelnen Buchstaben zu Bedeutungsträgern zusammen«lesen». Die Auseinanderentwicklung von Graphemen und Phonemen in der Buchstabenschrift spiegelt nur eine Entwicklung, die offenbar auch in dieser Richtung der Transzendierung der Sprache weiter fortschreitet.

2. Es gibt auch ein Lesen «in» der Sprache, in literarischen Texten von uns noch erwartet, als Voraussetzung rein gedanklichen Verstehens eher ungewohnt. Dieses Lesen erfordert, eine ganz enge Verbindung von Denken und Sprache nachzuvollziehen bis hin zur Beobachtung von Wiederholungen von Inhalten, die beim Lesen im ersten Sinne nur überflüssige Redundanzen wären, im zweiten Sinne aber über den gedanklichen Inhalt entscheiden können, weil beispielsweise der rhythmische Zusammenhang beachtet werden muß.

Gibt es darüber hinaus nicht noch ein *drittes Verhältnis zur Sprache*, ein «Diesseits» der Sprache beim Lesen: eine gedankliche Weiterarbeit am Gelesenen, die sich wieder von der Sprache löst? Auch beim flüchtigen Lesen im ersten Sinne wirken unter Umständen sehr weit gespannte, «abstrakte» gedankliche Zusammenhänge zunächst unwillkürlich bei der scheinbar einfachen Aufnahme auch kleinster Sinneinheiten mit, sie wirken u. a. in der Selektion im Gedächtnis. Es wurde vermutet, daß ein Teil der Lesezeit schon zur Bildung der sogenannten «Makropropositionen» verwendet wird.[7] Man kann versuchen, sich solche Zusammenhänge in der Wiedergabe, durch Textgliederungen, Zusammenfassungen usw. bewußt zu machen und am Text zu prüfen: eine Arbeit der Bildung und Umbildung, die immer wieder zum Wortlaut zurückkehrt. Dieser spielt bei der zweiten Art zu lesen eine noch größere Rolle, aber auch hier können die in der Bildung und Umbildung der Vorstellungen beim Lesen gewonnenen begrifflichen Zusammenhänge vom Wortlaut, vom Aufbau des Textes sogar, von der Sprache überhaupt getrennt werden. Vorausgesetzt nun, dies geschieht nicht vor, sondern nach einer gründlichen Auseinandersetzung am Text in Bildung und Umbildung, sei es im ersten oder im zweiten Sinne, dann kann sich die Frage stellen: Wie nimmt

---

7 G. Rickheit/H. Strohner 1993, ein Hinweis auf die Untersuchungen zur Kohärenz (Guindon und Kintsch), S. 234f.

sich der Gedankengang des Textes nun *nach* einer solchen Arbeit am sprachlichen Ausdruck aus, gleichsam «diesseits» der Sprache also?

Im Bewußtsein derart differenzierter Leseerfahrungen kann an ein heute vergessenes Text- und Leseideal erinnert werden: Man denke sich einen Text, der die Sprache nicht nur als Kommunikationsmittel im eingeschränkten Sinne, sondern auch in ihrer ganzen sinnlichen Ausdrucksmöglichkeit umfaßt, und zwar so exakt, daß die daraus angeregte Begriffsbildung des Lesers zu Einsichten führt, die so weit über das «in Worten Gesagte» hinausführen, wie sie doch andererseits aus der Erfahrung am Gegebenen im Text gebildet sind. Das würde nun eine besondere «Lesekunst» (Killy) erfordern, einem solchen Text auf allen Ebenen gerecht zu werden und in der Bildung und Umbildung der Vorstellungen vom ersten «wörtlichen» Verständnis bis zu den differenziertesten ästhetischen Erfahrungen alle Möglichkeiten präzise zu verfolgen. Ein solcher Text, gelesen wie ein Lehrbuch im oben genannten Sinne, wäre vielleicht nicht unverständlich, aber er wäre unvollständig verstanden. Zu einem umfassenden Verstehen bedarf es dann mindestens der drei oben unterschiedenen Arten des Lesens als drei aufeinander aufbauender Schritte: von einem transzendierenden Lesen über ein Lesen «in» der Sprache bis zu einem Ablösen des Textsinnes von seiner sprachlichen Gestalt.

Sind diese drei Schritte des Verstehens vergleichbar zumindest mit einigen Ausgestaltungen der mittelalterlichen «Schriftsinnlehre», die in der neueren Diskussion um das Lesen wiederentdeckt zu werden beginnt? (Greisch 1993, S. 87ff.)

Man kann sich daran erinnern, daß im Mittelalter eine beispielsweise in der Schule von Chartres systematisch geübte Kultur des Lesens ausgebildet wurde, die nicht nur auf das «Buch der Bücher» angewendet worden ist. In drei beziehungsweise vier sich deutlich voneinander unterscheidenden Schritten sollte der Sinn von Texten erschlossen werden, entsprechend den Ebenen der «Schriftsinne» der Texte. Man ging davon aus, daß es Texte gibt, die es notwendig machen, zur Erschließung ihres Zusammenhanges über den wörtlichen Sinn weit hinauszugehen, und daß eine dadurch geforderte Lesekunst prinzipiell erlernbar sei. Auch wurde die Reihenfolge der Sinne oft als bedeutsam, im Sinne eines Aufstiegs der Seele bis zum letzten, «anagogischen», geistigen Sinn als *Weg* angesehen.

Darüber hinaus war in der hermeneutischen Tradition der Schriftsinnlehre mit der Einteilung verschiedener Ebenen des Lesens seit Philo von Alexandrien und Origenes immer wieder auch die Frage gestellt worden nach der *anthropologischen Bedeutung* dieser Lesarten. Die Gliederung in drei Schriftsinne wurde beispielsweise von Origenes in Bezug gesetzt zu drei Wesensseiten des Menschen: Leib, Seele und Geist, das Lesen der drei Sinne etwa bei Alanus ab Insulis drei Fähigkeiten und Verwandlungsstufen des Denkens zugeschrieben: der *ratio* im ersten Sinn, der Kraft, durch die der Mensch die Sinnesdinge unterscheidet und erkennt, dem *intellectus*, dem rein begrifflichen Erkennen und schließlich im dritten Sinn der *intelligentia*, die die göttlichen Dinge zu schauen vermag.

Diese anthropologische Fragestellung mag uns, zumal in der Bildsprache und Symbolik des Mittelalters, sehr fremd erscheinen. Vielleicht könnte aber die Suche nach dem Gegebenen des Textes heute einen ganz neuen Erfahrungszugang zur Würdigung solcher Lehren ermöglichen und umgekehrt, wie angedeutet, könnten aus dem Verständnis des Vergessenen Anstöße zu anthropologischen Fragestellungen erwachsen. (Vgl. dazu Teichmann 1991, S. 178ff.) Auch wenn man solche Wesensgliederungen, wie sie Origenes geläufig sind, nicht voraussetzen muß, auch wenn einem die Bezeichnungen *ratio, intellectus* und *intelligentia* als Denotationen kognitiver Funktionen ungewöhnlich erscheinen, kann man doch für die erfahrende Einstellung zum Text heute die Frage stellen: Ist das Ideal eines vollständigen Textes nach verschiedenen, sich untereinander klar abgrenzenden Ebenen des Verstehens in der Erfahrung nachvollziehbar? Und was könnte durch eine Untersuchung des Lesens, die diese «Schriftsinn-Ebenen» berücksichtigt, über den Menschen erfahren werden?

Literaturverzeichnis

Attridge, D.	«Innovation, Literature, Ethics: ‹Relating to the Other›», in: *PLMA*, Januar 1999, Bd. 114, Nr. 1, S. 20–31.
Blumenberg, H.	*Die Lesbarkeit der Welt*, Frankfurt/M. 1981.
Eco, U.	*Die Grenzen der Interpretation*, München/Wien 1992.
Enzensberger, H. M.	«Die Entstehung eines Gedichts», in: *Gedichte. Die Entstehung eines Gedichts*, Frankfurt/M. 1962.
Goethe, J. W. v.	*Werke*, Jubiläumsausgabe Bd. VI, Frankfurt/M., Leipzig 1998.
Greisch, J.	*Hermeneutik und Metaphysik*, München 1993.
Groeben, N.	*Leserpsychologie I: Textverständnis – Textverständlichkeit*, Münster 1982.
Groeben N./ Vorderer P.	*Leserpsychologie II: Lesemotivation – Lektürewirkung*, Münster 1988.
Hegel, G. W. F.	«Wissenschaft der Logik», in: *Werke*, Band 5, Frankfurt/M. 1969.
Herrmann, Th.	*Über begriffliche Schwächen kognitivistischer Kognitionstheorien*, Mannheim 1980.
Ingarden, R.	*Das literarische Kunstwerk*, Tübingen 1960.

ders.	*Vom Erkennen des literarischen Kunstwerks,* Tübingen 1968.
Iser, W.	*Der Akt des Lesens,* München 1976.
Killy, W.	*Schreibweisen – Leseweisen*, München 1982.
Lusseyran, J.	*Das wiedergefundene Licht. Die Autobiographie eines Menschen, den seine Blindheit sehen lehrte*, Frankfurt/M. 1981.
Nietzsche, F.	*Sämtliche Werke.* Kritische Studienausgabe Band 6, München 1980.
Pörksen, Uwe	*Deutsche Naturwissenschaftssprachen. Historische und kritische Studien*, Tübingen 1986.
Rickheit G./ Strohner, H.	*Grundlagen der kognitiven Sprachverarbeitung*, Basel 1993.
Rogers, C. R.	*Entwicklung der Persönlichkeit. Psychotherapie aus der Sicht eines Therapeuten*, Stuttgart 1973.
Sacks, O.	*Der Mann, der seine Frau mit einem Hut verwechselte*, Reinbek b. Hamburg 1987.
Schmidt, S. J.	«Text – Rezeption – Interpretation», in: E. Ibsch und D. H. Schramm (Hg.), *Rezeptionsforschung zwischen Hermeneutik und Empirik*, Amsterdam 1987.
Schmitz, H.	*Neue Phänomenologie*, Bonn 1980.
Schnotz, W.	*Elementaristische und holistische Theorieansätze zum Textverstehen*, Tübingen 1985.
ders.	*Aufbau von Wissensstrukturen,* München 1993.
Teichmann, F.	*Der Mensch und sein Tempel. Chartres, Schule und Kathedrale*, Stuttgart 1991.
Wilkinson, E.	«Zur Sprache und Struktur der Ästhetischen Briefe», in: *Akzente* VI, 1959.
dies.	*Schiller. Poet or Philosopher?,* Oxford 1961.

Verstehen – auch der Natur-Dinge.
Vom Wahrnehmen über das Erleben zum Verstehen

Ernst-Michael Kranich

Das Problem

Im 19. Jahrhundert wurde bekanntlich durch den Historiker J. G. Droysen und dann nachhaltiger durch W. Dilthey das gesamte Feld wissenschaftlichen Erkennens in zwei Provinzen aufgeteilt: Das unterscheidende Merkmal läge in den verschiedenen Methoden und unterschiedlichen Zielen. In den sogenannten Geisteswissenschaften – Geschichte, Literaturwissenschaft, Kunstgeschichte, Psychologie und Rechtswissenschaften – gehe es um Verstehen, in den Naturwissenschaften um Erklären. Die Unterschiede dieser beiden Erkenntnisformen wurden oft behandelt. Beim Verstehen dringt man in die Dinge ein; es entsteht eine persönliche Beziehung. Bei dem mehr distanzierten Erklären werden die Sachverhalte vor allem als Sonderfälle allgemeiner Gesetzmäßigkeiten gedeutet. Im Bereich des Verstehens hat es der Mensch mit Inhalten zu tun, die ihm nahe sind. An der Geschichte, der Kunst, der Literatur und den Formen des Rechts ist er beteiligt. Die Natur findet er vor; er hat an ihrem Entstehen nicht in vergleichbarer Weise Anteil.

Diese Einteilung der Wissenschaften in erklärende und verstehende leuchtet als Beschreibung des *de facto*-Zustandes ein. Es ist allerdings fraglich, ob dieser Zustand in der Sache begründet ist und nicht nur vorläufigen Charakter hat.

An der Demarkationslinie zwischen den beiden Provinzen ist es auch nie zur Ruhe gekommen. So ist gerade in den vergangenen Jahren eine Reihe von Arbeiten erschienen, die sich mit der Abgrenzung befassen. Sie betreffen das Gebiet der Geschichte (zum Beispiel Haussmann 1991), der Erziehungswissenschaft (siehe Mollenhauer, Rittelmeyer 1977) und der Sozialwissenschaften (von Wright 1991). Die Verunsicherung beziehungsweise der Klärungsbedarf liegt offensichtlich in dem Gebiet, das Dilthey dem Verstehen zugerechnet hat. Auf der Seite der Naturwissenschaften ist es dagegen lange beunruhigend still gewesen. Es regt sich offensichtlich kein Einspruch gegen die Auffassung, die Natur sei zu erklären, sie sei kein Gegenstand des Verstehens.

Nun gibt es aber Gründe, die Begrenzung des Naturerkennens in Frage zu stellen. P. Janich untersucht in den letzten Kapiteln seines Buches *Grenzen der Naturerkenntnis* das Verhältnis von Naturwissenschaft und Technik und zeigt, daß es zu einfach ist, wenn man die Technik als Folge der neuzeitlichen

Naturwissenschaft beschreibt. Denn die Voraussetzungen der experimentellen Naturwissenschaft sind technische Geräte. So kommt Janich zu der Aussage: «[...] für die neuzeitliche Form der Naturerkenntnis gilt [...], daß sich Natur nur noch technisch zeigt» (Janich 1992, S. 235).

Gegenstand der Naturwissenschaft ist nicht die Natur, sondern die um Dimensionen verkürzte Projektion der Natur im Medium der experimentell-technischen Registrierung. Man kann Forschung in diesem Medium noch so weit fortsetzen, die Natur selbst wird man nie erreichen. Man kommt wie bisher zu Erklärungen. Ist man wie Janich der Ansicht, es gäbe im Sinne von Wissenschaft keine andere Form der Naturforschung als die experimentelle, dann muß man Naturerkenntnis als Utopie begraben.

Gegenüber dieser resignativen Einstellung hat G. Böhme auf eine andere Perspektive hingewiesen: «Die *Naturwissenschaft* wird sich entweder selbst transformieren [...] oder sie wird andere Wissenschaften von der Natur neben sich dulden müssen.» (Böhme 1992, S. 23)

Wie aber sähe diese Transformation oder eine andere Naturwissenschaft aus? Das ist eine der brennenden Fragen.

Wenn man bemerkt, daß die Methoden der Naturwissenschaft der Natur nicht angemessen sind, weil sie die Natur wie auf einem Prokrustesbett amputiert und das Resultat schließlich Erklärungen beziehungsweise Modelle sind, dann ist man berechtigt, nach Methoden zu suchen, die ein Verstehen erschließen. Naturerkenntnis wäre dann eine Hermeneutik der Natur.

Bei der Hermeneutik ging es ursprünglich um das Verstehen von Texten, das heißt den Weg von der Zeichenfolge der Schrift zum Sinn. So definiert Dilthey:

«Wir nennen den Vorgang, in welchem wir aus Zeichen, die von außen sinnlich gegeben sind, ein Inneres erkennen, *Verstehen*.» (Dilthey 1961, S. 318)

Betrachtet man in diesem Sinne zum Beispiel einen bestimmten Baum, dann wären die Gestalt des Stammes, die Formen des Gezweiges, die Blätter, Blüten usw. nicht schon die Wirklichkeit, wie die Buchstaben der Wörter nicht der Sinn des Textes sind. Man müßte an den einzelnen Tatsachen, wie an den Buchstaben des Textes, den Sinn, ein Inneres erkennen, das ebensowenig in der Ebene dieser Tatsachen zu finden ist wie der Sinn des Textes in den Buchstaben. Eine Hermeneutik der Natur ist die entschiedene Absage an jeglichen Empirismus, zum Beispiel an die materialistische Naturinterpretation; denn sie würde zeigen, daß das Empirische nur der im Sichtbaren entstandene Abdruck einer tieferen, nicht im Sichtbaren auffindbaren Wirklichkeit ist. Dann wären aber Interpretationen der Natur und jene Weltbilder, die nur das Empirische zur Grundlage haben, grundsätzlich zu revidieren. Eine Hermeneutik der Natur enthält einiges an Brisanz.

Bedingung für eine Hermeneutik der Natur

Wie ist nun eine Hermeneutik der Natur zu entwickeln? Das kann im folgenden nur in den Grundzügen skizziert werden. Verstehen der Natur ist offensichtlich schwieriger als das Verstehen eines Textes oder eines Kunstwerkes. Das hat U. Eco einmal in einem fiktiven Gespräch zwischen einem gelehrten Mönch und seinem jungen Begleiter formuliert. Dieser fragt: «[...] kann man die Dinge durch Betrachtung von außen erkennen?» Die Antwort des Älteren: «Die Dinge der Kunst jedenfalls [...]» – zur Kunst zählte man im Mittelalter auch die Handwerke –, «denn wir können die Operationen des Künstlers in unserem Geist nachvollziehen. Nicht aber die Dinge der Natur, denn die Natur ist kein Werk unseres Geistes» (Eco 1983, S. 279f.). Dieser Satz weist auf die Methode, durch die man in den Geisteswissenschaften zum Verstehen kommt: durch Nachvollziehen. Wenn man im Geist etwas nachvollzieht, dann produziert man die betreffende Sache selbst noch einmal und lernt dadurch ihre innere Gesetzmäßigkeit kennen. Nach W. Dilthey gelangt man zum Verstehen durch Nacherleben, Nachbilden, durch Sich-Hineinversetzen. F. Schleiermacher, der Begründer der philosophischen Hermeneutik, spricht von Einfühlung und Divination. Nach Th. Lipps muß man das, was man verstehen will, innerlich mitmachen; es geht um inneres Nachahmen. H. G. Gadamer fordert, daß man sich auf die Sache, um die es geht, einläßt, statt sie wie einen Gegenstand von außen zu betrachten. Und im Hinblick auf die Natur ist nach K. M. Meyer-Abich ein neues dialogisches Verhältnis erforderlich, das man gewinnt, wenn man sich in die Gebilde der lebendigen Natur hineinversetzt und dadurch «ihre Natur in uns vernehmbar wird» (Meyer-Abich 1986, S. 155).

Diese unterschiedlichen Formulierungen deuten von verschiedenen Gesichtspunkten her auf etwas Gemeinsames: Ein Verstehen der Natur verlangt, daß man die in der Naturwissenschaft geforderte Aussonderung des Menschen als Subjekt aus der Erforschung der Natur nicht mehr anerkennt. Denn Mitvollziehen heißt, als Subjekt das andere innerlich mitzutun. Sich-Einlassen bedeutet, sich als Persönlichkeit zu öffnen und den Dingen Gelegenheit zu verschaffen, sich in ihrer eigenen Natur auszusprechen, indem man sie erspürt. Man muß die durch das Objektivitätspostulat errichtete Barriere zwischen Objekt und Subjekt, nach den Worten von H. Jonas die «Alleinherrschaft der abstandnehmenden und vergegenständlichenden Wahrnehmung» und damit den «Spalt zwischen Subjekt und Objekt» (Jonas 1994, S. 68), überwinden und eine Methode ausbilden, die auch dann, wenn der Mensch als Subjekt zur Bedingung des Erkennens wird, das Objektive und Überpersönliche der Aussagen garantiert. Nun weisen Formulierungen wie inneres Nachahmen, Sich-Hineinversetzen usw. wohl auf eine aktive innere Verbindung mit den Dingen hin, die die Bedingung für eine Hermeneutik der Natur ist; sie geben aber noch nicht die Methode an, die man für das Verstehen der Natur braucht.

Imaginatives Verstehen von Qualitäten

Der Weg zum Verstehen der Natur-Dinge, das heißt zu ihrem verborgenen Inneren, vollzieht sich nach meiner Erfahrung in verschiedenen Schritten. Und bei jeder dieser Etappen geht es darum, das bei der unpersönlich-distanzierten Naturzuwendung Übersehene durch bestimmte Übungs- und Lernprozesse bewußt zu machen. Zunächst hat man sich auf bestimmte Phänomene einzulassen, indem man vom Wahrnehmen zum Erleben des Wahrgenommenen fortschreitet und sich den elementaren Qualitäten der Dinge, den Formen, den Farben, dem Klang, der Konsistenz usw. zuwendet. In einer Pflanze oder einem Mineral sind diese Qualitäten miteinander verbunden. Deshalb ist es zweckmäßig, zunächst jede für sich zu betrachten, um die notwendige Sensibilität zu erwerben. Die Hermeneutik der Natur beginnt mit einer Hermeneutik der in der Natur auffindbaren Qualitäten.

Aus dem weiten Gebiet sei weniges exemplarisch herausgegriffen. In der Natur gibt es zum Beispiel viele vertikale Strukturen. Läßt man sich auf das Vertikale als solches ein, dann erlebt man, wie es sich nicht an die Umgebung hinwendet, sondern in sich zentriert verläuft und sich in vollkommener Balance zwischen rechts und links hält. Es ist Ausdruck einer anderen Qualität als das Horizontale, das sich in die Weite erstreckt; es ist in sich zentrierte Aktivität.

Man kommt beim aufmerksamen Betrachten zum Erleben dieser Qualität, indem man mit den Augen die vertikale Richtung dieser Linie zunächst unwillkürlich und dann willkürlich mitmacht, und dieses Mittun bis in den Rücken hineinwirkt. Hier wird die mit der Wirbelsäule zusammenwirkende Aufrichtemuskulatur aktiviert. Deshalb hält man sich beim Wahrnehmen vertikaler Strukturen sicherer im Gleichgewicht. Man vollzieht das Vertikale in einer feinen Verstärkung des Aufrichteprozesses mit und erlebt dadurch draußen an den Dingen die aktive Qualität des Vertikalen. Die Untersuchungen von H. Witkin (Witkin 1973) haben gezeigt, daß die Intensität im Erleben des Vertikalen mit der inneren Erfahrung des Gleichgewichts korreliert.

Im Übergehen vom distanzierten Wahrnehmen zum Erleben des Vertikalen bringt man sich die Qualität, die man zuvor nur oberflächlich registriert hat, voll zum Bewußtsein. Die Meinung, distanziertes Registrieren gewährleiste die Objektivität, ist ganz unzutreffend; denn dieses Registrieren verhindert, daß sich die Qualität des Vertikalen ausspricht. Wie die Vertikale kann man sich auch andere Formelemente und Formen durch mitvollziehendes Erleben bewußt machen (siehe hierzu Kranich 1992).

Bei anderen Qualitäten, wie dem Empfinden der Schwere, ist der Charakter des Erlebens von vornherein evident. Die Schwere eines Stückes Blei und das viel geringere Gewicht eines gleich großen (volumengleichen) Aluminiumstückes erlebt man in der eigenen Willensorganisation, das heißt in größerer Willenskraft beim Halten des Bleis und der viel geringeren beim Aluminium. In diesem Unterschied des Gewichts empfindet man die unterschiedliche Dichte der Materie. Ein bestimmtes Quantum von Aluminium müßte sich auf ein Viertel seines Volumens verdichten, um so schwer wie das Blei zu sein. Diesen Verdichtungsprozeß vollzieht man in der Armmuskulatur; denn im Halten des Bleis kontrahiert man durch den Willen die Muskeln wesentlich stärker als beim gleichen Quantum Aluminium. Man vollzieht und erlebt einen Verdichtungsprozeß, der in der Materie als Verdichtetsein Tatsache ist.

Ebenso kann man sich auf Töne, Melodien, Farben und Geschmacksqualitäten einlassen und erleben, was man sonst nur ganz flüchtig zur Kenntnis nimmt. Dann hört man nicht nur den tiefen Ton; man erlebt in seinem Klang eine innere Weite, ein großes Volumen und eine Qualität des Dunklen. Durch dieses «Volumen» sind tiefe Töne viel weniger scharf voneinander abgegrenzt als die hohen. Hohe Töne sind diskreter und haben im Gegensatz zur Weite der tiefen Töne eine große Intensität und eine Qualität des Hellen.

Die Erfahrungen beim Erleben von Farben wurden verschiedentlich beschrieben, besonders von Goethe – insbesondere in dem Kapitel «Sinnlich-sittliche Wirkung der Farbe» (Goethe 1975), von R. Steiner zum Beispiel in den Vorträgen über *Das Wesen der Farben* (Steiner 1973) und von W. Kandinsky in seiner Schrift *Über das Geistige in der Kunst*. Hier beschreibt Kandinsky unter anderem das Erleben von Rot und Blau: «Das Rot [...] als grenzenlose [das heißt sich nicht begrenzende, E.-M. K.], charakteristisch warme Farbe, wirkt innerlich als eine sehr lebendige, lebhafte, unruhige Farbe, die aber nicht den leichtsinnigen Charakter des sich nach allen Seiten verbrauchenden Gelb besitzt, sondern trotz aller Energie und Intensität eine starke Note von beinahe zielbewußter immenser Kraft zeugt.» Es folgen dann als weitere Kennzeichnungen «Brausen und Glühen» (Kandinsky, S. 99). Und das Blau: Es ist kalt, sich nach innen konzentrierend. «Die Neigung des Blau zur Vertiefung ist so groß, daß es gerade in tieferen Tönen intensiver und charakteristischer innerlich wirkt. [...] Es wird eine unendliche Vertiefung in die ernsten Zustände, wo es kein Ende gibt und keines geben kann.» (Ebd., S. 92 und 93)

Das sind Beschreibungen, zu denen man kommt, wenn man mit Aufmerksamkeit Farben empfindend und fühlend miterlebt wie die Schwere der Materie in der die Muskulatur verdichtenden Willenskraft.

Im Miterleben manifestieren sich Dimensionen, die zeigen, daß die Qualitäten mehr als Tatsachen sind. Denn in jeder Qualität – in der Senkrechten, in der Schwere, im Ton, in der Farbe usw. – lernt man ein Inneres kennen, das der Scheinobjektivität des distanzierten Feststellens unzugänglich ist. Nun ist ein Äußeres, in dem sich ein Inneres manifestiert, Ausdruck oder Bild dieses Inneren, das heißt *imago* im Sinne der antiken und mittelalterlichen Ausdrucksweise. Die Qualitäten, die uns überall in der Natur entgegentreten, werden zu imaginativen Erfahrungen, die sich durch Schulung des Miterlebens erschließen. – Dieses Bewußtmachen eines Inneren am «Sichtbaren» der Sinnesqualitäten ist der erste Bereich einer Hermeneutik der Natur.

Das Erleben der Dinge

Ein zweiter Bereich des Miterlebens bezieht sich auf die Natur-Dinge selbst. Eine Birke mit ihrem hellem Stamm, der lockeren Folge der Äste und den hängenden Zweigen, die so leicht vom Wind bewegt werden, erlebt man als licht, offen und an die Umgebung der Atmosphäre und des Lichtes hingegeben. Das alles zusammen empfindet man als die jugendliche Schönheit der Birke. Die Fichte mit ihrem vertikalen Stamm, an den sich die Äste in Etagen angliedern, und ihren dunklen nadelförmigen Blättern erlebt man als in sich zentriert, ohne Hingabe, dunkel und ernst. Ein Bergmassiv, das sich mit seinen Gletschern und dem Weiß seiner Gipfel weit über die Täler und grünen Matten der Almregion erhebt, berührt unser Erleben mit seiner Größe und der Ruhe seiner emporragenden Formen. Man sagt: Da ist etwas Majestätisches, etwas Erhabenes. Man empfindet etwas von der Größe und Tiefe der Natur.

Solche Erlebnisse sind Resonanzen der Natur im Inneren des Menschen. Es ist wichtig, daß diese Resonanzen stark und tief werden, wenn man eine Hermeneutik der Natur entwickeln will. Denn im tiefen Erleben kommt der Mensch zum Erstaunen. Es wird ihm bewußt, daß ihm in den Dingen etwas begegnet, was er nicht versteht. Indem er den Stamm mit der weißen Rinde, das zur Umgebung hin so offene Geäst, an den hängenden Zweigen die Blätter mit ihrer spitz zulaufenden Form betrachtet oder die Formen der Berge, ihre Größe und erhabene Gestalt usw., wird ihm alles zum Rätsel, weil er nicht begreift, wie das alles innerlich zusammenhängt, beziehungsweise was sich in all dem ausdrückt. Das sind Chiffren eines bedeutenden Textes, den er zunächst nicht entziffern kann. Über diese Situation schreibt

M. Polanyi: «[...] ein Problem sehen heißt: etwas Verborgenes sehen. Es bedeutet, die Ahnung eines Zusammenhangs bislang unbegriffener Einzelheiten zu haben» (Polanyi 1985, S. 28).

Im Erleben des Rätsels öffnet sich das Innere des Menschen verborgenen Dimensionen, dem noch unerschlossenen Sinn jener Chiffren.

Bis hierher führt das erlebende Sich-Einlassen auf die Erscheinungen der Natur. Man erfaßt zunächst den imaginativen Charakter jener Qualitäten, die man an den Natur-Dingen wahrnimmt. Indem man sich dann diesen Natur-Dingen selbst erlebend zuwendet, kommt man mit deren verborgenem Wesen in Beziehung. Um dieses aber kennenzulernen, muß man über das Erleben hinausgehen und in den Bereich der Naturwirklichkeit eindringen, der im Erleben ahnungshaft bewußt wird. Die Ahnung im Erleben des Rätsels wird zum Impuls für das Denken, anhand der Chiffren ihren inneren Zusammenhang aufzuhellen.

Das Verstehen eines Minerals

Zunächst sei an einem Beispiel erläutert, wie das Denken auszubilden ist, wenn es im Bereich der unbelebten Natur-Dinge zum Verstehen führen soll. Als Beispiel wähle ich jene Substanz, die der Hauptbestandteil der Erdrinde ist: den Quarz. Seine kristallisierte Form ist der Bergkristall.

Wie bei jedem Kristall erlebt man die vollständige Ruhe der klaren Form, die mit ihren ebenen Flächen vollständig im Raum aufgegangen ist. Beim Bergkristall ist es ein säulenartiges sechsseitiges Prisma, das an den Enden nicht flach begrenzt ist, sondern durch Pyramiden, die mit ihren Flächen zu verschiedenen Richtungen des Raumes in Beziehung stehen.

Die Materie dieses Kristalls ist von großer Härte (Härtegrad 7 der Mohsschen Skala), das heißt, sie hat eine große Beständigkeit der Form; sie ist intensiv in der Form erstarrt. An den unregelmäßigen Bruchstellen bemerkt man, wie der Kristall als Ganzer durch und durch spröde und erstarrt ist. Der Bergkristall ist aber nicht schwer ($d = 2,648$ g/cm^3); seine so stark erstarrte Materie ist nicht sehr verdichtet. Sie ist vor allem klar und durchsichtig, das heißt, der Kristall sondert sich nicht gegenüber dem Licht ab; er ist ganz im Licht seiner Umgebung anwesend.

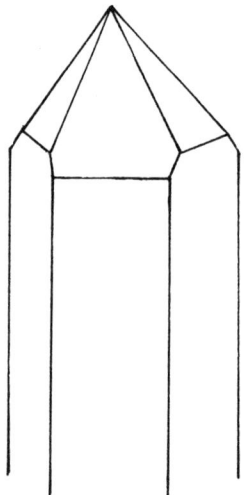

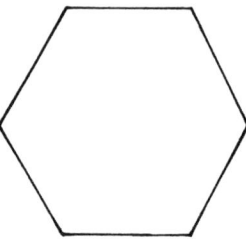

Bergkristall (leicht schematisiert)

horizontaler Querschnitt durch den
Bergkristall

Wenn man sich auf den Bergkristall und seine Qualitäten einläßt, dann wird er zum Rätsel. Es entstehen Fragen: Wie kommt es, daß diese so harte, formbeständige Materie in dieser Form kristallisiert und so stark mit dem Licht verbunden ist? Wie ist der Bergkristall in seinem Innern beschaffen, daß er in dieser Art erscheint? Wie kann man in dieses «Innere» verstehend eindringen?

Man kann von diesem Inneren in einer ersten Annäherung etwas erfahren, wenn man die Substanz des Bergkristalls analysiert. Man erhält dann bekanntlich Silizium und Sauerstoff, und zwar in einer Gewichtsrelation von 7 : 8. Silizium und Sauerstoff sind zwei in ihren Eigenschaften außerordentlich gegensätzliche Elemente.

Man hat sich nun zunächst auf die in den beiden Elementen miteinander verbundenen Qualitäten einzulassen, um durch sie das Silizium und den Sauerstoff kennen und verstehen zu lernen.

Silizium ist ein fester Stoff, der metallisch glänzt, allerdings nicht silbern, sondern grau. An seiner Oberfläche wird das Licht in hohem Grade reflektiert. Silizium ist aber kein Metall, denn es fehlt ihm die plastische Verformbarkeit; es ist als Halbmetall wie ein in sich erstarrtes Metall. Der Grad des Erstarrtseins ist hoch: die Härte (in der Mohsschen Skala) ist 7. Dem entspricht offensichtlich die Kristallform; Silizium kristallisiert vor allem in

Oktaedern, das heißt im kubischen Kristallsystem. Hier sind die Kristalle nach den drei Richtungen des Raumes am gleichmäßigsten ausgeprägt; die Kristalle sind am klarsten in der Dreidimensionalität des Raumes und erscheinen am stärksten in sich zentriert. In seiner Kristallstruktur gleicht Silizium dem Diamanten, dem härtesten aller Stoffe. Das intensive Erstarrtsein des Siliziums äußert sich auch in seinem Verhalten gegenüber der Wärme. Es gehört zu den Stoffen, die sich bei Erwärmung ungewöhnlich schwach ausdehnen, und es wird erst bei 1420 °C flüssig. In seinem chemischen Verhalten ist Silizium chemisch träge. Hierin zeigt sich die Ruhe der von so starker Formkraft durchwirkten Substanz. Zum Licht hat Silizium bekanntlich eine charakteristische Beziehung: Es verwandelt Licht in Elektrizität und kann bei bestimmter Bearbeitung selbst Licht ausstrahlen.

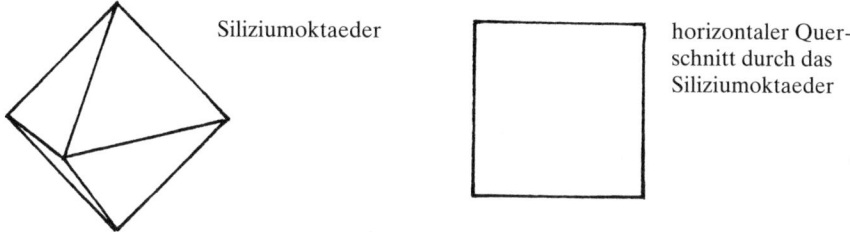

Siliziumoktaeder

horizontaler Querschnitt durch das Siliziumoktaeder

Sauerstoff erscheint in vielem wie der Gegensatz des Siliziums. Als Gas ist er eine Substanz von ungewöhnlich geringer Verdichtung und großer Beweglichkeit. Durch seinen Siedepunkt von –183 °C setzt er der Verdichtung zur Flüssigkeit einen enormen Widerstand entgegen. In dem formlosen Zustand des Gases grenzt sich Sauerstoff nicht gegenüber der Umgebung ab. Im Gegenteil: in ihm wirkt überall die Tendenz des Sich-Ausdehnens und Verflüchtigens. In diesem dünnen Zustand des grenzenlosen Ausgedehntseins ist Sauerstoff wie Stickstoff und Wasserstoff dem Licht gegenüber vollständig offen; in ihm ist das Licht ungehindert anwesend. Sauerstoff reagiert wie kaum ein anderes Element mit fast allen übrigen Elementen in einer sehr charakteristischen Weise: mit Verbrennungserscheinungen. Dadurch bewirkt er den Übergang in energieärmere Zustände, das heißt aber in die Verdichtung beziehungsweise Erstarrung.

Man bleibt nicht, wie das sonst üblich ist, bei der Summe der wahrnehmbaren Eigenschaften stehen. Man erfaßt sie als Qualitäten und gelangt im Zusammenschauen zu einem Bild von Silizium und Sauerstoff, wie man anhand von Buchstaben ein Wort in seiner Bedeutung versteht. Nun kann man weiterschreiten und sich denkend zum Bewußtsein bringen, was sich aus dem Zusammenhang dieser beiden Bilder ergibt. Nach der Analyse und dem Bemühen um Verstehen der durch Analyse sichtbar gewordenen Elemente hat man im Denken die Synthese zu vollziehen.

Zunächst eine Vorüberlegung. Wenn die zwei so unterschiedlichen Elemente aufgrund ihrer chemischen Affinität sich zu einer Verbindung vereinigen, dann werden ihre Qualitäten im Gegensatz zu einer Mischung in der Verbindung zusammenwirken. Es wird der Sauerstoff durch die Qualitäten des Siliziums und das Silizium durch die des Sauerstoffs modifiziert, aber so, daß keines der beiden so gegensätzlichen Elemente dabei seine Qualitäten verliert. Ein einfaches Beispiel einer solchen Vereinigung unterschiedlicher Faktoren ist die Wurfparabel, bei der in jedem Moment die durch den Stoß bewirkte gleichförmige Bewegung und die gleichförmig beschleunigte Fallbewegung ineinanderwirken.

Man kann in diesem Sinne den Bergkristall als ein Zusammenwirken von Silizium und Sauerstoff betrachten. Dann wird man sich sagen: Die Tatsache, daß der Bergkristall ein starres, sprödes Mineral ist, ist eine Wirkung des Siliziums. Das äußert sich offensichtlich auch in der Tatsache, daß der Bergkristall und das Silizium die gleiche Härte haben. Der Bergkristall ist aber nicht lichtabweisend wie das Silizium. Der durch das Silizium harte und spröde Bergkristall ist lichtdurchlässig. In dieser Eigenschaft kommt die Wirksamkeit des Sauerstoffs zur Geltung.

Man kann dieses Zusammenwirken von Silizium und Sauerstoff im Bergkristall genauer beschreiben. Wenn der Sauerstoff mit seiner ausweitenden Tendenz mit der Formtendenz des Siliziums zusammenwirkt, dann wird die so stark im Raum zentrierte Kristallstruktur des Siliziums modifiziert. Es ist zu erwarten, daß an der Stelle der kubischen Kristallform eine andere erscheint, die eine stärkere Beziehung zur Umgebung hat. Das ist beim Bergkristall der Fall. Mit seiner säulenartigen Form, in der eine Achse (c-Achse) stark betont ist, löst er sich aus der Zentrierung des kubischen Systems. Und durch die sechs Flächen seiner prismatischen Säule ist die Beziehung zum umgebenden Raum vielseitiger als bei den entsprechenden vier Flächen des kubischen Systems. Und so sind die vier Flächen der beiden Pyramiden des Oktaeders zu den wenigstens sechs Flächen an den beiden Enden der Bergkristallsäule modifiziert. Der trigonal-trapezoedrische Bergkristall ist «offener» als das kubische Silizium. Er nimmt durch den in ihm wirkenden Sauerstoff nicht nur das Licht in die dichte Materie auf, sondern hat in seiner Form zugleich auch eine reichere Beziehung zur Umgebung – und damit auch zum Licht. So wird in der Form des Bergkristalls gegenüber der des Siliziums eine Differenz bemerkbar, in der die Dynamik des Sauerstoffs zum Ausdruck kommt, und zwar innerhalb der dem Silizium eigenen Erstarrung.[1]

Man schaut durch eine solche Betrachtung den Bergkristall nicht weniger als bisher als ein ästhetisch ansprechendes Mineral an. Man betrachtet ihn aber nicht mehr nur von außen. Denn man vollzieht geistig in innerer Tätigkeit die Vereinigung der Elemente nach und versteht dadurch den Bergkristall als das Ineinanderwirken dieser Elemente mit ihren Qualitäten gleichsam von innen.

Das ist ein relativ einfaches Beispiel für die Methode des Verstehens im anorganisch-mineralischen Bereich der Natur. In ihr spielen die zwei Funktionen des Denkens – Analyse und Synthese – die tragende Rolle. Man geht von dem Wahrnehmen und Erleben einer Ganzheit aus. Durch Analyse lernt man die Elemente kennen, die in der Ganzheit vereinigt waren. Dann durchdringt man die Qualitäten dieser Elemente und gewinnt dadurch Bilder der Elemente. Nun kann man zur Synthese weiterschreiten, indem man diese Bilder durch das Denken in einem produktiv geistigen Gestaltungsvorgang miteinander vereinigt. Man vollzieht geistig nach, was sich bei der Synthese der Elemente zum Bergkristall ereignet. Man rekonstruiert die Wirklichkeit und lernt sie dadurch verstehen; denn was man im Denken rekonstruiert, kennt man aus den Prinzipien seines Daseins, das heißt aus sich selbst.

Lesen ist ein Rekonstruieren des Inhaltes, das von den Buchstaben zu den Lauten, von diesen zum Wort und von den Worten zum Satz fortschreitet, das heißt in Stufen verläuft. Diese Stufen gibt es auch auf dem Weg zum Verstehen der Stoffe:

1. Stufe: von den Merkmalen zum Erleben der Qualitäten – analog dem Übergang von den Buchstaben zu den Lauten.
2. Stufe: von den Qualitäten zum Bild der Elemente – analog dem Schritt von den Lauten zum Wort.

---

1   Zu den beschriebenen Tatsachen könnte es als Widerspruch erscheinen, daß der Quarz mit 1550 °C einen höheren Schmelzpunkt als das Silizium (1420 °C) hat. Man muß aber berücksichtigen, daß bei der Vereinigung des Siliziums mit dem Sauerstoff die außergewöhnlich hohe Wärmemenge von 205 kcal/Mol frei wird. Das Abstrahlen von Wärme bedeutet analog dem Übergang in einen dichteren Aggregatzustand einen in die Erstarrung führenden Prozeß.
Bei der Vereinigung des Sauerstoffs mit anderen Elementen entstehen z.T. Gase, z. B. das Schwefeldioxid. Man hat immer die verschiedenen Qualitäten der betreffenden Elemente und ihre Beziehung zum Sauerstoff zu berücksichtigen. So hat der Schwefel gegenüber dem Silizium einen viel geringeren Erstarrungsgrad und einen niedrigeren Schmelzpunkt (112,8 °C). Dadurch kommt die auflösende Gasnatur des Sauerstoffs bei der Verbindung mit Schwefel viel stärker zur Geltung als bei der mit Silizium.

3. Stufe: von den Elementen zu deren Vereinigung in der chemischen Verbindung – analog dem Begreifen der Aussage in der Folge der Wörter.

Vorstufe zum Verstehen von Pflanzen: die Urpflanze

Um die entsprechende Methode für das Verstehen lebendiger Gestalten, das heißt von Pflanzen und Tieren, zu klären, muß man zunächst einen weitverbreiteten Irrtum aufdecken. Da ist die Meinung, eine Pflanze oder ein Tier sei ein Mosaik, die bloße Summe einzelner Merkmale. Darwin brauchte diese Auffassung für seine Deutung der Evolution. Neue Arten, Gattungen, selbst neue Klassen und Stämme sollen durch zufälliges Auftreten neuer Merkmale und deren Summierung entstanden sein. Diese Auffassung der Lebewesen als Merkmalsmosaike ist eine erhebliche Simplifizierung, weil sie die für das Lebendige grundlegende Tatsache nicht angemessen berücksichtigt. Jedes Lebewesen ist ein Organismus. Im 18. Jahrhundert hatte Ch. Bonnet beschrieben, daß ein Lebewesen als Organismus eine Ganzheit ist, in der die einzelnen Organe in einer harmonischen Beziehung zueinander stehen. Am Beginn des 19. Jahrhunderts formulierte dann G. Cuvier das Gesetz von der Korrelation der Organe, nach dem in einem Lebewesen die Organe so aufeinander abgestimmt sind, daß keines sich verändern kann, ohne gesetzmäßige Veränderungen der übrigen Organe nach sich zu ziehen. Diese Einsichten gerieten durch Darwins Interpretation weitgehend in Vergessenheit. Der Geburtsfehler der Darwinschen Evolutionslehre wird in der Gegenwart von einer zunehmenden Anzahl von Forschern bemerkt. Man muß ihn korrigieren, wenn man im Reich des Lebendigen zum Verstehen gelangen will. Sonst bleibt man, um in den Begriffen der Hermeneutik zu sprechen, bei den Buchstaben; statt zu lesen, treibt man Beschreibung der Schriftzeichen und Analyse der Zeichenfolge.

Um einen Organismus, das innere Prinzip aller lebendigen Gestaltungen zu verstehen, ist eine andere Form des Denkens als diejenige erforderlich, durch die man die Gebilde des anorganisch-mineralischen Weltbereichs ergreift. Es geht nicht um das innere Zusammenwirken von Stoffen beziehungsweise Elementen, sondern um Bildungs- und Lebensprozesse der Organe und deren harmonisches, wechselseitiges Zusammenwirken aus der übergreifenden Bestimmung durch den jeweiligen Organismus.

Zum Verstehen eines Organismus gehört auf physiologischer Ebene das Ineinandergreifen der verschiedenen Lebensprozesse, das wechselseitige Sich-Bedingen derselben. Zu dem funktionellen Zusammenwirken sollte die Einsicht auch in den morphologischen Zusammenhang der einzelnen Organe untereinander kommen. Denn erst, wenn man bis in die Form der Organe deren innere Beziehung untereinander versteht, hat man eine vollständige Anschauung des Organismus.

Damit kommen wir zur Forschungsmethode und zum Forschungsprogramm Goethes, die für die Erarbeitung einer Hermeneutik der Natur eine hervorragende Bedeutung haben.

Goethe kam während seiner ersten italienischen Reise zu der Überzeugung, daß es in allen Blütenpflanzen ein allgemeines Bildungs- oder Entwicklungsgesetz gibt. Dieses konstituiert die Blütenpflanze als solche. In den konkreten Formen der einzelnen Blütenpflanzen ist dieses Bildungsgesetz, der Typus beziehungsweise die Urpflanze, nach verschiedenen Richtungen hin spezialisiert.

In seiner Schrift *Versuch die Metamorphose der Pflanzen zu erklären* (1790) hat Goethe diesen Typus (Urpflanze) beschrieben. Er schildert, wie bei der Entwicklung der Blütenpflanze das folgende Organ immer durch Umwandlung jenes Bildungsprozesses entsteht, der im vorangehenden Organ tätig war. So entsteht das folgende Blatt durch Umwandlung des vorangehenden, das Kelchblatt durch Umwandlung des Stengelblattes, das Staubgefäß durch Metamorphose aus dem Blütenblatt usw. Wenn die Bildung eines dieser Organe sich in die des folgenden Organs metamorphosiert, besteht ein innerer Zusammenhang zwischen beiden. In dieser Art stehen alle genannten Organe der Pflanze, auch der Fruchtknoten, die Frucht und das Samenkorn, in einem lebendigen inneren Zusammenhang. Damit hat Goethe gezeigt, wie man gegenüber der Blütenpflanze zur Anschauung des Organismus kommt.

Er spricht von dem Bestreben, «die lebendigen Bildungen als solche zu erkennen, ihre äußeren, sichtbaren, greiflichen Teile im Zusammenhange zu erfassen, sie als Andeutungen des Innern aufzunehmen und so das Ganze in der Anschauung gewissermaßen zu beherrschen» (Goethe 1975, S. 7f.). Dieses Bestreben vergleicht Goethe mit dem Gestaltungsprozeß des Künstlers und dem Nachahmen. Es geht um Nachvollziehen und Nachgestalten des von außen Wahrgenommenen, durch das man die innere Gesetzmäßigkeit der lebendigen Bildungs- und Umbildungsprozesse erfaßt. Was auf diese Weise bewußt wird, ist der in den Verwandlungsprozessen gestaltend tätige Typus, «die in die Idee übersetzte Natur der Pflanze selbst [...], die in unserem Geiste ebenso lebt, wie im Objekte [...]» (Steiner 1975, S. XIX). Goethes Vorgehen ist in sehr genauem Sinne ein Lesen und seine Methode Hermeneutik.

Das Erfassen des Typus (Urpflanze) ist die Voraussetzung, um dann in weiteren Prozessen geistig mitzuvollziehen, wie aus ihm die speziellen Pflanzenformen hervorgehen.

Um das skizzieren zu können, sind einige ergänzende Bemerkungen zur Entwicklung der Pflanze erforderlich.

Die sprießende Pflanze bildet nicht nur immer wieder in einem sich erneuernden Prozeß Blätter, sondern auch den Stengel. Das geschieht, indem sich das zarte Gewebe an der Spitze des Stengels streckt. Bei diesem Streckungswachstum erhält der entstehende Stengel seine vertikale Struktur. Er gliedert sich in die Wirkensrichtung der Schwere ein. Dabei verdichtet sich das zarte Gewebe zum sogenannten Festigungsgewebe, durch das die Pflanze ihre Stabilität im Schwerefeld der Erde erhält. Im Stengel ist die Pflanze nicht nur durchwirkt von der Gravitation, sie ist auch stark in sich zentriert – so wie sie sich im Entstehen der Blätter in den Umkreis der durchlichteten Atmosphäre ausweitet und eingliedert. Der Übergang vom sprießenden Wachsen zum Blühen bereitet sich vor, indem aus dem Zentralsproß die Seitentriebe des Blütenstandes hervorgehen. Jeder dieser Seitentriebe ist wie eine kleine Pflanze, die so am Zentralsproß entspringt, wie dieser im Boden verwurzelt ist. In diesen Seitentrieben löst sich die Pflanze also etwas aus der direkten Verbindung mit der Erde und wendet sich zum Umkreis und zur Höhe. Hier entstehen dann die Blüten mit ihrem Kelch und der Krone. Die verwandelten Sproßblätter entspringen nun jeweils auf gleicher Höhe aus einem Zentrum. Es kommt nicht mehr zum Streckenwachstum; die Pflanzenbildung geht nicht in das Wirkensgebiet der Gravitation über. Im Gegenteil: Bedingung für die Verwandlung zur Blüte ist eine stärkere Wirksamkeit von Wärme in den Bildungsprozessen und bei den meisten Pflanzen eine intensivere Beziehung zum sommerlichen Lichtrhythmus der Sonne. Es vollzieht sich ein Übergang von den terrestrischen zu einer stärkeren Verbindung mit den kosmischen Einflüssen.

Das äußert sich in vielen Erscheinungen: in der physiognomischen Gebärde der Blüten, einem Ausdruck von innerer Hinwendung zur Sonne; in der Zartheit der Blütenblätter, in der die Wärme mit ihrer der Verdichtung entgegengesetzten Wirkung zum Ausdruck kommt, u.a.m.

Geistiges Verstehen von Pflanzen

Nun kann in diesem lebendigen Organismus der «Urpflanze» der eine oder andere Bildungsprozeß besonders intensiv werden. Dieser wirkt dann modifizierend in alle anderen hinein, eben weil im Organismus der Pflanze alle Bildungsprozesse in einem inneren, ganzheitlichen Zusammenhang stehen. Unter diesem Gesichtspunkt sind die verschiedenen Pflanzenformen zu betrachten. Es gibt Pflanzen, bei denen die Stengel- und Blattbildung ein solches Übergewicht hat, daß die Umwandlung zum Blühen unvollkommen bleibt wie zum Beispiel bei der Brennessel, der Melde oder dem Ampfer. Es kann ein zeitlich früh einsetzender Prozeß wie der der konzentrierenden Stengelbildung intensiv werden und modifizierend in die folgenden Stufen der Entwicklung hineinwirken wie bei vielen Nelkengewächsen.

Eine charakteristische Pflanzenform unter den Blütenpflanzen sind die Doldengewächse wie zum Beispiel der Fenchel, der Dill, die Wilde Möhre, die Engelwurz oder der Bärenklau. Es sind Pflanzen, die stark in die Höhe streben. Die Stengelglieder zwischen den Blättern werden ziemlich lang; der Stengel selbst hat eine feine Kannellierung und ist hohl. Die Blätter gliedern sich wie bei kaum einer anderen Gruppe der Blütenpflanzen in die Umgebung auf; die Fiederblättchen sind ganz draußen in der Umgebung. Und die Blütenstände, die meist über dem Niveau der anderen Kräuter entspringen, sind ungewöhnlich, weil die einzelnen Teile des Blütenstandes aus einem Punkt entspringen.

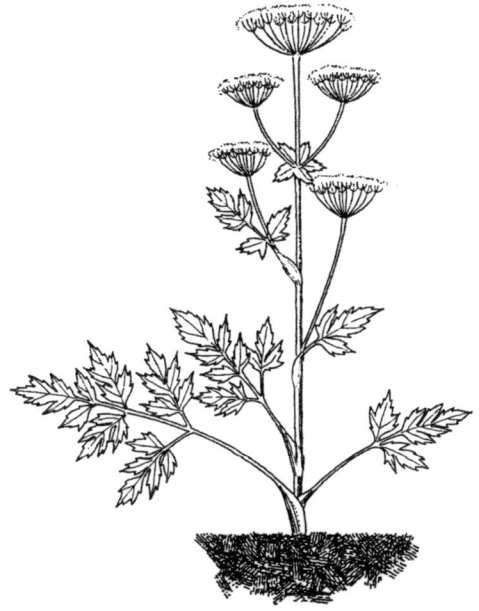

Bild eines Doldengewächses (nach G. Hegi, *Illustrierte Flora von Mitteleuropa*)

Diese Bildungsgebärde wiederholt sich an jedem dieser Strahlen. Auf diese Weise entsteht die Doppeldolde durch Hinausstrahlen in die Umgebung und ein Aufgehen in der Umgebung. Das Hinausstrahlen zum Umkreis findet man bei vielen Doldengewächsen auch bei den Blütenblättchen der meist weißen, kleinen Blüten. An der Peripherie der Dolde sind diese Blütenblätter bei manchen Doldengewächsen größer. Dadurch wird die Doppeldolde ein Ganzes, wie eine Blüte aus vielen einzelnen Blüten, ein Pseudanthium in der Terminologie der Botanik.

Wenn man das Doldengewächs in dieser Weise betrachtet, geht man vom Wahrnehmen zum Erleben über. Man bemerkt, daß es im Ganzen dieser Pflanzenform etwas wie einen gemeinsamen Stil gibt, der sich in allen Bereichen in der starken Beziehung zum Umkreis ausspricht. Bei anderen Pflanzenformen, zum Beispiel bei den Liliengewächsen, den Gräsern, den Kreuzblütlern oder den Lippenblütlern, findet man, wenn man sich erlebend auf die Formgebärden einläßt, ebenfalls einen charakteristischen Stil.

Wie kommt es bei den Doldengewächsen zu diesem Stil? Durch welchen Bildungsprozeß gestaltet sich die Urpflanze zum Doldengewächs aus? Im typischen Verlauf der Entwicklung entstehen die Seitentriebe des Blütenstandes, wie das geschildert wurde, nacheinander am Zentralsproß. Bei der Dolde entspringen sie aus einem Zentrum. Das ist nur dadurch möglich, daß gleich beim Entstehen des Blütenstandes die Stengelglieder des Zentralsprosses unterdrückt werden. Das geschieht auch an den Seitentrieben. Dadurch werden sie zu den Döldchen.

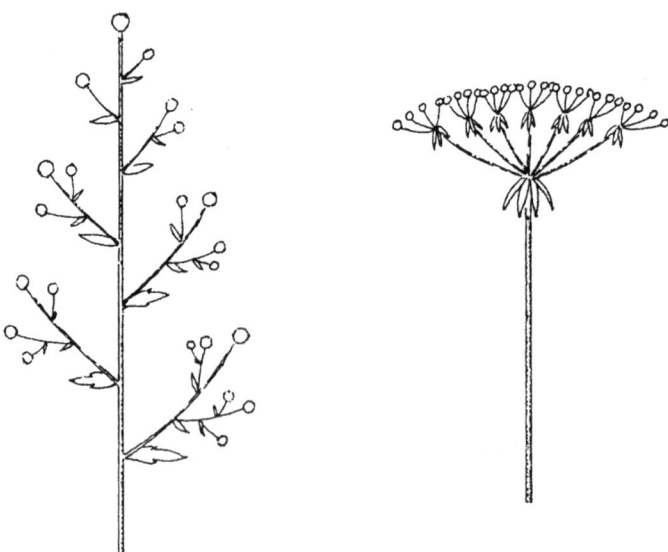

Rispe und Doppeldolde
(nach: E.-M. Kranich, *Pflanze und Kosmos. Grundlinien einer kosmologischen Botanik,* Stuttgart 1997)

Wenn man das Hervorgehen der Doppeldolde aus der typischen Rispe innerlich mitvollzieht, dann erfaßt man, wie es schon an der Basis des Blütenstandes zu jenem Prozeß kommt, der sonst erst beim Entstehen der Blüten-
hülle einsetzt. Mit dem Übergang zur Blüte hört die Stengelbildung und damit das Eingreifen der Gravitation in die Pflanzenbildung auf. Das geschieht
bei den Doldengewächsen schon dort, wo sich die Pflanze mit dem Entstehen des Blütenstandes zur Blütenbildung vorbereitet. So erhält der Blütenstand einen blütenartigen Charakter.

Wie wirkt sich das im ganzen Organismus der Pflanze aus? Indem die
Doppeldolde zum Analogon der Blüte wird, treten die einzelnen Blüten
etwas zurück. Sie werden klein und sind nun ein Glied in der übergreifenden
blütenartigen Gestalt. So kommt es auch, daß die Blütenblätter an der
Peripherie bei einer Anzahl der Doldengewächse größer und insgesamt zu
einer «Blütenkrone» der Dolde werden. Das Hinausstrahlen in den Umkreis
bestimmt sogar die Form der Blütenblätter: sie ist bei den meisten Doldengewächsen nicht einfach, sondern gliedert sich zur Umgebung hin auf. Es ergreift schließlich die kleinen trockenen Früchte, die sich im Gegensatz zu der
typischen in sich geschlossenen Form in zwei Hälften aufteilen und in die
Umgebung hineinstellen.

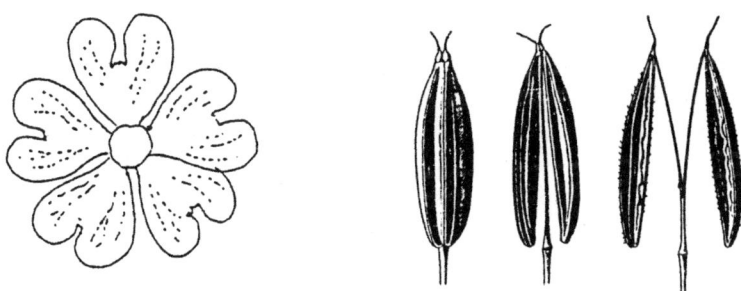

Blütenblätter und reifende Frucht eines Doldengewächses
(z.T. nach: W. Troll, *Praktische Einführung in die Pflanzenmorphologie*, 2. Teil, Jena 1957)

Mit dem gesteigerten Blühen gibt sich die Pflanze intensiver als in der Rispe
an die Weite des Weltumkreises hin. Und so wächst die Pflanze mit ihrem
Stengel besonders stark zu diesem Umkreis hinauf.

Diese Bildungsprozesse ergreifen auch die Blätter. Das Blatt strebt nun
intensiv in die Umgebung hinaus, indem der Blattstiel die Blattspreite durchdringt und auflöst. Dieser Prozeß wiederholt sich nach beiden Seiten. So

gliedert sich das Blatt ganz in die Umgebung ein. Jenes Geschehen, das in der Dolde als Hinausstrahlen in den Umkreis herrscht, bestimmt auch die Blattbildung. Es ergreift auch den Stengel. Er weitet sich und wird hohl.

In dieser Weise lernt man verstehen, wie der Blütenbildungsprozeß den ganzen Blütenstand durchwirkt und dem übrigen Organismus bis in die Blätter und den Stengel das Gepräge gibt. Damit dringt die für die Blüten so charakteristische Bildung von ätherischen Ölen nicht nur in die samenartigen Früchte, sondern bis in die Blätter, den Stengel, zum Teil sogar bis in die Wurzel. Auf diese Weise werden einige Doldengewächse zu Gewürzpflanzen.

Man vollzieht geistig in einem gesetzmäßigen Gestaltungsprozeß mit, wie aus dem allgemeinen Organismus der Urpflanze durch ein tieferes Eingreifen des Blühens das Bildungsgesetz des Doldengewächses hervorgeht. Dadurch versteht man den inneren Zusammenhang zwischen der charakteristischen Form der einzelnen Organe. Man hat die Chiffren entziffert, weil man jene Prozesse durch geistige Anteilnahme kennengelernt hat, die diesen Chiffren zugrundeliegen. In der gleichen Weise kann man durch Mitvollziehen geistig verfolgen, wie aus der Urpflanze andere Pflanzenformen wie die verschiedenen Familien der Blütenpflanzen hervorgehen.[2] Man hat hier den Schlüssel zum Verstehen selbst so einfacher Pflanzen wie Farnpflanzen und Algen.

Was bedeutet Verstehen der Natur-Dinge?

Am Beispiel der Doldengewächse kann deutlich werden, daß man auch im Gebiet der lebendigen Natur durch verschiedene Stufen gehen muß, wenn man zum Verstehen ihrer Gebilde gelangen will. Das geistige Nachvollziehen erfordert hier eine größere Intensität als in der anorganischen Natur. Zunächst erfaßt man in den Bildungs- und Umbildungsprozessen den allgemeinen Organismus der Urpflanze. Dann verfolgt man geistig, wie aus ihm die Bildegesetze der Pflanzenformen, die man in der Natur wahrnimmt, hervorgehen. Wenn man nun zum Beispiel eine Wilde Möhre betrachtet, dann sieht man nicht nur wie früher das Doldengewächs, sondern die Pflanze in ihrer speziellen Ausgestaltung als Doldengewächs. Man erfaßt nun zusammen mit der Erscheinung das Bildungsgesetz, das heißt den inneren gesetzmäßigen Zusammenhang der einzelnen Formen.

Die einzelne Pflanzenform ist ein kleiner Ausschnitt aus dem Text im Buch der Natur. Wie beim gewöhnlichen Lesen in der eigenen geistigen

2 In meinem Buch *Pflanze und Kosmos* (Stuttgart 1997) habe ich für die verschiedenen Wuchsformen und eine Anzahl von Familien der Blütenpflanzen dargestellt, wie sie als Sonderformen der Urpflanze zu verstehen sind.

Regsamkeit der Gedanke des Autors bewußt wird, so lebt im gestaltend tätigen Denken die geistige Gesetzmäßigkeit der lebendigen Naturgebilde auf. Die Erscheinung wird dabei transparent. Und beim Verstehen wird im Transparentwerden der Geist in den Formen der Pflanzen sichtbar. Eine Hermeneutik der Natur bedeutet das Auffinden geistiger Wirklichkeit in der Natur – und zwar im Sinne einer neuen Erfahrung. Damit werden aber Erklärungsversuche, die die Erscheinungen der lebendigen Natur aus materiellen Ursachen ableiten wollen, in ihrer unzureichenden Vordergründigkeit decouvriert.

Literaturverzeichnis

Böhme, G.	*Natürlich Natur. Über Natur im Zeitalter ihrer technischen Reproduzierbarkeit*, Frankfurt/M 1992.
Eco, U.	*Der Name der Rose*, München, Wien 1983.
Dilthey, W.	*Gesammelte Schriften*, Bd. V, Stuttgart 1961.
Goethe, J. W.	«Zur Farbenlehre», in: *Goethes Naturwissenschaftliche Schriften*, hrsg. von Rudolf Steiner, Dornach 1975 (GA 1a-e).
ders.	«Bildung und Umbildung organischer Naturen», in: *Goethes Naturwissenschaftliche Schriften*, hrsg. von Rudolf Steiner, Dornach 1975 (GA 1a-e).
Haussmann, Th.	*Erklären und Verstehen. Zur Theorie und Pragmatik der Geschichtswissenschaft*, Frankfurt/M. 1991.
Janich, P.	*Grenzen der Naturerkenntnis*, München 1992.
Jonas, H.	*Das Prinzip Leben*, Frankfurt/M, Leipzig 1994.
Kandinsky, W.	*Über das Geistige in der Kunst*, Bern 1973.
Kranich, E. M. u. a.	*Formenzeichnen*, Stuttgart 1992.
Meyer-Abich, K. M.	*Wege zum Frieden mit der Natur*, München 1986.
Mollenhauer, K./ Rittelmeyer, Chr.	*Methoden der Erziehungswissenschaft*, München 1977.
Polanyi, M.	*Implizites Wissen*, Frankfurt/M. 1985.
Steiner, R.	Einleitung zum 1. Band von *Goethes Naturwissenschaftliche Schriften*, Dornach 1975 (GA 291).
ders.	«Über das Wesen der Farben» (3 Vorträge), in: R. Steiner, *Das Wesen der Farben*, Dornach 1973 (GA 291).
von Wright, G. H.	*Erklären und Verstehen*, Frankfurt/M. 1991.
Witkin, H.	*Personality through Perception*, New York 1973.

Die Autoren

Martin Basfeld: geb. 1956. Studium der Physik an der Universität Göttingen und Promotion am dortigen Max-Planck-Institut für Strömungsforschung. Von 1983 bis 1996 wissenschaftlicher Mitarbeiter am Friedrich von Hardenberg Institut für Kulturwissenschaften in Heidelberg mit den Arbeitsschwerpunkten Grundlagen der Anthroposophie, Grundlagen und Geschichte der Physik. Seit 1996 Oberstufenlehrer für Physik und Mathematik an der Waldorfschule in Karlsruhe.

Publikationen: *Erkenntnis des Geistes an der Materie. Der Entwicklungsursprung der Physik* (Stuttgart 1992), *Einsicht in Wiederverkörperung und Schicksal* (Stuttgart 1993, zusammen mit W.-U. Klünker und A. Sandtmann), *Wärme: Ur-Materie und Ich-Leib. Beiträge zur Anthropologie und Kosmologie* (Stuttgart 1998), Aufsätze zur Geschichte der Physik u. a.

Gernot Böhme: geb. 1937. Studium der Mathematik, Physik, Philosophie in Göttingen und Hamburg, Promotion Hamburg 1965, Habilitation 1972, Wissenschaftlicher Assistent an den Universitäten Hamburg und Heidelberg 1965–1969. Wissenschaftlicher Mitarbeiter des Max-Planck-Instituts zur Erforschung der Lebensbedingungen der wissenschaftlich-technischen Welt, Starnberg 1970–1977, seit 1977 Professor für Philosophie an der TU Darmstadt. Forschungsschwerpunkte: Klassische Philosophie, besonders Platon und Kant, Wissenschaftsforschung, Theorie der Zeit, Naturphilosophie, Ästhetik, Ethik, Technische Zivilisation, Philosophische Anthropologie, Goethe.

Publikationen (Auswahl): *Alternativen der Wissenschaft* (Frankfurt/M. 1993), *Anthropologie in pragmatischer Hinsicht. Darmstädter Vorlesungen* (Frankfurt/M. 1994), *Der Typ Sokrates* (Frankfurt/M. 1993), *Für eine ökologische Naturästhetik* (Frankfurt/M. 1999), *Natürlich Natur. Über Natur im Zeitalter ihrer technischen Reproduzierbarkeit* (Frankfurt/M. 1998), mit Hartmut Böhme: *Das Andere der Vernunft* (Frankfurt/M. 1992), *Am Ende des Baconschen Zeitalters* (Frankfurt/M. 1993), *Einführung in die Philosophie. Weltweisheit-Lebensform-Wissenschaft* (Frankfurt/M. 1998), *Atmosphäre. Essays zur neuen Ästhetik* (Frankfurt/M. 2000), mit Hartmut Böhme: *Feuer, Wasser, Erde, Luft. Eine Kulturgeschichte der Elemente* (München 1996), *Anmutungen. Über das Atmosphärische* (Ostfildern 1998), *Ethik im Kontext. Über den Umgang mit ernsten Fragen* (Frankfurt/M. 1998), *Kants Kritik der Urteilskraft in neuer Sicht* (Frankfurt/M. 1999), *Theorie des Bildes* (München 1999), *Platons theoretische Philosophie* (Stuttgart 2000), *Aisthetik. Vorlesungen über Ästhetik als allgemeine Wahrnehmungslehre* (München 2001).

Thomas Kracht: geb. 1951. Studium der Philosophie, Germanistik und Geschichte in Frankfurt/M. und Heidelberg. Promotion Saarbrücken 1981. Seit 1980 Mitarbeiter am Friedrich von Hardenberg Institut für Kulturwissenschaften in Heidelberg.

Publikationen: *Erkenntnisfragen beim jungen Hamann* (Frankfurt/M. 1981), *Robert Hamerling – Sein Leben, sein Denken zum Geist* (Dornach 1989). Herausgeber von: *Erfahrung des Denkens* (Stuttgart 1996) und *Erkennen und Wirklichkeit* (Stuttgart 2001). Aufsätze zur Philosophie des 19. Jahrhunderts und zur Philosophie Rudolf Steiners.

Ernst-Michael Kranich: Dr. rer. nat., geb. 1929. Studium der Biologie, Chemie und Geologie (Paläontologie). Nach einigen Jahren der Tätigkeit als Lehrer an einer Waldorfschule von 1962 bis 1999 Leiter der Freien Hochschule Stuttgart. Arbeitsschwerpunkte: Phänomenologie der Natur und Anthropologie.

Publikationen: Neben zahlreichen Artikeln und Beiträgen zu Sammelbänden u. a.: *Pflanze und Kosmos* (Stuttgart 1997), *Pflanzen als Bilder der Seelenwelt* (Stuttgart 1996), *Wesensbilder der Tiere* (Stuttgart 1995*), Von der Gewissheit zur Wissenschaft der Evolution* (Stuttgart 1989), *Anthropologische Grundlagen der Waldorfpädagogik* (Stuttgart 1999).

Bernhard Rang: 1935–1999. Studierte nach seiner Ausbildung zum Elektroingenieur und mehrjähriger beruflicher Tätigkeit bei der ‹Allgemeinen Elektrizitätsgesellschaft› (AEG) Philosophie, ev. Theologie und Neuere deutsche Literaturwissenschaft an den Universitäten Frankfurt/M., Freiburg und Tübingen. Seit 1993 Professor für Philosophie an der Universität Freiburg und Direktor des dortigen Husserl-Archivs.

Publikationen: *Kausalität und Motivation* (Den Haag 1974), *Husserls Phänomenologie der materiellen Natur* (Frankfurt/M. 1990), *Identität und Indifferenz. Eine Untersuchung zu Schellings Identitätsphilosophie* (Frankfurt/M. 2000); Herausgeber von: Husserl, *Aufsätze und Rezensionen 1890–1900*, Husserliana Bd. XXII (Den Haag 1979); Mitherausgeber von: *Der Idealismus und seine Gegenwart. Festschrift für Werner Marx zum 60. Geburtstag* (Hamburg 1976); Aufsätze zur Phänomenologie, Wissenschaftstheorie und Naturphilosophie in der Philosophie der Neuzeit, insbesondere im Deutschen Idealismus.